编 委 会

主　编：楼　艳　蔡　荃

副主编：陶安娜　陈文丽　叶添阁

编　委：陈中慧　陈企依　徐　麟　杨宗义

　　　　徐雨铭　陈璧君　杨　淼　章含圆

　　　　施梦婷　钱欢晶　陈鹏西

引航人生

职业生涯人物访谈

楼 艳 蔡 荃 等编著

ZHEJIANG UNIVERSITY PRESS
浙江大学出版社

前　言

杭城八月正雨季，一夜风雨，落花遍地。拿到书稿时，抬眼窗外，"浙里"云开雨霁，万物明朗。

初心不改，行稳致远，如今我们比历史上任何时期都要接近中华民族伟大复兴的目标。

然而，疫情反复之下，经济回归正常将是一场持久战，国内大学生就业难上加难。

在这样的日子里，人们需要温暖与鼓舞，去驱散阴霾，踏浪而行。

翻开书稿，万种情感、千般思绪，像流水一样淌进脑海。

60篇采访稿，60位奋斗在各行各业的优秀校友，用60种不同的方式奏出人生精彩乐章。一条金光闪闪的河流在眼前奔腾不息，年龄跨度近20岁的他们，生动诠释了"求是创新"之校训，秉持"博雅专精、明体达用"之理念，在各行各业为国家建设做出积极贡献。

今日之嘉木，乃往日之苗也。这不仅是一本60名毕业生的职业生涯历程介绍，更记录了他们的一路成长、一路蜕变，有的正经历抽枝长叶，有的已亭亭如盖矣。书中凝结了最"接地气"的经验分享，最"冒热气"的生涯引航。对职业生涯规划充满困惑的学子们，可从中了解每个阶段的宝贵经验，拨开迷雾、穿越困境，明晰心之所向。

在这个值得奋斗的时代，不浮躁，不气馁，行远自迩，笃行不怠，才能让青春和祖国一起闪光，将光荣与梦想共同创造。而"浙里"，将永远是所有求是学子踏实的背靠，向外射击的战壕。

合上书页，连日来被雨水滋扰的心灵得到了平静，书中的作者们和校友们传递出的力量，坚韧而沉重，一缕一缕像光一样传送过来，淹没所有虚浮。心中种下梦想的种子，阳光洒落的日子、雨滴敲打屋檐的日子都将绚丽多姿。

楼　艳

目 录
CONTENTS

选调生

公共事业

教育系统

选 调 生

大力发现储备年轻干部，注重在基层一线和困难艰苦的地方培养锻炼年轻干部，源源不断选拔使用经过实践考验的优秀年轻干部。

——2017 年 10 月 18 日，习近平总书记在中国共产党第十九次全国代表大会上作的报告

放眼广阔寰宇，心系生态教育

姓名: 王夷周
专业: 中文系汉语言文学专业 2015 届
籍贯: 浙江省温州市
去向: 教育部学校规划建设发展中心

王夷周，2015 年毕业于浙江大学人文学院中文系汉语言文学专业，2016年 10 月毕业于英国哈德斯菲尔德大学，获教育学硕士学位。2017 年 5 月起正式工作于教育部学校规划建设发展中心，2018 年 2 月至 2019 年 7 月在世界自然保护联盟（IUCN）借调。

"无心插柳柳成荫"，"无心"是随缘自在的遇合，"成荫"是探索奋斗的硕果。王夷周对教育行业的热忱，就源自一次大学之初的志愿活动。怀着这份热爱，她从短期支教走向教育学研究生，并最终入职教育部学校规划建设发展中心——这份在她看来极为合适的工作。

爱为灯塔，指引前路

大学伊始，王夷周参加了一个志愿者社团——浙江大学爱心社，在杭州市明德小学进行了为期半年的支教。这所小学是世界 500 强企业台湾台塑集团董事长王永庆先生创办的兴学项目，学校的学生大部分是来杭州打工的农民工家庭子女。

明德小学大约在下午四点钟放学，此时孩子们的父母往往还在工作，无法照顾他们，他们也没有可以去玩耍的地方。再加上家里经济条件比较紧张，这些孩子也少有机会可以去学乐器等兴趣课程。所以，回到家以后他们往往处于一种

"放养"的状态。王夷周等志愿者就在孩子们放学之后，再给他们上一节兴趣课。每个志愿者讲授的主题都不一样，王夷周主要给大家讲埃及金字塔等有趣的人文知识，有时也会组织大家一起讨论感兴趣的话题。这些农民工家庭的孩子们即使在假期也没有什么机会外出游玩，对国内外的风景名胜更是不甚了解。王夷周选择这个主题就是希望他们不仅能在学业上可以进步，而且在兴趣爱好和课外话题上也能有所拓展。"在这个过程中，我发现一些原本比较内向的小孩子变得开朗了，对生活更充满好奇心，我觉得这对于提高他们的自信心是有很大帮助的。"

这次支教经历让王夷周感触很深，她不仅在选择研究生就读方向时转攻教育学，同时也将教育行业作为她求职时的首选。除此之外，大二上学期时，王夷周还曾在丹麦哥本哈根大学做过交换生。

众所周知，北欧国家较为发达，福利制度较为完备，"幸福指数"较高，教育质量与水平也稳居世界前列。因此，王夷周认为这一段作为交换生的经历为她打开了眼界，也真真切切地让她看到了何谓"发达国家"，何谓"先进教育"。同时，她结合自己在哥本哈根大学的学习情况，对比了国内外本科教育模式的差异，也结合哥本哈根大学"目之所及，天光妙契"的校训，对比了国内外的教育理念，可谓受到了极大的文化冲击。

此外，王夷周在交换生期间的假期游学欧洲，由此逐渐形成了超于同龄人的全球化视野。如今回想时，她对习主席不断强调的"人类命运共同体"概念感触颇深——她说：难道当初武汉疫情暴发时美国能够独善其身吗？难道现今国外疫情肆虐时我们能置身事外吗？答案不言自明。而唯有走出国门，方能明白"人类命运共同体"之真谛，也悟得"和而不同"之内涵。

正是这一段宝贵而独特的经历开阔了王夷周的环球视野，也进一步坚定了她从事教育行业的决心。

乘风破浪，扬帆远航

2016年10月，王夷周在英国获得了硕士学位，当年12月回国后就去教育部学校规划发展中心实习。教育部学校规划发展中心是经中央机构编制委员会办公室批准设立的教育部直属事业单位，以服务教育改革创新为使命，面向新时代，努力建设教育创新要素聚集的平台，推动建设全球教育创新。在实习过程中，王夷周发现这份工作十分适合自己，于是便报名参加了该单位2017年度编制内人员的招聘考试，顺利通过笔试、面试等各个环节，最终于 2017 年 5 月被正式录用，之后主要从事办公室人事、文秘主管工作。

从 2018 年 2 月到 2019 年 7 月，王夷周在国际组织——世界自然保护联盟（IUCN）借调。世界自然保护联盟是世界上规模最大、历史最悠久的全球性非营利环保机构，也是自然环境保护与可持续发展领域唯一作为联合国大会永久观察员的国际组织。借调以来，王夷周的经历十分丰富。她的工作涉及很多国际性的会议，比如 2018 年 7 月在贵阳召开的以"绿色金融·生态文明新动力"为主题的生态文明贵阳国际论坛、同年 11 月在江苏盐城召开的黄（渤）海湿地盐城国际会议等。这些会议虽然与教育行业没有直接关系，却让她参与到很多会晤中，和全世界不同国家参会的人进行沟通交流，学到了很多新的知识。在贵阳国际论坛上，还专题召开了一个绿色教育、绿色学校分论坛，由王夷周的原单位——教育部学校规划建设发展中心主持承办，意外地把王夷周的借调工作与本职工作联系在一起，让她十分惊喜。

学而不已，不断提升

谈及专业背景在工作中带来的优势，王夷周直言："虽然我本科学的是中文专业，研究生学的是教育学专业，但是在我的实际工作当中并没有直接地用到我专业中所学的知识，不过我觉得在浙江大学的学习为我的工作、职业素养奠定了一个很好的基础。一些基础的能力，比如阅读、写作、人际交往等，我觉得都是在专业课学习中潜移默化地得到了提高，从而有助于职场当中应对各种工作。"

另外，对王夷周影响比较大的是曾经选修的一门心理学课程，授课老师特别积极、开朗、乐观，上课时总是讲很多笑话，同学们都笑得特别开心。"这个课让我觉得生活、工作、学习中快乐是非常重要的，而且人生追求的东西中幸福也是很重要的。"

由于工作需要，王夷周经常与国外机构和相关专家进行联络，IUCN 总部设在瑞士，7 小时时差往往让她在深夜 12 点还在工作。王夷周说："学习、生活与工作的关系我觉得自己处理得不是很好，因为工作这两年来，我觉得自己花在学习上的时间特别少，也没有系统性地看一些书，成长得比较慢。在工作中，由于自己的经验和能力等各方面的不足，**导致做事情的效率不高**。在工作上花的时间过多，也挤占了自己生活的时间，平时周六、周日也要经常加班，我觉得这点自己做得非常不好，也没有达到理想的平衡状态，希望以后能有时间学习一些自己感兴趣的与工作无关的知识。"

"工欲善其事，必先利其器。"学习时间管理，可提升做事的效率。饼图，是帮助你进行时间管理的有效工具之一。它作为非正式评估的一种方法，可以广泛地应用在时间管理、角色平衡或兴趣倾向等评估中，非常形象而直观。以时间管理为例，将一天作为一个整体，将自己目前的时间分配情况和理想状态分别用两个饼图表现出来。通过对比，可以对每天学习、生活、工作、娱乐、休闲、交际等各个板块的安排有清晰的感知，能促进状态调整，提高效率。

尽管工作十分忙碌，但能参与到很多会晤中，能和全世界不同国家参会的人进行沟通交流，从工作中收获很多新的知识，这还是让她感到非常开心和满足。在教育部学校规划建设发展中心的工作，让王夷周深刻意识到："要相信自己是优秀的，要始终鞭策自己做一个善良、正直的人。"这是她对自己的期望，也与学弟学妹们共勉。

在大学期间印象最深刻的一件事

其实现在距离毕业这么久了，对大学的印象已经比较模糊，真要说印象深刻的话，第一个想起的还是每到桂花盛开的季节，整个校园里都洋溢着的桂花香，这种气味深深地住在了我的记忆中。

就像爱因斯坦所说："教育就是当一个人把在学校所学全部忘光后剩下的东西。"浙大给予我的不仅仅是课程与专业知识，更是一种融进骨子里的气质与性格。

对学弟学妹的寄语

借用我现在的领导的一句话，"如果你对未来不做计划，那么你就是在计划死亡"，学习也好工作也好，都是这样。

采访记者："职业生涯人物访谈"记者团

禹贝贝、王琳迪

饮水思源，扶贫扶志

姓名：韦霁琛
专业：中文系中国现当代文学专业 2018 届
籍贯：广西壮族自治区柳州市
去向：广西壮族自治区柳州市柳北区委组织部

韦霁琛，广西壮族自治区柳州市鹿寨县人，中共党员。浙江大学人文学院中文系中国现当代文学专业 2018 届硕士研究生毕业。毕业后选调进入广西壮族自治区柳州市柳北区委组织部，现在石碑坪镇下陶村挂职锻炼，担任脱贫攻坚工作队员。其优秀事迹曾被《人民日报》、新华社、央视《新闻联播》等媒体报道，获评广西壮族自治区优秀共青团员、广西"学习身边榜样"百佳榜样人选等荣誉称号。

一个平常的周日晚上，或许正是许多家庭欢聚一堂、休闲娱乐的时间。此时此刻，下陶村村委的办公室却灯火通明，一位"90后"姑娘正在聚精会神地整理资料、汇总信息——这正是基层驻村干部、青年选调生韦霁琛的工作常态。无数个不辞辛劳、伏案工作的日夜，无数份文通意顺、简练明了的文书材料，都是韦霁琛选调路上奋斗、成长的明证，都诉说着莫忘桑梓、回报故土的青春选择。

饮水思源，服务群众

2018 年，浙江大学研究生毕业、走出"象牙塔"的韦霁琛，果断放弃了浙江林业杂志社和广西师范大学出版社的工作机会，参加了当年的定向选调生选拔。历经层层筛选，韦霁琛进入了广西壮族自治区柳州市柳北区委组织部，在自己的家乡广西柳州从事基层工作，开启了崭新的人生旅程。

选调信息的来源一般为学校就业信息网、相关省（自治区、直辖市）政府网或人事人才网。达成选调意向的毕业生可以签订三方就业协议书，毕业时户口和档案派遣至当地的相关部门。

对于回到家乡、从事选调工作一事，韦霁琛认为，这是自己明晰、笃定的选择。"投身基层选调，是直接回报家乡的好机会。虽然有走出柳州、待遇更高的机会，但能为家乡做贡献、做实事，会让我有更为强烈的收获感和成就感。"对于生于柳州、长于柳州的韦霁琛而言，温暖、难忘的家乡记忆，是她饮水思源、投身选调的情感基点。于是，为响应西部大开发战略，韦霁琛主动肩负起青年的时代责任，重返故乡，回到壮美的广西大地。

"只有深入基层实践，才能近距离接触到需要帮助、朴实善良的人民群众。我也想成为基层中能解燃眉之急、受群众信任的有生力量。"韦霁琛如此说道。坚守基层、甘于奉献的理解感悟，并非空中楼阁，而是在一次次的学习、实践中逐渐形成的。选调干部的工作经历和基层调研中的突出问题都使她意识到：现在仍存在着许多经济困难、亟需帮扶的农户家庭，而帮助他们脱贫摘帽、走上幸福路，无疑是青年选调生的职责所在。"星星之火，可以燎原。"虽然个人的力量非常渺小，但韦霁琛坚信：会有更多的青春力量投身基层，凝聚成打赢脱贫攻坚战的时代合力；而她也愿意成为一簇小火苗，照亮群众，奉献自己，切实提高基层群众的生活水平。

脚踏实地，扎根基层

2018 年 8 月，为了积累实践经验、磨砺业务本领，在柳北区委组织部工作不满一月的韦霁琛主动申请到基层一线工作。在上级统筹安排下，她开始了在柳北区石碑坪镇下陶村驻村的基层生活，负责该村脱贫攻坚、乡村振兴等相关工作。

"名牌大学硕士毕业生"的身份标签、近乎为零的实地经验，使初涉基层的韦霁琛在走村入户时难以与群众有效沟通，时常遭受冷言冷语。为了尽快融入群众、磨炼身为基层工作者的能力，她及时调整了工作心态和方法，花了将近一个半月的时间去适应农村生活：除了每天在村里吃住，她常常与村民一起劳动，主动拉近与群众的距离；遇到年岁已高的贫困老人，只要有时间，她就会揽下他们手中的农活；无论刮风下雨还是烈日当空，韦霁琛都会定期向村民了解生产生活情况，不论是辣椒地、稻田垄，还是洋紫荆花苗木基地，田间地头到处都留下了她与村民共同劳作、相互交流的身影。在见证了她不懈的尝试与努力后，村民渐渐改变了对这个"城里姑娘"的看法，韦霁琛也成为村民——尤其是贫困户——信赖的朋友。

"授人以鱼，不如授人以渔。"深知"就业扶贫"重要性的韦霁琛，在日常扶贫工作外，为帮助贫困户就业付出了极大努力。她经常深入各大招聘群获取最新招聘信息，鼓励 10 名脱贫户多次参加技能培训，解决 32 人就业务工，实现有劳动力贫困户全部就业，2020 年工资性经济收入同比 2019 年提高 49.6%，2020 年下陶村脱贫户年人均收入为 12821.52 元，同比 2018 年提高 41.8%，切实巩固脱贫成果，乡亲们的日子越过越红火。

2020 年初，新冠肺炎疫情突如其来，这无疑加剧了下陶村打赢脱贫攻坚战的难度。面对严峻的扶贫形势，韦霁琛迎难而上，积极落实国家政策，摸排全村居住在家的 288 户，通过网格化管理、双线联动、监测点轮岗设置、全面排查、组建贫困户志愿队与党员先锋队、防控日报表等 6 大类防控措施，做到"五个不漏"，甚至在隔壁村有病例的情况下，下陶村也无新冠疫情病例。复工复产期间，大力鼓励贫困户和村民开展春耕生产，帮助 6 户贫困户成功申报"以奖代补"。同时，配合疫情防控，韦霁琛还积极组织开展了下陶村"双线"就业服务：线下调研时，她登记、汇总受疫情影响的务工人员，宣传政府复工复产的政策，及时告知交通补贴、包车服务等就业福利，消除贫困户疑虑；线上招聘时，韦霁琛积极利用就业平台推送务工信息，帮助贫困户解决就业问题。经过其日夜奔走的不懈努力，从 2020 年 2 月底到 3 月中旬，下陶村超过 350 名劳动力复工复产，相关经验做法在《农民日报》《广西日报》等媒体刊发。

"个人的能力毕竟有限，脱贫攻坚的成果，离不开后盾单位和村委干部的支持，更离不开下陶村村民对我工作的积极配合。"韦霁琛如此说道。基层扶贫难免遇到小事、琐事。为了提高工作效率、有效防止遗漏，她还常备便签本，记满了每天所需完成的大小事宜。脚踏实地办实事、落细落小的工作态度，已在韦霁琛的心底深深扎根。

发挥专长，扶志扶智

"扶贫需同扶志、扶智相结合，激发贫困人口内生动力。"这是党的十九大报告对扶贫工作的全新要求。而深入学习、紧跟时代潮流的韦霁琛，早已将扶志扶智精神内化于心，外化于行，在基层实践中革新了下陶村扶贫攻坚的方法途径，成果斐然。

在"扶志"方面，韦霁琛鼓励贫困户服务社会，激发了他们主动脱贫的志气。例如在疫情防控期间，她积极动员贫困户参与一线防疫战斗，组建"贫困户志愿队"，协助基层干部在各防控监测点开展工作，充分调动其积极性。

而在"扶智"层面，韦霁琛将扶贫的关注点聚焦于下陶村的孩子们。自驻村以来，她就发现，村里部分孩子的学习热情并不高，一些家长对孩子的学习状况也不甚关心，这引发了韦霁琛的担忧与思考。"让贫困地区的孩子接受良好教育是扶贫工作的重要任务，我也真切地希望能为村里的孩子做些什么。"于是，拥有高中语文教师资格证的韦霁琛决定发挥专业特长，提高全村孩子的学习积极性，使他们意识到学习的宝贵性与重要性。在后盾单位柳北区委组织部的帮助下，她组织的"红色送教"暑期辅导班得以开办，共有 16 名志愿者教师走进下陶村，给孩子们带去知识与希望。通过联系母校等方式，韦霁琛与 23 名有志于改善当地教学条件的在读生及优秀毕业生取得了联系，搭建了线上教学平台，以辅导孩子们的功课，帮助其树立起"知识改变命运"的志向。"虽然暑期辅导班的开展困难重重，村里条件也十分有限，但每听到孩子们一声声真诚的'韦老师'，每看到他们笔迹稚嫩的温馨小卡片时，我觉得一切辛苦都是值得的。"韦霁琛坦言，下陶村孩子们的笑颜，是她扶贫路上的动力与慰藉；学生们既是她的铠甲，也是她的软肋。

疫情打乱了学校正常的教学进度，一些贫困户家庭也无法提供线上授课的必要设备。了解情况后，身处防控一线的韦霁琛及时响应，逐户调查了贫困生疫情期间"空中课堂"的学习情况，利用暑期辅导班家长群，督促孩子们居家学习，并灵活安排两名家中没有智能手机的贫困生到村委办公室听课。同时，韦霁琛还主动做起了升学孩子们的"辅导老师"，给高三以及初三等毕业生进行线上辅导，因此常常备课到深夜两三点。可喜的是，韦霁琛的努力付出没有白费：目前，下陶村孩子们的学习积极性有了明显提升，她本人也成为学生们的良师益友。教育"扶智"，未来可期。

担当作为，发展乡村

下陶村是个典型的无集体用地、无集体资产、无集体资金"三无乡村"，韦霁琛深入调研，跑烂 6 双鞋，上山下田，帮助村民申办专业合作社并带领他们发展生产，助力下陶村于 2018 年底摆脱"空壳村"的头衔。2020 年，她引导村委干部们通过搭建平台、招商引资、项目申请、土地流转"四提四升"工作，实现集体经济与特色产业双丰收。2020 年，村集体经济收入超过 8 万元，同比去年提高 70.2%。3 年来，她与村委干部齐心协力，向上级争取到资金完善村屯基础设施建设近 30 项，争取到 823.66 万元项目资金，使得村内处处通硬化路，建设起村级卫生室，让村民小病不出村，配备 5 个运动场的篮球架、建设器材，修建 7.06 千米三面光水渠，安装 97 盏太阳能路灯，大大提高了村民生产生活水平，增强了村民幸福感。

为全面打赢脱贫攻坚战收官战，韦霁琛积极投身脱贫攻坚与乡村振兴的有效衔接，科学推进乡村规划建设，以学习化、培训化、参观化培养并提升 2 名党员致富带头人带贫减贫能力，进一步深化"党总支 + 合作社 + 基地 + 农户"发展模式，全力打造"彩虹产业"。她致力于打造"九品香莲""绿壳鸡蛋"特色品牌，与柳州市时鲜专业合作社开发研究九品香莲附属产品，通过"3+1"模式不断拓宽销售渠道。2020 年，九品香莲做到了原产于台湾，成功"返销"台湾。她协助柳北区、石碑坪镇纪委在九品香莲基地处打造廉政文化教育基地，提升"莲"文化价值。她还帮助"80 后"返乡创业青年秦世冬申创柳州市森之道种养农民专业合作社，并通过帮助申请注册"意乡"品牌商标、20 万元市财政支农项目、39 万元扶贫产业路等方式，不断扩大其生产规模。

3 年来，下陶村两大特色产业在带动贫困户脱贫致富的基础上，提振了乡村经济发展气势，2020 年销售总额超过 250 万元，全村"彩虹产业"销售总额超过 1200 万元。2020 年 10 月，下陶村被中宣部选中，成为"百城千县万村"调研行的广西乡村调研点。《新闻联播》点赞下陶村"致富路上莲花香"，十多家中央媒体开启相关报道。

"基层工作或许没有捷径，如果有，那就是把贫困户、广大村民放在心上，想他们所想，思他们所思，人民群众是会看到你的真实努力的。"韦霁琛记得大学毕业时导师王建刚跟她说的话——"学有所用，用有所成"。"淬火成金"的韦霁琛现已是下陶村乡亲们口中亲爱的"小韦"，她负责的扶贫、乡村振兴工作也得到了一定的成效。韦霁琛坚信，回归故土的她将在选调生道路上砥砺前行，在群众之中增强本领，书写属于自己的奋斗青春。

🍃 **在大学期间印象最深刻的一件事**

　　印象最深刻的就是徐岱老师的授课。经过两年多的基层磨炼，我越发理解"求是"为何意，我也更知道自己能成为什么样的人。

🍃 **对学弟学妹的寄语**

　　希望同学们一生做个坚强的好人，做好人很不容易，所以要顽强要坚守更要笃信，这是我们浙大的求是精神。

采访记者："职业生涯人物访谈"记者团

鲁亚虹、林媛媛

步步踏实地，躬身做实事

姓名: 胡丽芝
专业: 中文系汉语言文学专业 2018 届
籍贯: 湖南省湘西土家族苗族自治州龙山县
去向: 湖南省选调生

胡丽芝，中共党员，2018 年浙江大学人文学院中文系汉语言文学专业本科毕业，在校期间积极参加社会实践及志愿服务活动，曾获浙江大学优秀团员、浙江大学社会工作奖学金，毕业后成功考取家乡选调生。

龙山县，隶属于湘西土家族苗族自治州，位于湘西北边陲，地处武陵山脉腹地，连荆楚而挽巴蜀，历史上称之为"湘鄂川之孔道"。胡丽芝生在湘西，长在湘西，在湘西生活的 18 年时间里，她深切感受到了政府的关怀、社会的温情，一份温暖的家国情怀也就此在她的心里扎下了根。毕业后，她毅然选择回到家乡做一名选调生，和老百姓打交道，为老百姓做实事。

学校教育：能力培养与性格塑造

大学期间，学校教育培养了胡丽芝多方面的能力，塑造了她细心、耐心的性格，这对她的求职乃至以后漫长的人生生涯都产生了莫大的影响。

"浙大学子的身份给我带来了自信与动力，它时时提醒着我，坚持高标准严要求，朝着'母校以我为荣'的方向努力奋斗。"谈到学校教育的作用和影响，胡丽芝认真地说道，眉眼之间洋溢着自信的光彩。

在大学里，经常听到有老师这么说："进入社会工作之后，你们可能会面临一种强烈的落差感，甚至会怀疑大学的学习是否有意义。"胡丽芝也遇到了这个问题——在学校里学的东西跟工作中用到的不一样，但这并不意味着大学的学习毫无意义。"中文系的专业学习塑造了我比较敏感、细心的性格，培养了我在公文写作上'挑刺'的'毛病'。当我看到别人哪里做得不好的时候，我就会提醒自己要怎么改进，更严格地要求自己。文学世界也能够让我静下心来，抛去杂念，调整心态，面对困难时做到迎难而上。"胡丽芝笑着说道。

大学当然不仅仅包括专业知识的学习，浙江大学对学生全方位的培养机制让胡丽芝更觉受益。文学专业知识对人的塑造是潜移默化、源远流长的，它帮助胡丽芝炼成细致的人格。而通识课程的培养则帮助其拓宽了视野，建立了多角度、多方面的思维逻辑。在印象最深的通识课"管理沟通"中，她学习的沟通的技术和技巧，也在与老百姓的交流中得到了实践。思政课则让其认识到了当今的国内外形势，为民的情怀更加坚定。影响是一点一点累积的。"参与的各种社会实践和志愿服务活动让我找到了自己的兴趣和爱好，我喜欢踏实干事的感觉！"

进入大学后，胡丽芝还加入了**人文学院团委学生会**。在学院学生会工作，可以在老师和前辈的引导下，从一点一滴的小事做起，然后开始独立承担某一项任务。除了沟通协作等能力的提升，胡丽芝认为学生组织对个人成长的重要意义更在于性格的打磨，耐心、细致、知进退、责任意识等都是在学院学生会的日常工作及大型活动的筹办过程中慢慢磨砺出来的。

> 浙江大学人文学院团委学生会以"不忘初心、锐意进取、脚踏实地、砥砺前行，全心全意服务全体人文学子"为宗旨，以"有理想、有道德、有文化、有纪律"为原则，以"勤学、修德、明辨、笃实"为价值观，下设宣传中心、综合事务中心、新媒体中心、文化体育中心以及学生服务中心五个部门，通过举办各类大型品牌活动，组织学院广大同学做好"四自教育"。

职业选择：清晰规划和主线意识

毕业就意味着面临选择，"最重要的是你要考虑清楚，只有确定了自己想做什么、要做什么的时候，努力才是有目的、有意义的"。谈到职业选择，胡丽芝耐心地给出了建议和指导。

看励志电影或听前辈讲述，总是会听说"收到了五六个 offer"之类的优秀战绩，但谈到毕业求职是否需要给自己尽可能多的选择，以便有更多的退路时，胡丽芝表示，不要盲目跟风，要有清晰的目标。在她看来，"多条路线一把抓"一方面确实可以体现个人的能力很强，但另一方面也可能是个人没有考虑清楚的表现。胡丽芝表示，自己选择选调生这个职业更多的是考虑地方和个人的意愿，"想回到家乡，想从最小的事情开始锻炼自己。"胡丽芝眼神坚定，从中依稀能看到她当时神采飞扬而自信的模样。"对自身的规划和计划，才是毕业面临选择时，最根本的因素。"胡丽芝说，"如果是试一试的话，也要有一条主线，把最主要的准备好，毕竟其他的试一试都只是在你无奈情况下的备选项。"

谈到"公务员热"以及亲戚、长辈的期盼，胡丽芝还是强调最重要的是要明确自己是否爱好，不止于眼前所想。任何正当职业都有其存在的合理性，任何选择都没有对错。她表示，家人为子女着想是可以理解的，但是最关键的还是要看自身的兴趣和意愿。胡丽芝以自身为例："我很喜欢责任推动我做事的这种感觉，和老百姓打交道、为老百姓做实事，这都让我觉得很有价值感，所以我选择了选调生这条路。"

职场打拼：牢记初心且努力向上

当谈到职场打拼最需要的品质和能力时，胡丽芝提到了四个方面：坚定的信念、足够的信心、学习的能力和对自己的严格要求。而这些，正是她的通关密码。

人们常说，理想是丰满的，现实是骨感的，职业现状与职业期待不可避免地会存在差距。胡丽芝坦言自己也曾经忐忑和迷茫，但是很快便适应了，"很少有人能找到自己百分百满意的工作吧。回想初心，慢慢适应，就得心应手了。"胡丽芝表示，自己在就职期间遇到的最大挑战是自信心丧失。初入职场时，学校的专业知识与工作实践存在着极大的差异，面对工作不知道自己能做什么，也不知道怎样尽快得到能力的提升。为此她积极寻求解决办法，与同事真诚交流，向老同志、老领导讨教学习经验。通过与前辈的沟通，胡丽芝找到了瓶颈和突破口，逐渐发掘出自己的优点，自信心丧失的挑战也就不攻而破了。"无论做什么工作，平台或许重要，但是更重要的是发现自身不足的眼睛。"在职场打拼的过程中，胡丽芝认为自己最大的优点是能认识到自己的问题，慢慢改正。

"对自己要求严格，心里会有一个声音不断地提醒自己，要努力向上，多沟通，多向他人学习。"胡丽芝如是说道。正是怀揣着一颗真诚的初心，她在职场之路上有着自己的信念和坚守，并于其中不断发现、不断学习，在自己的人生坐标上撰写了"努力向上"的注脚。

在大学期间印象最深刻的一件事

我在大学期间参与的各种社会实践和志愿服务活动让我找到了自己的兴趣和爱好，我喜欢踏实干事的感觉！

对学弟学妹的寄语

放下一身傲气，学会听取意见。在进入职场之后你就会发现，每个人都是我们学习的对象，所以千万不要因为看轻别人而失去了学习和成长的机会。一定要能安下心，踏踏实实做事。

采访记者："职业生涯人物访谈"记者团

余慕茜、金梦雪

未谙街头巷尾，怎知情怀悠悠

姓名: 梅 楠
专业: 中文系汉语言文学专业 2018 届
籍贯: 浙江省宁波市
去向: 上海市选调生，就职于上海市委办公厅

　　梅楠，2018 年浙江大学人文学院中文系汉语言文学专业本科毕业，于同年成功考取上海市选调生，定岗于上海市委办公厅，经过两年的基层锻炼（分别挂职于徐汇区天平路街道和闵行区委办公室），目前就职于市委办公厅综合处，主要负责内参文稿的起草和编辑。

　　"我记得师长对我们的殷切期许：愿我们经得住锤炼，拥有广阔的胸襟与家国情怀，拥有对时代的责任感，并且用一生去实践与完成。"在谈及为何选择考选调生时，梅楠笑道，大大的圆框眼镜下一双眼睛弯成了月牙。

从象牙塔到烟火人间

　　对公务员工作没有太多了解和准备，单是凭着一份人文情怀与精神、一份对社会的责任与担当，梅楠踏上了**选调生**之路，从宁波独自前往上海。在正式调入上海市委办公厅之前，梅楠需要在基层挂职两年。

　　选调生属于公务员系统，但与普通公务员主要有四方面的不同：1.报名条件不同；2.培养目标不同；3.选拔程序不同；4.培养管理措施不同。除了符合国家公务员的选拔标准，选调生一般还要求是中共党员或者共青团员、学生干部；选调生不仅仅具有国家公务员身份，还作为党政领导干部后备人选和县级以上党政机关高素质的工作人员人选进行重点培养；选拔过程中，一般需要经过学校推荐，各地方的组织部门组织考察、录用等工作，入职后进行专门的跟踪培养。

大学四年的学习、工作经验，给了初入社会的梅楠莫大的帮助。汉语言文学专业的培养为她的语言文字组织能力打下了良好的基础，使她具备了在公文写作领域的基本素养。在丹青学园新闻推广中心的工作经历使她在公众号运营等新媒体推广方面有了一些心得与体悟。去复旦大学交换学习时，视野的扩展、师长的影响、学风的熏陶，则使得她以更广的角度来看待世界。此外，梅楠印象最为深刻的，是在青年志愿者指导中心的那些日子，马拉松比赛、暑期科学营、百廿校庆……面对不同的场合、不同的人和事，梅楠作为志愿者处理来访者或活动本身的问题。这些大学时代的志愿服务活动让她更多地接触到社会生活，也浸润出一颗愿为他人服务、在集体中实现个人价值的心。当她毕业后参加公务员培训，前辈在锻炼新人们工作技能时，也会在理想信念上给他们以"为人民服务"的教导——人生价值在社会、在服务、在贡献中实现。

与校内工作不同的是，基层的工作是富有生活气息的，需要贴近事实与现状，也需要如鹰般飞翔在空中，想象、创造出丰富的内容，这不仅需要工作者保持冷静、耐心和仔细，还需要丰富的想象力和创造力。尚未走出象牙塔的学生是善于思考与批判的，理论知识丰富、文字功底强，却也容易局限于自己安逸、浪漫的小世界无法自拔，对社会真实生态往往不觉。待走出校园，始踏入通向广阔纷繁社会民生的一层阶梯，才知道所谓了解世界只不过闻得世间一角。由于缺乏社会经验，需要与有想法、有经验的人多多交流，才能拓宽思路、增长见识，在梅楠眼里，同事中有太多优秀的人值得她学习。

细节之处见真章

外界总是传闻公务员生活自在轻松却充满着竞争逐利，其实不然。上海都市的节奏越来越快，加班是家常便饭，市委办公厅的工作人员常常要工作到凌晨方可结束。基层作为党和政府联系人民群众的桥梁，关涉着日常生活的方方面面，读书会、敬老周、访问中国福利会托儿所……每一场活动的举办都不只是庞大的设想，更需考虑周全、具体细致，落到实处。

在入职培训期间，梅楠曾接到筹办集体生日会的工作任务，不仅需要利用晚上培训结束后的时间将活动从想法与策划案一步步完善成为一场成功的晚会，还要担任晚会的主持人。由于时间紧迫又缺少经验，梅楠每日忧心忡忡。在这时，前辈和同时参加培训的同事给了她不少帮助——两个月全封闭式的培训培养了同事之间深厚的友谊，对于她们这些后辈犯的错误，前辈也会尽量理解并给予帮助。当活动顺利举办，看到居民们脸上洋溢的笑容，满足之感油然而生。"这是一份很有情怀的工作。"她感叹道。

两个月的内部封闭培训后，梅楠开始了她在天平街道康平居委会举办活动、调解纠纷、为居民讲课的日常，跟随前辈一起为居委会工作而四处奔走着。

生活点滴付初心

初入基层，梅楠坦言，上海话成为她工作中遇到的最大困难——"居民吵架做调解工作的时候，觉得他们都口语十级。"只在上海生活过半年的梅楠，在真正深入社区工作之后，渐渐懂得，层叠大厦高楼、交错马路高速的上海，在灯红酒绿与国际大都市的繁华名牌之下，同样有着邻里家庭之间鸡毛蒜皮却又恬淡安宁的市井生活。综合治理、文教、卫生、党建、调解，居委会的成员每天都需要听男女老少们讲细碎如流水般的上海话，大到国家政策，小至生活琐事，来自宁波的梅楠往往只能听懂一点又难以表述。而常用方言交流的居民，尤其是老人们，一时也难以习惯用普通话交流；调解纠纷时，争吵双方更是气势汹汹、语速飞快。但是好在不擅长使用普通话交流的居民们，也并不似许多人臆想中的那样抵御异见，而能够和外地工作人员耐心交流，积极配合居委会的工作。

梅楠曾采写过一篇关于种花老人种植经验的推文，当老人们谈起养花时，如同谈起自己爱护的孩子一般笑意盈盈。她这样评价道："老来有所寄，花草总关情。于平淡之中幸福，在简单之中热爱。做一个记录者，也很甜蜜。"采访养花老人，为居民们讲解《繁花》，召开平安志愿者总结大会，负责居委会公众号推文撰写……从初出校园到正式在居委会任职的半年时间，梅楠收获了很多，也成长了很多。

公务员是理性精神与感性体验并存的职业，它有着严格的纪律、程序与方法，同时需要设身处地地感知他人，以此在服务中实现人生价值。

在梅楠回忆起大学时印象最深刻的事时，她仍然记得自己与同学们一起去宝石山看日出的经历。她坦言自己对可能大多数人在大学时付出最多心力、最看重的一些东西，比如学生工作经历、绩点等的印象已经几乎淡薄了。而梅楠始终没有忘记的是在浙大西溪校区时，她在第一节早课之前跟同学们一起去宝石山看日出。"这持续给现在工作的我源源不断的精神养料。"梅楠补充道，"大学期间可以多去尝试想做的事情，那些觉得以后很少有机会去经历的事情，并且是做了不会后悔的事情，那些不一定很功利或是给学习生活带来直接的影响，但这种弥足珍贵的学生时代的经历才是我们日后的人生中能够留下最宝贵印记的东西。"

在大学期间印象最深刻的一件事

我仍然记得在浙大西溪校区时，在第一节早课之前跟同学们一起去宝石山看日出，这持续给现在工作的我源源不断的精神养料。

对学弟学妹的寄语

在读书的时候，很多人都会纠结于"今天学什么"和"将来干什么"的问题，但这两者其实没有必然联系。对于走进社会的人，很多人都会面临"二次选择"，不论走到哪里，你都要勇敢，因为你要相信，你都会有从头再来或者二次出发的机会和勇气。在找准方向后，一路前行，会发现处处有惊喜。

采访记者："职业生涯人物访谈"记者团

上官嘉琪、金梦雪

拳拳赤子心，圆梦大西南

姓名：马玲鲜
专业：中文系中国古代文学专业 2019 届
籍贯：云南省曲靖市
去向：中共云南省曲靖市委宣传部

　　马玲鲜，云南曲靖人，中共党员。浙江大学人文学院中文系中国古代文学专业 2019 届硕士研究生毕业。毕业后，选调进入云南省曲靖市委宣传部，现挂职于云南省曲靖市麒麟区珠街街道办事处，任副主任，分管文化、旅游、教育三方面的基层事务，并协管该区域的扫黑除恶，挂点涌泉村委会。

　　山水迢迢，前路漫漫，在回报故土、实现自我的青春之路上，有这么一个云南姑娘的身影。她相信，离开或许是为了更好的重返，向上拼搏的汗水与辛劳，终将换来"向下扎根"的丰收硕果。她，就是浙江大学人文学院中文系中国古代文学专业 2019 届硕士毕业生马玲鲜。从目标确立到梦想实现，从工作职责到经验体会，从理想信仰到现实拼搏，这个坚韧的云南姑娘正以自己的实际行动，诉说着选调路上的拳拳赤子心，诉说着成长过程中的"变与不变"。

心向故里，剑指选调

　　马玲鲜是土生土长的云南人。西南故土的生活经历，使她从小就萌生了"以己之力、回报故乡"的理想。"每次回老家，我目睹落后乡村贫苦百姓的艰难生活，所以小时候就想要努力为家乡人民做一些贡献，期盼有朝一日能带领他们脱贫致富。"马玲鲜的儿时理想，无疑为其心向故里、剑指选调的未来发展埋下了伏笔。

回忆起选调招考、圆梦故土的切身经历，马玲鲜坦言，由于自己投身选调的目标非常明确，毕业季的她更多的是义无反顾地学习备考，并没有被迷茫、未知困扰。"我从小就有主见且敢想敢为，也清楚自己想要做什么。当时身边的同学都还在纠结于考研、就业还是出国，而我早已认定自己选调的发展方向。"2019年的春天，选调生考试与硕士毕业论文如同两座大山，使当时的马玲鲜倍感压力。写论文与刷题应考占据了她生活的全部重心，从早上六点一直学习到凌晨一点，仍然觉得时间不够用。但已定下了目标的她，在日复一日、看似枯燥的冲刺过程中保持着蓬勃的干劲与良好的学习状态，全力以赴。

最终的结果没有辜负马玲鲜一步一个脚印的踏实付出——顺利通过层层招考的她，毕业后作为党政储备人才被引进，任职于中共云南省曲靖市委宣传部下属基层党校的市委讲师团，以"选调生"的社会角色，开启了属于自己的人生新篇章。为磨砺青春、"淬火成金"，在机关单位的统筹安排下，马玲鲜现担任云南省曲靖市麒麟区珠街街道办事处副主任，分管文化、旅游、教育三方面的基层事务，并协管该区域的扫黑除恶，挂点涌泉村委会，负责统筹村内大大小小事宜。

初入基层，沉淀自我

优秀榜样的力量，激励着初入基层的马玲鲜沉淀自我，直面困难，积极探寻基层工作的方法技巧。2019年11月19日，是选调生马玲鲜扎根基层、正式就职云南省曲靖市麒麟区珠街街道办事处的第一天。马玲鲜坦言，虽然已有一定的心理准备，但切身实践后她才发现：基层工作更多的是"向往与挑战"并存。面对完全陌生的工作业务和繁杂的人际关系，初来乍到、经验不足的她遇到了前所未有的挑战。每当工作陷入困境、怀疑自己时，马玲鲜就会想起最初向她抛来"橄榄枝"、介绍相关选调经验的一位浙大学姐。"学姐也是云南省选调生，她驻村、下基层的地方生活条件极其艰苦。看她的朋友圈，每天要和村民同吃同住，工作16个小时更是家常便饭。和她相比，我需要反思、提高的地方还有很多。"

历经几个月实打实的锤炼，凭着优秀的适应能力、强大的心理素质和敏而好学的求是精神，马玲鲜很快从"连开会都听不懂"的状态中摆脱出来，积极吸收、熟悉方方面面的知识，并将其与实践相结合，快速提升业务能力。"我相信时间与拼搏的力量，也相信是自己有能力把工作做好的。之前研究生阶段的学习经历，除了给予我一定的知识储备，更让我懂得了如何去钻研、获取全新的知识——这对重视实践、应需而动的基层工作，很有帮助。"而正是这样主动的学习精神与工作态度，让她逐渐成长为一颗向下扎根、真正服务于当地百姓的**"螺丝钉"**。在送戏下乡、运动会等基层文化公共服务的一线，在协管扫黑除恶的前沿，在涌泉村村务上传下达、落实具体工作的各个环节中，总能看到选调生马玲鲜为群众奔走的身影。2019 年，在与同事的共同努力下，马玲鲜所在的涌泉村在特色产业发展中收获颇丰：**"一村一品"**、共享农场等措施初见成效，红色旅游发展态势良好，壮大了村集体经济，有效助推了乡村振兴。

> "螺丝钉"精神，是自觉地把个人融入党和人民的事业之中去，个人服从整体，服从组织，忠于职守，兢兢业业，干一行爱一行，全心全意为人民服务的精神！
>
> "一村一品"是指在一定区域范围内，以村为基本单位，按照国内外市场需求，充分发挥本地资源优势，通过大力推进规模化、标准化、品牌化和市场化建设，使一个村（或几个村）拥有一个（或几个）市场潜力大、区域特色明显、附加值高的主导产品和产业。

信仰坚定，初心不忘

扎根西南大地的基层体验，让马玲鲜对"为人民服务"的党员信仰，有了更深切的认识与理解。脚踏泥土，当知民生疾苦。"一个合格可靠的基层干部，就应该为老百姓真真切切干一些实事，再苦再累都是值得的。"马玲鲜如是说。2020年伊始，面对突发的、没有硝烟的疫情防控战，同无数的基层干部一样，她放弃了宝贵的休假机会，主动投身工作一线。防疫期间，马玲鲜每天需与同事进行拉网式信息排查，及时消毒公共场所，劝返聚集人群，关停非必要性营业户。加之春节期间，当地流动人口数量激增，原本就繁杂琐碎的基层工作更是难上加难。尽管困难重重，马玲鲜仍尽职尽责地将防控工作落到实处、细处。在与被隔离群众的沟通交流中，除日常上门询问其健康、生活状况，马玲鲜还会帮助购买生活用品，解决群众的燃眉之急。"防控工作不免遇到各类突发状况，会有多次排查后产生抵触厌烦情绪的群众，偶尔也会感到心力交瘁。但每看到夜晚十点的工作群里，还有同事坚守在拦外地车、测体温的防控前线，就觉得坚守基层岗位真的是一种信念，自己也就更有动力了。"马玲鲜感慨地说。经此一役，"恪尽职守、只为一方安宁"的工作信念，深深扎根在了她的心中，并不断外化为挥洒青春的自觉行动。

2020 年伊始，疫情的暴发冲淡了辞旧迎新的节日气氛，也打乱了人们正常的生活节奏。在这场没有硝烟的疫情防控阻击战中，大批的"90后"选调生冲锋在前，成为基层防控的中流砥柱，以实际行动诠释了当代青年的果敢和担当。日夜奋战、刻骨铭心的工作经历，更是让初涉基层的青年选调生们在实践中迅速淬炼成才，坚定信仰，书写青春，不断磨砺"为人民服务"的过硬素质。

迢迢山水，道阻且长。展望基层的工作生活，她坦言，未来一年的首要目标，就是在党和国家的号召下，帮助涌泉村打赢脱贫攻坚战，帮助贫困群众顺利脱贫。"或许我们不能决定未来是什么样子的。但我相信，唯有在其位谋其政，踏踏实实直面当下，努力锻炼硬本领，才能把未来紧攥在自己手中。所以，还是要不断学习，充实自我，只不过地点从图书馆换到了办公室，换到了涌泉村的田间地头。"马玲鲜笑言。服务基层的赤子之心、踏实无私的工作态度、不辞辛劳的奉献精神，在这位青年选调生的身上，正熠熠闪光。

置身乡村，在平房里找到丘壑；扎根土地，于淤泥中发现灯塔。这位敢想敢拼的云南姑娘坚信，自己定能怀抱着踏上选调之路的初心，一路砥砺，一往无前。

🌳 在大学期间印象最深刻的一件事

做课堂展示，当老师只要求完成 50%，我完成了 90% 被表扬的时候，我尝到了"多准备一些"的甜头。

🌳 对学弟学妹的寄语

工作很累，但是心底很充实。在基层，我们解决的是老百姓的实际困难，维护的是他们的切身利益，在和老百姓、村干部的相处中，学到的是为人处世的大智慧，越来越能体会"为人民服务"的分量。

采访记者："职业生涯人物访谈"记者团

宋嘉、雷贻超

走出漫漫书海，扎根非遗前线

姓名：李思颖
专业：中文系中国古典文献学专业 2019 届
籍贯：重庆市
去向：成都市青羊区文化体育和旅游局

李思颖，预备党员，浙江大学人文学院中文系中国古典文献学专业 2019 届硕士研究生。在校期间曾担任竺可桢学院学生会副主席，荣获浙江大学优秀学生一等奖学金、浙江省政府奖学金、中国古文献学奖学金本科生二等奖、浙江大学优秀研究生、浙江大学优秀毕业生。2019 年 6 月毕业后参加选调工作，现就职于成都市青羊区文化体育和旅游局，主要负责公共文化体育事业。

如何扎根基层，服务社会，是选调生们面临的首道难题，更将成为职业生涯中对自我的永恒追问。怀揣着期待与求索之心，在一年多的选调生活中，初涉基层的李思颖脚踏实地，沉淀自我，以真切行动书写青春考题，充分展现了一位优秀选调生的服务意识与责任担当。

基层工作：文化服务群众

从浙江大学人文学院中文系中国古典文献学专业硕士毕业以后，李思颖进入了成都市青羊区文化体育和旅游局工作，主要负责公共文化体育方面的管理服务工作，如公共文化惠民活动、非物质文化遗产保护、公共文化服务满意度、需求调查、公共文化设施服务效能等。2020 年是我国全面建成小康社会的收官之年，为了提升自身服务效能、满足群众多元化的文化需求，青羊区文化部门加快建设步伐，与时俱进完善顶层设计，并采取多项针对性措施，不断优化基层文化服务方式。面对崭新的工作部署与初入职场的接连挑战，李思颖迎难而上，主动担负起青羊区协办的第七届中国成都国际非物质文化遗产节的各项事务，并通过这次实践机会，熟悉了机关工作流程和活动流程，积累了初入职场的工作经验。

虽然圆满完成了国际非遗节的相关工作，但回顾这段工作经历，李思颖坦言："那时自己还不熟悉机关的工作方式，不了解具体公文的撰写要求，对街道、社区开展的文化活动及具体情况也缺乏深入了解，工作难免遇到大大小小的困难，推进速度总是比较慢。"在意识到自身存在的问题之后，李思颖有针对性地自学了公文写作，并对所管理的、自己还不够了解的区域开展实地调研，及时跟进街道、社区公共文化服务效能巡查工作，主动与街道、社区文化专干、文化中心主任联系，上门请教。为获取既往青山区基层文化活动开展的情况信息，李思颖主动搜集、翻阅相关报道材料，并时常向科室老同志耐心请教，一步一个脚印地熟悉机关工作。经过一段时间的学习与积累，对于各方面的工作内容及相关流程，现在的李思颖在应对时已经得心应手了。从初入职场的手足无措，到现在的了然于心，李思颖觉得谦虚求教、认真学习是第一位的。

个人选择：现实与理想结合

回忆走上选调之路的初衷，李思颖认为理想与现实的双重因素在自己的职业选择中缺一不可：一方面，选调工作可以结合自身的专业素养服务社会，创造社会价值，贡献青春力量；另一方面，基于当前的就业形势与独立生活的个人意愿，选调之路或许更符合李思颖的就业需求。而且在她看来，相较一般的公务员培养流程，选调生的培养体系更为科学、多元，将人才选拔、基层培养乃至于后期发展等环节有机结合，无论对个人发展还是对整个公务员队伍建设，都有重要价值。"基层也有着意想不到的精彩！"正是抱着这样的思考，**李思颖毅然拒绝了美国亚利桑那大学的博士 offer，回归基层，扎根基层，成为文化建设生力军中的重要一员。**

深造还是就业，这道关涉将来"做什么"的选择题，恐怕不少毕业班同学都要纠结一番，才能给出解答。近年来，浙江大学毕业生赴境外留学的比例越来越高，但如果为了出国而出国，没有明确的目的，任何选择都是盲目的。李思颖遵从初心，明确了现阶段的自己更"想要什么"，放弃出国深造的机会，毅然投身于选调事业，波澜不惊，定力十足。2021年，浙江大学共有517人进入选调生队伍，而2016年的人数为65人，比例明显提高。

而选调工作的丰富实践与优秀榜样的积极带动，进一步坚定了李思颖服务社会、创造价值的理想定位。"我们单位的党员同志都非常有觉悟，思想进步，也乐于帮助我熟悉部门工作的流程与细节，对我起到了很好的示范榜样作用。"在这样的工作氛围中，她以切身行动，不断践行着"不忘初心、牢记使命"的工作理念，以青春之热情活跃于各项基层文化工作中，如调查公共文化服务状况，指导青山区文、图两馆的培训活动等。2020年开端，面对突如其来的疫情，同无数平凡的政府机关工作者一样，李思颖主动深入基层，为疫情防控贡献力量。由于身属防疫指挥部的成员单位，她与同事们的春节假期全部取消。在全国人民居家防疫之时，李思颖则需要定期巡查文化场馆的防疫情况、开放情况，日夜走访相关酒店，统计武汉来蓉城人员的信息等。而此次疫情，更使她认识到政府工作者的价值，认识到自己所肩负的社会责任。"其实选调生的工作岗位及内容同其他基层工作人员并无二致，唯一的区别是我们更年轻，所以我们更应该利用活力和热情多出一份力。在看似烦琐复杂的事务中，保持'为人民服务'的初心，明确自身定位，明白每一件小事对保障百姓日常生活、改善民生的意义。"

寄语学子：初心与能力并重

走入基层的李思颖，其实早在本科求学期间，就已对自己未来的发展道路有了相对明确的规划，并为此付出不懈努力。在选调生的前期准备中，除了以积极心态准备相关的笔试面试，李思颖认为初心与能力同样重要，缺一不可。"首先，选调生要有愿意'为人民服务'的初心，为自己的社会角色而自豪，发自内心地热爱这份工作，并将其视作实现个人价值和社会价值统一的有效途径。"基于自己的切身体验，李思颖坦诚地说："我见过一些选调生因心理落差较大而辞职，因此学弟学妹们若有这方面的规划，一定要想清楚自己是否适合体制内工作，是否发自内心肯定选调生是实现自我价值的途径。没有坚定的初心，或许很难在岗位上坚持下去。"同时，做好选调生的工作，李思颖认为还需要具备一些重要的个人素质和技能，如基本的逻辑写作能力、交流沟通能力、人际交往能力、危机处理能力、统筹规划能力等。而这些能力的养成，并非一朝一夕就可以达到的，因此需要充分利用好本科期间的各类学生工作、社会实践的机会，有意识地加以锻炼培养。李思颖说："进入全新的环境，或许很多工作内容、办事流程都要重新学起。但选调道路上的工作初心与基本能力是必不可少的，需要前期的培养与积淀。"

离开舒适的"象牙塔"，回首选调之路，有艰辛的汗水，有迷茫的思索，更有丰富的切身体验与坚守初心的满足。李思颖相信，通过不断的实践与"扎根"，她会成为基层的一道光，照亮群众，温暖他人，用自己的青春为文化事业建设添砖加瓦！

🌲 **在大学期间印象最深刻的一件事** ⋯⋯⋯⋯⋯⋯⋯⋯⋯⋯⋯⋯⋯⋯⋯⋯⋯⋯

在毕业那一年，当时是做好了两手准备，一方面准备出国读博，一方面准备参加选调，两方面都是竭尽全力在努力。读博方面不断学习GRE和托福，为了达到理想分数刷了不少次考试，前前后后可以说耗费了很多精力和财力；一边也在学习行测和申论。最后其实两边都可以选，但由于多次跟同行的师兄师姐有过深入的交流，了解了很多文科博士毕业后和青年高校教师的困境，觉得作为一名选调生投身城市建设发展工作更让人有成就感，所以最后选择参与工作。这个做准备、做选择的过程对我而言是难忘的。

🌿 **对学弟学妹的寄语**

在职业选择的时候，一定要多听取前人的经验，通过多种渠道了解这个职业的前景，充分认识职业选择后可能遇到的问题，并考虑生活品质、生活状态等现实问题，综合考虑之后再做选择。

采访记者："职业生涯人物访谈"记者团

欧珠次仁、卢听雨、杨芮、姜语欣

着戎装淬实才，走基层践初心

姓名: 刘莹谱
专业: 中文系中国现当代文学专业 2019 届
籍贯: 湖北省广水市
去向: 中共宁波市委办公厅

刘莹谱，湖北省广水市人，中共党员。浙江大学人文学院中文系中国现当代文学专业 2019 届硕士毕业生。在校期间担任学生党支部书记，荣获优秀学生共产党员称号。毕业后，选调进入中共宁波市委办公厅工作。

湖北省广水市，曾是李先念部队驻扎地，拥有新四军第五师尹家湾旧址群等一批革命老区，红色文化氛围浓厚。选调生刘莹谱，就成长于此。怀揣"为人民服务"的党员信仰，肩负"以天下为己任"的责任担当，本科期间曾投笔从戎的他，不舍初心，砥砺前行，在走出"象牙塔"的人生路口，做出了属于自己的坚定选择——到基层去做一名选调生。

在投笔从戎中孕育初心

本科期间的**军旅经历**，是刘莹谱扎根基层、奉献青春的初心的起点。征兵宣传片中飒爽英姿、干练帅气的军人形象，井然有序、热血激昂的军旅生活，激发了他投笔从戎的勇气与决心。回忆起大一时毅然的决定，刘莹谱说："当时还不清楚什么是真正的部队生活，收到通知时更多的是兴奋激动，不知道害怕。"在表面的飒爽军姿下，部队的生活尤为艰苦：夏天，要在将近40度高温的恶劣环境中训练；冬天，则要在零下20多度的夜晚执勤——工作或训练时间可谓是真正的"5+2""白＋黑"。"或许现在很多互联网公司的'996'工作制，在艰苦的军旅作息面前，也要逊色几分吧。"刘莹谱笑言。然而，正是这段挑战重重的军旅生活，逐渐坚定了他奉献青春、报效祖国的理想信念。"要说部队生活带给自己最大的变化，无疑还是对'爱国'二字的理解与感受。入伍后，常能听闻战友为保家卫国不惜一切乃至付出生命代价的鲜活事例。而作为年青一代的自己，很难不被他们的情怀与思想境界所打动。"刘莹谱为国为民、磨砺青春的熠熠初心，早已在此时悄然萌芽。

> 军旅生活，是刘莹谱青春之路上的关键一站，更是其挑战自我、磨砺身心的成长捷径。为助力强军兴军、打造一流军队，部队每年都会从在校大学生和大学毕业生中招收义务兵。国家现已出台、落实了一系列相关优惠政策，鼓励学习能力强、理解吸收快、综合素质高的青年学子投身军营，凝聚时代力量，砥砺青年成才。

纵使部队生活再紧张忙碌，刘莹谱也不曾丢掉中文系的"老本行"，而是力求"文武兼备"，多元发展。一方面，他在日常高强度的训练中磨炼"英雄本色"，锻炼身体素质，培养自己的军人气质；另一方面，积极发挥学科优势的刘莹谱，服役期间还在《解放军报》《宁夏日报》等多家媒体上发表文章，不忘积累、提高自身的文学素养。退役后重返校园的他，仍秉持着扎实刻苦的学习态度，并以优异的成绩考取了浙江大学人文学院中文系中国现当代文学专业的硕士研究生，开启了人生旅途的新征程。

在扎根基层中践行初心

投笔从戎的热血经历和浙江大学浓厚的基层选调氛围，都在一定程度上为刘莹谱情定基层的未来发展方向做好了铺垫。2019年的毕业季，即将走出"象牙塔"的刘莹谱，放弃了家乡一家待遇丰厚的国企offer，自觉投身选调大军，一心一意扎根基层。

"我们国家正处于大变革的时期，处于追赶、超越、民族复兴的关键阶段。能够以青年选调生的身份，投身到时代的发展浪潮中去，无疑是一件光荣而伟大的事情。"刘莹谱坦率地说。当代青年不该是祖国建设的旁观者、被动者，而要争做历史事业中的亲历者、建设者及参与者。谈及报考选调的初衷，刘莹谱认为，选调生的基层工作，可以接触到各行各业的人与事，充满机遇与挑战；且选调生所能实现的社会价值及自身的获得感、满足感，是其他许多工作难以比拟的。于是，顺利通过选调招录、考入中共宁波市委办公厅的刘莹谱，开始了自己远在异乡的选调生活。

"还记得刚到宁波的自己，一个人工作生活，不免有孤寂迷茫的时候。哪像现在，我已经是一个准'新宁波人'了。"刘莹谱打趣地说。在领导、同事的关怀帮助下，初来乍到的刘莹谱很快适应了机关部门的办公氛围，将"身为异乡人"的孤独转化为工作学习的热忱。在上级的统筹安排下，现在刘莹谱主要负责所在部门各类文稿的起草工作。谈及自己的工作内容，刘莹谱坦言，在机关文稿写作的具体实操中，最大的困难在于需要将之前已经习以为常的、发挥余地较大的学术性语言，转化为严谨精准的业务性语言。与此同时，一个优秀的文稿撰写者还需广泛涉猎社会、政治、经济、文化、哲学、法律等方面的知识，这对刘莹谱的知识储备无疑是一个巨大的考验。因此，在锤炼、斟酌文案语言的同时，他还要不断查阅资料，力求准确，避免文章中出现常识性的纰漏。工作之余，刘莹谱更是狠抓自己的业务技能，通过大量的阅读学习，不断充实自己，以求打磨出更有内涵与水准、更有温度与深度的文稿。

基层选调生的快速成长，除了自身的脚踏实地，更是离不开工作环境、优秀榜样的正向带动。同个处室的同事、前辈们，对待日常看似琐碎繁杂的文稿工作，总是干劲十足，并主动帮助刘莹谱熟悉文稿业务。"笼天地于形内，挫万物于笔端。"尽职尽责的工作作风，无形中影响着刘莹谱的精神态度与实际行动。受到激励的他，更是对自己手头的每一份文稿乃至每一处文字细节都严格要求。"一个党员就是一面旗帜，所谓旗帜就是要鲜红、要飘扬、要担当、要作为。具体体现在岗位上，便是积极进取，踏实苦干，认认真真，兢兢业业——这样的作风、状态，是对工作负责，对自己负责，也是对信任我们的宁波人民负责。"刘莹谱诚恳地说道。

在砥砺前行中不忘初心

"扎根宁波，服务宁波，奉献宁波"，这简单的 12 字，不仅是刘莹谱所在处室优秀前辈的工作准则，更成为他步入基层、力求"淬火成金"的行动指南。鲜活而多变的基层，暗藏着大大小小的现实难题，接触到的人与事也更加琐碎、繁杂、全面。相较于工作很长时间的部门前辈，刘莹谱可能缺乏充足的经验和知识储备。"虽然前路尽是未知数，但我对服务基层还是充满期待与信心的。"刘莹谱坚信，作为青年选调生及党员队伍中的一员，他将不忘初心，以十分的活力和热情，奔走于群众需要的地方，在向上成长的同时向下扎根，做基层的一道光。

"基层工作无疑是酸甜苦辣咸五味俱全的。或许还是要保持一种'但行好事，莫问前程'的平常心，并尽可能地把分内工作做好，做踏实，将为民之心稳固。其他的事情就会顺其自然的。"青春由磨砺而出彩，人生因奋斗而升华——刘莹谱砥砺前行、奉献自我的青春信仰，将在日夜兼程的实践锤炼中，迎来开花结果的那一天！

🍃 在大学期间印象最深刻的一件事

最难忘的是导师吴秀明教授对我的谆谆教诲。记得在吴老师的课堂上，他既以深厚的学术功力带领我们徜徉文学殿堂，又以浓厚的家国情怀教导我们融入时代大局，告诉我们要做到"学术报国"，四个字虽然简单，却如岳母刻字一般，深深镌刻在我心中。如今我没有走上学术之路，选择了做一名选调生，但这种情怀格局、精神气质依然引领着我、鞭策着我。

🍃 对学弟学妹的寄语

大学是人生中最美好的时光，浙大更是星辰璀璨的圣地。希望你们以浙大星光为指路明灯，涵养家国情怀，树立鸿鹄之志，找准人生志趣，走好未来之路，做一个不负青春、不负时代、不负祖国的人。具体来说，希望你们珍惜时间，专心钻研学业，充实精神世界，筑牢安身之本；珍惜自由，书斋之外多行路，多外出走走看看，多参加社会实践，丰富人生阅历；珍惜身体，多点体育锻炼，少点熬夜爆肝，让体魄和精神一样强健；当然，还要珍惜眼前人，遇到心中欢喜，便勇敢追逐缘分。衷心祝大家学有所成、爱有所得。

采访记者："职业生涯人物访谈"记者团

陈依源、姜语欣

在角色转换中做好"螺丝钉"

姓名: 郑祎聘
专业: 中文系比较文学与世界文学专业 2019 届
籍贯: 福建省福州市
去向: 北京市密云区十里堡镇人民政府

郑祎聘,福建福州人,中共党员。浙江大学人文学院中文系比较文学与世界文学专业 2019 届硕士研究生毕业。在校期间曾担任所在研究所党支部书记、学院兼职辅导员,荣获浙江大学优秀学生党员称号。毕业后参加选调生工作,现就职于北京市密云区十里堡镇人民政府。

一次偶然的机会,一个突如其来的"橄榄枝",使有着丰富学生工作经验的郑祎聘走出"象牙塔",在人生分岔口明确了未来的发展方向,迈出了服务群众、扎根基层的奋斗步伐。偶遇"选调生"机会的他,现在正不断适应着因需而变的工作环境,努力成为基层岗位上发光发热的一枚"螺丝钉"。

回首来时路:选调生涯,起于偶然

回忆起选调之路的起点,郑祎聘坦言,自己投身基层选调的职业选择非常偶然,在辅导员提起"选调生"之前,他并没仔细考虑过自己的就业问题。在主动了解中央选调生、地方选调生及普通公务员的相关政策后,他注意到:不同于公务员"千军万马过独木桥"的选拔流程,选调生是专门面向应届毕业生招录的;在培养方式上,选调生也比一般公务员更有针对性,锻炼个人素质能力的机会更多,未来发展空间也更宽阔。于是,郑祎聘萌生了报考选调生的想法。

回忆起选调路上的贵人,郑祎聘说:"在报考的过程中,学院辅导员老师给予了我很大的帮助。**'中央选调生'的报考条件比较苛刻，不仅需要获得过校级荣誉，担任过学生干部，对考生的毕业院校也有一定要求**。幸运的是，辅导员发现我恰巧符合条件，就建议我去试一试。"

> 中央选调生与地方选调生最重要的区别是中央选调生是由中央部委直接从高校选调优秀的毕业生，地方选调生是各省委组织部按照自己的计划从高校招收品学兼优的毕业生。同时，中央选调生一般都只是在211高校或者是985高校的小范围内选择优秀的大学生，相对于地方选调生其更注重报考学生的毕业院校。

由于准备时间较为紧张，第一场广西的选调生考试，郑祎聘几乎"裸考"，甚至连考试的具体内容都不甚清楚。但善于利用机会的他，把每一场考试都当作一次实战学习，力求在实践中积累相应经验。"我的报考经验可能比较特殊——由于确立目标比较晚，准备时间相当不充分，不免影响到自己的考场心态与正常发挥——算是一个典型的反面例子吧。"郑祎聘笑言，"如果要想认真备战选调考试，还是建议提早准备、沉着应考。因为大量的日常训练可以帮助你更好地以平常心应对真正的考试，较好地展现自己的水平。"

谈及"选调生"的必备素质与前期准备，郑祎聘认为，基层工作对专业性、技能性的要求并不高，也不需要高超的人际交往技巧。由于选调生往往是从优秀的高校毕业生中选拔而出，只要经过一段时间的业务熟悉与培训，积极主动地参与实践，拓展与社会的接触，大部分人都能顺利做好手头的工作。"技能、经验都是可以后来习得的，关键还在于摆正自身态度，坚定服务奉献的初心信念，才能在看似繁杂琐碎、千篇一律的基层工作中找到前行的动力。"初入职场的郑祎聘，逐步适应着"选调生"的社会角色，使自己尽快融入服务基层的工作环境中。

立足当下志：适应变化，慎独吾身

郑祎聘现就职于北京市密云区十里堡镇人民政府，在镇党委组织部工作，同时在红光村党支部挂职支委会委员。除了完成基层党建工作、统筹，他还主要负责部门文书材料的撰写草拟。面对崭新的工作环境与内容，曾在研究生阶段担任学生党支部书记和学院兼职辅导员的郑祎聘，并没有如初出茅庐者一般怯场。学生时代组织大型活动、撰写行政材料的丰富经验，犹如"定心丸"，增强了他开展工作的信心。从既往的学生工作中，郑祎聘往往能吸取类似的经验，游刃有余地应对或大或小的工作难关。

但是，鲜活真实的基层环境，无疑给这位原本的"学生干部"提出了更高的要求。"虽然先前已有不少学生工作的经验，但选调生的基层工作完全不同于学生工作。只有真正接触了基层，才会发现这比学生工作难得多。"郑祎聃如是说。学校里，同学们大多理解、配合学生干部的工作，组织活动的过程中总是沟通顺畅的为多；而在基层中，选调生的服务对象来自各类群体，需要分门别类、有针对性地开展工作。比如，在农村垃圾分类推广中，面对村内老年人，往往需要为他们举办相关内容的线下讲座或登门宣传。再者，一些不明详情的群众不一定会配合工作，这时就需要基层干部不辞辛劳地与他们进行沟通、劝导。回想起刚驻村的那段日子，郑祎聃也曾为撰写调研报告绞尽脑汁，也曾因基层宣传效果不好、群众不理解而心灰意冷。幸运的是，在部门前辈的指导帮助下，他快速积累了基层工作的方法技巧。从生疏到熟练，他克服了入村宣传、与群众交流、文书写作等方面的困难，收获颇丰。"进入一个新领域，难免有困难，难免感到不适与迷茫。那时周围同事的关心，宛如温暖的及时雨。"郑祎聃感慨道。

从求是园到乡镇，从学生干部到基层选调生，除了工作内容、难度的改变，郑祎聃的个人生活也发生了较大的转变。只身来到北京工作的他，有时不免会有身为"异乡人"的孤寂感。但他深知，一个优秀的选调干部只有具备灵活的适应能力，才能不断应对未来复杂多变的基层工作。因此，**"慎独"**二字成为郑祎聃新的生活指南。现在，他仍保持着学生时代的阅读兴趣，保持自主学习的积极心态，闲暇之余也不忘给自己"充电"，不断追求进步。

> "慎独"，语出《中庸》："莫见乎隐，莫显乎微，故君子慎其独也。"其意是当独自一人而无别人监视时，也要表里一致，严守本分，不做坏事，不自欺。所谓"慎独"，是指一个人在独处的时候，即使没有人监督，也能严格要求自己，自觉遵守道德准则，不做任何不道德的事。

展望未来途：脚踏基层，仰望星空

经过一段时间的磨砺锤炼，郑祎聃的工作已逐渐步入正轨。学习能力强、工作上手快的他，获得了周围群众的信任与肯定。"有匪君子，如切如磋，如琢如磨。"面对选调之路的未来发展，郑祎聃还是希望在基层的考验中不断思考、改进，以实现自我能力、心态等多方面的蜕变。而且，选调生的工作往往由上级统一部署，面对未知的工作挑战，所能做的唯有不断提升自我，为着前路的机遇与挑战，时刻准备着。

"目前在基层的我还仅是一枚小小的'螺丝钉'，由于经验不足，所能做的工作微乎其微。"郑祎聃谦逊地说，"因此作为基层政府的普通一员，我更不能放松要求，只有恪尽职守、坚守岗位，才能不辜负'选调生'的社会身份。"无论是在新中国成立七十周年的国庆假期间的安保工作中，还是在决胜全面小康社会、打赢脱贫攻坚战的关键时刻，郑祎聃都以实际行动，争做十里堡镇基层岗位上一枚紧绷的"螺丝钉"，服从组织安排，配合政府"建设美丽乡村""发展生态旅游业"等宏观规划，稳步推进自己的具体工作，保质保量地完成各项指标。学生工作与基层服务，存在差异，其角色的转变也需要一定的适应时间，但二者的内核无疑都是"服务群众"的初心信念。

展望未来的奋斗之途，郑祎聃坚信：坚守着青春之志的他，必将在工作中不断发掘动力与价值，脚踏基层，仰望星空。

🌿 在大学期间印象最深刻的一件事

读研究生时，我的导师有一门课程需要在期末完成结课论文。当时，自己完成论文后就随手发到了导师的邮箱里，既没有写邮件主题，也没有写邮件正文内容。事后，导师严厉地批评了我，因为这在正式邮件往来中是随意甚至是很无礼的行为。我本来还觉得很委屈，认为熟悉的邮件往来就应该像微信聊天一样没那么多拘束。但是，我的导师反复强调了什么是"正式场合"，也结合我当时学生干部的工作提出了一些建议。我印象最深的是，她教导我观察别人的行为，学习那些让自己感觉舒适的行为，摒弃那些让你自己反感的行为。一次随性的发送邮件行为换来了一次终身受益的教导。现在工作中，我也不断从同事的工作中总结、反思，达到快速提升自己的目的。

对学弟学妹的寄语

读书的时候我们经常会听到前辈教诲：书读得越多越能感到自己的无知。在基层工作中，乃至在社会生活中也是如此，经历越多才会发现自己需要提升的方面还有更多。正所谓"世事洞明皆学问"，毕业后我们切不可因为"浙大光环"而自满，在事业上松懈了自我要求。

采访记者："职业生涯人物访谈"记者团

洪欣欣、雷贻超

心系家国，不忘初心

姓名: 范石山
专业: 中文系古典文献学专业 2019 届
籍贯: 陕西省商洛市
去向: 陕西省选调生，就职于陕西省商洛市镇安县纪委监委

范石山，2019 年毕业于浙江大学人文学院中文系古典文献学专业，于同年成功考取陕西省选调生，目前任职于家乡陕西省商洛市镇安县纪委监委，同时担任东坪村村主任助理。

镇安县，位于陕西省东南部，秦岭南麓，地形复杂，山大沟深，有"九山半水半分田"之称。范石山生于斯，长于斯，也在这里埋下了感恩家乡、回报祖国的理想。

范石山说："我上高中的时候，我们县还是贫困县。我一直很想做点什么，帮助家乡脱贫致富，所以在学习上我也比较认真。同时我也得感谢国家，我很幸运，享受到了国家对贫困地区的高考优惠政策，才能到浙大学习。现在学成回来，也是得偿所愿、建设家乡。"

浙大求学，初心难相忘

镇安是范石山家国情怀萌芽的地方。2014 年，他走出大山，来到了梦寐以求的著名学府——浙江大学。求是创新的百年校训与范石山的家国情怀碰撞出奋斗的火花，最终促使范石山坚定地走上了选调生这样一条奋斗之路。

谈及在浙江大学的学习经历，范石山称浙大是自己"成长的摇篮"——"浙大带给我很多，尤其是对于我这样从贫困地区来的孩子，浙大给了我的人生更多

可能"。

在浙里，范石山认真学习专业知识，完备的课程设置与丰富的通识教育，锻炼了他在未来工作中必要的获取新资讯、学习新技术、总结新方法的能力。其次，浙大提供了一个接触全国乃至世界的平台，开阔了他的眼界，也使得他对各地区的文化有了一定了解。"我认为浙大对学生的培养和关注度很高，让我们每个人都能充分发展，张扬个性。"毕业择业季，范石山本有很多选择，但是心中属于求是人的情怀让他毅然决定回到家乡，让自己高中时代就萌发的理想平稳着陆。他说："指导我毕业论文的老师鼓励我继续读研，但我还是想回到家乡，为家乡做一些贡献。"

乡间扶贫，泥泞奋斗路

从大学生转变为一名基层选调生，从轻松自由的校园生活投入单调而紧张的工作中，范石山留给自己支配的时间变少了，投身于基层服务的时间多起来，忙碌的每一天都是充实而欣慰的。每天往返两点一线间，日子虽然单调却有着不平凡的意义。工作在范石山的生活中占了很大比重，除了写作公文之外，更多的是走访与实践。他总说理论和实践都要勤快起来。他承担村务，面对出现的问题，他敢于思索，善于咨询，大胆尝试，高效解决。范石山很珍惜这宝贵的两年基层锻炼时间，在不断地服务群众的过程中，自己的理论觉悟和实践能力都会有所提高。

作为村委会主任助理，范石山要去协助处理村内事务，调查贫困户的年度收入以及扶贫措施的落实情况等。另外针对人民群众反映的具体问题，他也要走访群众，到各个部门去核实调查，维护好人民群众的切身利益。范石山所在的东坪村靠近高速公路收费站，外来交通比较方便，但由于地形因素，村子基本处在山区，范石山会跟着村支书到村民家走访。如今乡村交通大大改善，通往各个村组的路畅行无阻，他们可以通过坐车或者骑摩托车的形式去走访。

谈及扶贫工作，范石山说自己跟贫困户接触还是挺多的。除了入户交谈时着重了解年度收入情况、产业发展情况等，他还会到农户的田地里以及住所看一看，了解扶贫一线的真实情况，细心做好各种记录，回去再整理，然后把这些情况交给相关部门。镇安去年下半年雨水特别多，山路湿滑给他们走访农户造成了很多困难。一次在入户的山路上，范石山和同事遇到了两处山体塌方。尽管如此，当天的任务必须要完成，他们就穿着最简单的一次性雨衣，绕过危险区，走到一线的农户家里。如果走访遇到农户不在，他们会打电话联系，在脱贫致富的路上不落下任何一个人。

回顾这些为"脱贫攻坚"进行的走访工作，范石山颇有感慨："为人民服务不是一句空话，要扶贫，就要把情况搞清楚，只有贴近实际，才能知道人民需要什么。而这些是需要所有扎根基层的人一点点跑出来的、问出来的。我国的扶贫工作能取得现有的成就，确实是一个脚印一个脚印走出来的。"他也向我们提出了扶贫中发现的难题，有些农户比较懒惰，等着别人去帮扶，所以"我们不仅要扶贫，也要扶志"。"对这些农户，就得去跟他们沟通！"话语中显露出他对扶贫工作的坚定。

聊起走访的过程，范石山脸上又露出了欣慰的笑容。农户们都非常热情，有一次他们走访到一户人家，当时正值核桃成熟的季节，这家的老大爷就拿新鲜核桃给他们吃。虽然这些都是山里人常吃的，但给他留下的印象特别深刻，那核桃也显得特别香甜。

扎根基层，一颗为民心

作为一名身在基层的选调生，范石山始终保持着一颗为国为民的初心。伴随春节席卷而来的新冠肺炎疫情给祖国和人民带来了巨大挑战，在疫情暴发后，基层干部全面贯彻落实党中央的各项政策和指示，迅速展开了工作。农历正月初三，范石山和同事们便立即下乡，开展疫情防控工作，监督干部是否坚守岗位，了解湖北返乡人员的排查和统计情况，及时与湖北返乡人员沟通，促进落实居家隔离措施，从而减少接触感染的风险。

疫情防控是与时间赛跑。最忙碌的时候，为了给疫情防控提供准确可靠的信息和及时了解人民群众的身体状况，范石山一天跑了 10 个村，给 20 多个重点监测人员打电话询问身体状况。与时间的紧迫比起来，更多的是对生命的紧张与关怀，只有看到值班人员在岗和了解防疫工作到位后，他才可以安心去跑下一个村。

如今，范石山已经以选调生的身份参加工作一年多了，对选调生的工作也有了自己的切身体会："我认为选调生的工作是平凡的，每天处理的都是具体的事物，和具体的人打交道。普普通通，没有那么多壮怀激烈的东西，但又是不平凡的，因为正是有扎根基层、勤勤恳恳的奋斗者，我们中华民族的伟大复兴才能实现。"与刚毕业的时候相比，范石山认为现在自己待人接物方式都和以前不一样了，这是选调生工作所赋予他的独特成长经历。我们在采访中问到他对未来的规划，他以一种轻松的语调告诉我们，其实对未来他没有特意去规划，过好普普通通的生活，认真干好每一件事，不辜负学校的培养和组织的信任。

🍃 在大学期间印象最深刻的一件事

2018 年春天在西安市未央区为期一个月的实习经历，使我对一线公务员的工作状况有了初步了解，也令我找到了人生的奋斗方向。

🍃 对学弟学妹的寄语

希望学弟学妹们能把学习作为一种精神追求和生活方式，坚持求是创新，毕业后能以更坚定的理想信念、更饱满的创造活力，朝着实现中华民族伟大复兴的宏伟目标奋勇前进。

采访记者："职业生涯人物访谈"记者团

张雅婷、邵晗慧、木号晴

从戎长精神，选调践初衷

姓名: 姜双超

专业: 中文系中国现当代文学专业 2019 届

籍贯: 山东省青岛市

去向: 青岛市崂山区退役军人事务局
（现借调崂山区委办政研室）

姜双超，中共党员，浙江大学人文学院中国现当代文学专业 2019 届硕士毕业生。在校期间曾担任浙江大学退役士兵协会组织部部长，荣获浙江大学中文系研究所论文二等奖。毕业后选调进入青岛市崂山区退役军人事务局（现借调区委办政研室），主要负责信息工作。

本科期间的军旅生活使姜双超的心中产生了到基层工作的想法，研究生期间到湖南挂职锻炼的经历更坚定了她的信念。毕业后，姜双超怀揣着建设祖国的理想，参加了选调工作。一年多来，她秉持着浙大的"求是"精神，在工作岗位上积累经验，稳扎稳打，在基层工作中书写了自己的青春篇章。

初衷：建设家乡，助力祖国

与许多女大学生不同的是，姜双超在大二时曾应征入伍，那段军旅生活对她日后选择参与选调工作产生了很大影响。在当兵之前，她平常更多的是以家庭、学校为单位生活，很少切身地体会"国家"这个概念，觉得"国家"离自己很远。直到去部队，她才深刻感受到生活中的一切和谐、稳定都是有人在默默守护，是那些人的无声付出，换来了更多人的岁月静好。军人角色拉近了她和集体、国家的距离，让她真切地感受到自己与祖国血脉相连。

"我要切实地为人民、为国家做一些事情。"这一个声音从此在她内心久久回响。多年来在浙大接受的教育、浙大校训及浙大精神也引领着她实干报国，作为一名求是学子，要在各个社会角色上有所担当。她认识到个体要充分发挥自己的能量去推动社会进步，助力祖国发展。研究生期间，姜双超前往湖南**挂职锻炼**。她发现中部地区发展不及东部地区，不同地区的发展程度仍有较大差异。这份基层工作让她强烈地意识到，只有自己真的去做些什么，才可能为国家带来更好的改变。因此，硕士毕业后她毅然决然地选择回到家乡参加选调工作，希望自己能服务一方百姓，建设美好家乡。

> 研究生挂职锻炼是大学根据《高校思想政治工作质量提升工程实施纲要》有序地组织优秀全日制研究生，奔赴各个区、县等基层单位，以乡镇长助理、驻村干部、村（社区）支部书记助理和村（社区）主任助理等身份，开展为期3-6个月的挂职工作实践。着力提升研究生"服务基层、回报社会"的能力素养和使命感，积极探索城乡统筹发展背景下"校地合作，共谋发展"的智力支持模式和研究生"实践成才"的创新培养模式。

对姜双超而言，建设家乡、助力祖国发展的初衷早已成为一种信仰，是她为之不懈奋斗的远方。践行这份初衷需要奉献精神，甚至牺牲私人时间——有工作安排就要去执行，加班常态化，双休日可能也无法休息；需要克服万难——无论是刚入职时工作适应期的"阵痛"，面向服务对象到一线调研、走访，还是2020年新冠疫情暴发期间有突发状况就要随时到岗，挑战从未停止。但她只顾风雨兼程，因为她知道自己为何出发，也不忘自己心之所向。

积累：从零到有，从有到优

"丘山积卑而为高，江河合水而为大。"在姜双超看来，无论是学习还是工作，积累都至关重要，因为量变往往会促成质变。"学生阶段重在知识和经历的积累。"作为一个过来人，她建议同学们在大一、大二阶段要以学业为重，夯实专业基础。这个阶段努力多一点、学的多一点，在之后的学习中可能会更加游刃有余，将来也有更多选择的权利。在不侵占学习时间的前提下，还可以参加一些自己感兴趣的活动。"经历是才智之母"，不同的经历能丰富人的体验，完成从零到有的转变。

姜双超在校期间就利用空余时间积累了很多学生工作经历：她曾担任浙江大学退役士兵协会组织部部长，在参与组织活动的过程中锻炼了团队协作能力；研究生期间她跟随导师参加学术会议，拓宽了眼界，协助导师完成具体工作的经历也让她做事更加耐心、细致。此外，她还做过大一新生的兼职辅导员，在大一军训中担任过一连的副连长。回想起这些学生工作经历，她说，角色的交叉让她能更好地开展工作——一方面促使她更好地理解学生的感受，另一方面她也能跳出学生的视角来看待学生。这种角色的转换不仅丰富了她的个人体验，也锻炼了她的工作能力。

进入职场后，工作能力的积累成为第一要务，能力提升后才能更好地完成工作。姜双超在初入职场时曾遇到过很多挑战，因为学校和单位是两种不同的模式，在全新的工作环境中，工作能力要从零开始积累。她回忆道，一开始工作内容要逐个去熟悉，工作不得要领，按进度要求完成一项任务很不容易，但最终完成的每项任务都是工作能力的点滴积累。有些文字工作要求精确程度很高，一个字甚至一个标点都不能出错，需要认真核查、校对，但也正是一遍遍的校对锤炼了细心、负责的工作品质。对她而言，这一年多的积累让她的工作能力得到了从量变到质变的正向提升，工作变得更加得心应手，自身心态也渐趋平和，应对工作中的难题更加从容。

求是：正视现实，脚踏实地

"求是"是姜双超在受访过程中提及频率最高的一个词，也是浙大的教育中对她影响深远的一种精神。实事求是，客观地面对一切。面对自己，面对事情，面对环境，都要直面现实，接受现状。如果人或事有不足之处，自己也有改进的欲望，那就踏踏实实地去做，推动它们往更好的方向发展。"求是"二字蕴藏着一种大是非观，也包含了一种向上向善的愿望。

对姜双超而言，"求是"精神的影响从校园一直延续到了工作中。在择业时，她以个人理想为指南，并充分考虑自身性格、故乡情结等现实因素，选择了最符合自己工作需求的选调工作。成为一名选调生后，她很快认识到政府的话语体系和文学的话语体系差别较大，表达方式、内容、目标都不尽相同，现当代文学的专业背景在职场上并不能提供很大帮助，但文学基本素养如语感、用词对文字工作还是有所帮助的。在认清现状后，她积极调整心态并潜心学习工作中需要运用的知识，尽快适应了工作。她也谈到，职业现状与先前的期待会有较大落差。选调工作并不比企业轻松，工作需要投入很多时间和精力，占据了生活的大部分板块。这种心理落差是需要正视并调节的。

"求是"精神之于工作，还体现为实干能力。在什么岗位就要担负起什么工作，要有担当精神和一鼓作气的执行力。只有兢兢业业、脚踏实地，才能在前行的道路上找到属于自己的星空。

"明确方向，付诸努力，是一定不会错的。"这不仅是姜双超对学弟学妹的鼓励，也是她个人成长的信条。姜双超坚守服务人民、建设祖国的初心，以梦为马，风雨无阻，一路追光。她将真心与青春付与人民，一定能在基层工作中收获精彩与美丽的岁月，并用自己的光和热，温暖更多的人！

🌂 在大学期间印象最深刻的一件事

最难忘的是在图书馆写论文的日子和跟老师、小伙伴们玩耍的时光。当兵对我的影响确实也很大，那段时间很辛苦，比军训可能辛苦 10 倍、20 倍，因为部队没有儿戏，但那份经历让我成长了很多，内心强大了许多，从一个小女孩成长为一名女干事。

🌂 对学弟学妹的寄语

你们比我们优秀，各方面能力、素质很高，但对于未来的职业规划，还是要提前了解，早做准备，不要浪费时光，想做什么就用力地去做。一步步走，稳扎稳打，不用着急。迷茫的时候，不要怀疑自己，不要退缩，不要止步，大胆往前走，一定会找到属于自己的方向。在各种尝试中明确自己的方向后，坚定地走下去 ，路一定会越走越宽、越走越长。

采访记者："职业生涯人物访谈"记者团

姜语欣

谦谦学子，忱以处世

姓名: 唐正翰
专业: 文物与博物馆学系文物与博物馆学专业 2018 届
籍贯: 湖北省利川市
去向: 湖州机关事务管理局

唐正翰，2018 年毕业于浙江大学人文学院文物与博物馆学系，同年成功考取浙江省选调生，目前任职于浙江省湖州机关事务管理局。

面对这条机缘巧合走上的选调之路，唐正翰感受到了这背后所承载的责任担当——以百姓之心为己心、以天下之任为己任。因而，提及基层工作，他展现出了自己对工作发自内心的热爱，"工作的时候不要把它看成一种工作状态，而要把它看成一种生活状态。工作就是生活，生活就是工作"。

读研与就业：一道没有对错的选择题

"其实我一直到大四下学期都是准备读研的。"

在大一军训结束之后，唐正翰就基本确定了本科毕业之后读研的方向。至于为何当初如此坚定读研，他表示主要是为了提高就业竞争力，主观层面对于文博专业的热爱和客观层面文博专业考研的高录取率也是一部分因素。到了大三、大四，唐正翰同其他准备考研的同学一样整日泡在图书馆里看书，但他对于读研的看法却逐渐发生了改变："在准备的过程中觉得非常痛苦，自己对于学术的专注度并不高，也有过一段对考研比较抵触的时期。"此外，专业与工作的不对口也是促使他做出转变的重要因素。

"放弃考研心理斗争肯定是有的，但做决定就是那么一瞬间。"唐正翰分享了自己高中留级的经历。当初自己以班级第一的成绩考入高中，但在高一第一学期完全不顾学业。直到一次数学课上打完瞌睡醒来，发现自己连黑板上最基础的概念知识都看不懂了。"当时就觉得自己要完蛋了。那一瞬间就决定要留级，重新考，重新读。"那时的他或许不会想到，多年后即将大学毕业的自己会毅然决然地放弃为之准备已久的考研。但从连 sin、cos 都不认识到成为高中唯一一个考入浙江大学的学生，或许正是这样看似冲动的选择为他带来了一片崭新的天地。

考研和找工作是本科生在毕业时都会面临的一道选择题，有人从一开始就坚定了方向并做好了充分的准备；也有人一直在二者之间权衡利弊犹豫不决，到最后都没有得出能够完全说服自己的结论，便草草开始了人生的下一个阶段。或许，也很少有人会像唐正翰这样在即将毕业的时候突然转变选择。但其实，本科生毕业之后是该继续读研还是直接就业，这道选择题本就没有对错，只要坚信自己做出了正确的选择并为之奋斗无悔，那便是属于自己的正确答案了。

理想与现实：想成为的人和能成为的人

在大学期间，唐正翰曾利用寒暑假两次参与湖北省基层体验计划。在跟随工作人员参与精准扶贫工作的过程中，他亲眼看到那些贫困户艰难的生活状况，方觉杜甫所言"安得广厦千万间"是何等广阔的心胸。"在大学的象牙塔里面待久了，等到真正步入社会，能够接触到基层的人民，能为他们做事也是好的。"他一共报考了三个公务员岗位，分别是湖北省国税局、浙江省国家安全局和浙江省湖州市机关事务管理局，最终通过选调生考试进入了现在任职的湖州机关事务管理局。

在求职报考的过程中，唐正翰对个人就业竞争力的培养有了更深的体悟，并结合自己的经历为学弟学妹提供了三条宝贵建议："第一条，提高综合素质。人文学子就业的主要薄弱点就是专业与就业不对口，因此我们需要更强的综合素质去同他人竞争。就像报考公务员，很多时候只能选择三不限的岗位，而这些岗位也往往是竞争压力最大的，这个时候，过硬的综合素质便显得十分重要了。第二条，找准自己的位置。一方面，我们不能因为学校的强大而高估自己的实力，去追求一些过高过远的东西；另一方面，也不能因为校内人才济济就妄自菲薄，否定自己在整个社会上的实力。好好思考自己所处的位置，找好自己的定位，才能知道自己之后应该干什么，应该有怎样的追求。第三条，多多锻炼自己。或许从当前来看，校内的很多经历、锻炼对于自我提升没有太大用处，甚至会使自己感到疲惫。但从长远来看，当你走出学校步入社会，这些校内积累的经验都能够发挥作用，充实简历，提升你的就业竞争力。"

按照浙江省选调生培养规划，选调生要至少两年到乡镇街道乃至村社区工作，基层工作与市级机关工作有着很大的不同。这种不同更坚定了他干事创业的决心。"觉得自己还是想要做点事情出来，一直以来受到的教育不允许我只是在办公大楼里面做一辈子的文书工作，这不符合我的价值观。"

对于自己的基层工作，唐正翰表示基层工作本身就很难开展，若是语言不通就更困难了，但这些都是自己需要克服的事情。既然已经选择了这条路，便不能轻言放弃、轻易退缩，更应当克服自我、克服现实。

责任与担当：在工作岗位上要努力做到 100 分

谈到自己现在的工作与大学专业似乎毫无关联，唐正翰认为："不应该把学到的知识的作用局限在必须从事与之对口的工作，学到的知识总能够潜移默化地发挥作用。"除了本科四年的专业知识，他认为大学教育于自己而言更大的收获是世界观的逐渐成熟。世界观虽然宏大，但是处理任何一件事情都需要观念、方法的指导，这些观念、方法便是世界观的具体化。浙江大学综合性人才的培养理念亦是综合思维的形成、提升过程，相较于知识，思维的作用更为广泛。

唐正翰在刚开始工作时经历了一段相对低谷的时期。自己一个人来到湖州，没有亲人、朋友可以依靠，同事们使用的湖州方言又在无形之中成为自己融入新群体的屏障。最初的那段工作时间，不由得让他感到"举目四望，孑然一人"。在真正接触到工作岗位之后，唐正翰也体会到真实的公务员工作并非表面上那般清闲自在，写材料、加班……层出不穷的挑战算得上家常便饭。而当时的他更多的是以应付的心态去对待工作，那段时间也是他在工作上出现失误最频繁的时期。好在他适应能力较强，加之同事的帮助和领导的器重，唐正翰逐渐适应了陌生的工作模式和生活环境，同时也逐渐改变了自己的想法，形成了正确的工作态度。"在学校可能会有'60分万岁'的想法，但在工作岗位上还是要想着尽量做到90分、100分，这样工作不容易出现纰漏，如果只做60分的事情，就会带来120分的麻烦。"

经过两年在基层的挂职锻炼，唐正翰也对自己的岗位职责有了更深的体会。作为一名基层公务员，他敦促自己在每一天的工作事务中都保持积极进取的态度，努力摒弃"当一天和尚撞一天钟"的懒政思维。在基层工作，最常见的就是要和群众打交道。唐正翰说，在做群众工作时一定要带着真诚与耐心，在与群众沟通前做好充足的准备，绝不能敷衍了事。此外，唐正翰还强调，进入公务员队伍，时刻不能忘记所在组织的规范与纪律，切记要守好**廉政**的底线，不能因小失大。

> "廉政"一词最早出现在《晏子春秋·问下四》："廉政而长久，其行何也？"现在所说的"廉政"主要指政府工作人员在履行其职能时不以权谋私，办事公正廉洁。后来，廉政中的"政"有了政治层面的内涵。孟子认为："（不义之财）可以无取，取伤廉。"阐明了孟子对廉与贪的道德价值取向。廉政，即廉洁政治，是一种与贪污腐败直接对立的政治现象。

"每一位浙大学子的内心都怀揣着一个改变世界的理想。从宏观层面而言，例如创立一个品牌，研发一个软件，或是参与国家大政，这些是改变世界的途径。但从相对微观的角度，立足基层，服务大众，这也是在改变世界。自我价值的实现并不只能通过大方向上的努力，也可以从微小、基础的事情做起。"采访的最后唐正翰这样说道。这段话既是对学弟学妹们的鼓励，亦是对自己今后人生之路的展望与肯定。

🌲 在大学期间印象最深刻的一件事

在浙大的求学生涯有太多给我留下一生印迹的事，但要谈起最深刻的，还是开学典礼。当时，新生们穿着不同颜色的园服，在体育场里挥舞着荧光棒，合唱校歌。这是我人生中非常重要的节点，从这一刻起我就感受到了属于浙大人的归属与情怀，而由衷珍惜"浙大人"这个光荣的称号。

🌲 对学弟学妹的寄语

其一，是要积极把握在校的学习生活。大学生活是我们以后工作生活的一抹底色，它将决定你以后的工作作风、工作方法、工作思维，与你的工作生涯息息相关。最好在学校期间要做好明确生涯规划，明确自己要走的路，并为之付出切实努力；其二，是要努力调整自己的心态，找准自己的定位。浙大人才济济，许多同学会因为周围特别出色的同学而感到不够自信，抑或是有同学认为自己考上了浙大这所高等学府，便妄自尊大，不再继续奋斗了，这两种心态都是不可取的；其三，是坚定理想，不忘初心。在未来的学习工作中，会遇到许许多多的挑战，同学们还是要坚定信仰，努力成为竺可桢校长所说的"公忠坚毅，担当大任，主持风会，转移国运"的人才，不被不良风气所腐化。即使作为一名普通的浙大毕业生，也可以在普通的岗位为人民幸福、社会进步贡献出自己不普通的力量。

采访记者："职业生涯人物访谈"记者团

夏滢飞、刘锦添

求是青春，绽放"江城"

姓名：梁 超

专业：历史系中国古代史专业 2018 届

籍贯：山西市襄汾县

去向：吉林省档案局（馆）

梁超，山西省襄汾县人，中共党员，浙江大学人文学院历史系中国古代史专业 2018 届硕士研究生。毕业后，选调进入吉林省档案局（馆）工作。同时挂职于吉林市永吉县—拉溪镇，任挂职副镇长，负责相关区域的基层事务。

距求是园两千多公里的"雾凇之都"吉林，是选调生梁超工作、生活的全新起点，更是其寄托希冀、实现自我价值的人生舞台。从"象牙塔"到"北国江城"，从求是学子到基层干部，初入选调之路的梁超以踏实勤勉的自觉行动，逐步适应了社会角色的快速转变。扎根基层的青春信念，在挑战中历久弥坚。

谈成长：自强自勉方成大器

谈及大学生活，梁超充满怀念。大学是个包容的舞台，人生中很多美好的事情在这里发生，成长和蜕变也在这里发生。"在大学里要保持**紧迫感**"，梁超说。大学里安排的课程都经过学校的认真规划，每一堂课都值得认真上。除此之外，积极参加实践活动、锻炼自身各方面的能力也同样重要。竞选班干部、加入学生会等组织也能很好地锻炼个人能力，这些实践经历对于选调生工作也有很好的帮助。在课余时间，梁超爱好阅读，尤其是中国古代文化经典著作。直到现在，梁超还保持着良好的阅读习惯，在工作之余不忘用书充实自己。

> 紧迫感，形容事物的紧急迫切的状态。在大学中保持紧迫感，不安于现状，对待学习和生活保持一种严肃、认真的态度，往往更容易取得成功。

梁超强调，作为国家未来的顶梁柱，大学生的个人追求必须融入国家发展之中。大学生要有情怀，有家国情怀、奉献精神，正是这份情怀与担当，让梁超最终选择了做选调生，去祖国最需要的地方奉献青春。

谈信念：服务人民是核心

谈及作为选调生的体验与感受，现在的梁超已没有了初涉基层时的不适与迷茫。在梁超看来，选调生这份工作的困难尽管很多，但正因为有困难存在，一一克服的过程才更能解群众的燃眉之急，也更能勉励、提升自己。历经打磨的他，还是希望回归实际，努力干服务人民的实事，并争取一些深入基层的机会，"到艰苦的地方去墩墩苗"。

2020 年，是我国全面建成小康社会的决胜之年。新年伊始，突如其来的防疫工作，紧急状况的高效处理，更使梁超体会到了基层工作的独特意义，体会了青年选调生身上"责任"二字沉甸甸的分量。政府机关的每一个决策、每一个行动，都与人民群众的生命财产安全息息相关。而高效、正确的政府应对，离不开基层干部自身素养与专业技能的提升。尤其是年轻选调生，更应该充分发挥自身学养与青春热血，为区域发展做些实事。最鲜活、最朴素、最需要帮助的基层，离不开选调干部脚踏实地、实事求是的奉献，更离不开他们服务群众、忘我奉献的信念。梁超坚信，未来的他必将与越来越多的力量一道，在贴近基层脉搏的乡土奔走、扎根，用青春拓宽乡镇人民的幸福路。

谈选择：好男儿志在四方

从浙江大学毕业之后，梁超进入吉林省档案局（馆），从事选调工作。鉴于选调招录的优惠政策，梁超权衡再三，决意前往憧憬已久的北国边陲，踏上奉献自我、实现自我的青春旅途。

异于其他省区的选调培养政策，在吉林省委组织部的要求下，与梁超同一批的选调生在入职的第一年，就需要下到基层磨砺锻炼。因此，在协助省档案馆完成相关工作的同时，梁超还在吉林市永吉县一拉溪镇挂职副镇长，协助处理所在区域的基层事务。下乡入户扶贫、宣传政策、检查补充材料等看似零碎琐碎的工作，成为梁超初入职场的日常。后经党委会统筹分工，梁超主要负责所在区域的司法政法事务及部分劳保的相关工作。梁超坦言，迥异于如今脚踏实地的工作状态——两年前初来乍到的他，对基层工作的认识尚不够成熟，认为选调生仅是公务员的一种招录途径。"刚开始接触选调的时候，确实太过理想，觉得凭自己的专业背景，或许还能发挥文科专长，在档案馆从事与历史方面相关的工作。后来才实打实地体会到，选调工作并非刻板印象中公务人员'坐办公室'那般简单轻松，勇于尝试、勤于打拼的基层实践跟处理文书材料同样重要，不可或缺。"

作为乡镇基层干部，他下乡入户、努力宣传粮食收储项目等**扶贫产业的相关政策**，尽己所能服务乡民；作为司法政法工作的负责人，他归办材料，参与办案，是"扫黑除恶"在基层落实、推动的青年力量。选调路上接连不断的机遇与挑战，使梁超逐渐适应了基层事务的流程与强度，工作也开始迈入正轨。2019 年，他所在的一拉溪镇承办了吉林省农业现场会。除负责处理活动的相关事宜外，为了现场会的顺利举办，也为了积累切身的实践经验，梁超主动深入一线，通过与村民的实地交流了解农村环境治理等的基本情况，以期对症下药、解决基层中的实际问题。"于实干中炼真才"，宝贵而扎实的基层体验，是梁超转变自我、提升业务能力的加速器。

扎根基层，深入群众，扶贫工作往往是选调生的工作重点。2020 年，是脱贫攻坚收官之年，是全面建成小康社会决胜之年。和梁超一样，无数的青年基层工作者正奔走在脱贫攻坚的一线，挥洒热血，发挥专长，在"精准扶贫""扶贫扶智"的实践中淬火成金，培养服务基层的过硬本领，争做时代发展中的"弄潮儿"。

谈能力：理论与实践结合

在多数人看来，如何沟通协商、处理人际关系是政府公务人员的必备素质与能力门槛。而有着切身体会的梁超却坦言，这些所谓的"社交"技巧，并非青年选调生的必修课程，对做好本职工作的帮助也较为有限。在梁超看来，刚参加工作的选调生，肯定还是要扎根基层，从较为琐碎的基础性工作做起。而沟通协调的能力，往往需要与具体的工作情景相结合，针对沟通对象有所侧重地询问、交流。这样的业务素质，并非一蹴而就，也很难照搬照抄部门前辈的优秀经验，还是需要日常实践的不断打磨，才能培养出适合自己的工作方式与言谈技巧。想要做好选调工作，梁超认为，关键还在于理论与实践的多方提升、有机结合。在理论层面，选调工作与政治因素联系紧密，因此一个合格的选调生必须树牢自身的政治站位，主动学习习近平总书记重要讲话精神、党的方针政策，在思想上、行动上积极看齐，每时每刻都良好地贯彻着中央精神。

而实践层面，除了下沉到基层的自觉学习，梁超认为，青年选调生还应熟悉办公软件、自媒体等的操作，掌握相关的办公技能。虽然公务人员接触文字材料、与文字打交道的机会特别多，如阅读学习材料、撰写公文，但如果还能够掌握微信公众号运营、短视频编辑等新媒体的技能，并将其灵活发挥到基层工作中去，无疑大有裨益。在办事方法的自觉探索上，虽然选调生的具体工作应需而变，很难与自身之前的专业所学完美契合，但梁超还是体会到了本科时期所培养的逻辑思辨能力、个人综合素质等对实践工作的有力推动。另外，历史专业的具体知识虽然不能应用到实际的工作实践中，却教会梁超以史为鉴，汲取古人的经验和教诲，站在前人的经验之上不断反思、不断学习。在梁超看来，选调生的突出优势，或许就在于学校的资源与平台。不少棘手的问题，都可以联系所见所闻所学，突破既有定式，使其得以解决。比如所在地区特色产业的发展，常常要学会反思：利用自身的能力、专业，可以做些什么？如何在电商时代帮助农户做好营销、宣传，帮助其改善现状？秉持着"学以致用"的工作理念，梁超不断创新为基层群众办实事、解难题的方法，收获了乡民的信任与肯定。

🌿 在大学期间印象最深刻的一件事

在大学竞选班干部、加入学生会等组织经历给我留下深刻的印象，也很好地锻炼了个人能力，这些实践经历对于选调生工作有很好的帮助。

🌿 对学弟学妹的寄语

好好珍惜学校的时光，不断完善自己。要努力学习，提高成绩，为未来提供更多选择；要树立自信，敢于挑战和尝试，多参加实践活动，以此获得更多磨炼；要多读书、多思考，从书中汲取前人的经验作为自己的营养，不断拓宽思维和视野；要好好锻炼，多运动，保持身体健康，这是其他一切成就的基础；要有情怀、有追求，有奉献之心，把个人发展、国家强大、人民幸福结合起来，立志成为支撑时代发展的力量！

采访记者："职业生涯人物访谈"记者团

王甄仪、孙华楠、王曙、朱苏景

江流创无境，求是志在南

姓名：黄江南
专业：历史系历史学专业2018届
籍贯：贵州省六盘水市
去向：贵州省六盘水市教育局

黄江南，贵州省六盘水市人，浙江大学人文学院历史系历史学专业2018届本科毕业生。同年8月，考取贵州省六盘水市选调生，现为贵州省六盘水市教育局基础教育科工作人员，主要负责六盘水市基础教育的统筹协调调度工作，现在六盘水市盘州市胜境街道岩上村驻村锻炼。

黄江南，人如其名，注定和江南有一段不解的情缘。2014年，黄江南考入浙江大学，在江南腹地——杭州度过了难忘的大学四年。在这里，黄江南收获了宝贵的学科知识，创造了精彩的青春记忆，更逐步坚定了自己心系基层、志在奉献的发展方向。

"都说'江南忆，最忆是杭州'，但我最终不是江南的归人，只是个过客。"黄江南打趣地说。回顾走出"象牙塔"时的选择，虽然江浙一带有很多机遇与可能，但黄江南认为身似飞鸿，心安处仍是家乡，还是想把更多的生命足迹烙印在生养自己的西南大地上。同时，选调生是一个稳定性强且能充分实现自身社会价值的职业选择，比较符合她的职业需求。于是，怀揣着对家乡的眷恋与选调生的初心，黄江南进入贵州省六盘水市教育局，做扎根基层的一道光。

前进之力：不变求变，君子不器

进入贵州省六盘水市教育局的黄江南，在基础教育科工作，主要负责六盘水市基础教育的统筹协调调度工作。"选调生的工作多是围绕基层开展，碰到一些繁杂、琐碎的事务也很正常。"在看似平凡琐碎或无创新余地的基层工作中，黄江南认为勇于反思与革新的习惯仍不可或缺。于不变中求变，恰是黄江南恪守于心的工作法则。"完成任务和创新其实并不矛盾。因为在这一过程中，我会不断思考，力求创新，少走弯路，不断提高自己的工作效率，这也是一种提升与成长。"

除所在基础教育科的本职工作外，初入基层的黄江南更是将"君子不器"作为鞭策自我的箴言，在基层的广阔天地中自主学习，并力求学以致用，不断拓宽业务范围。一有机会，她就会深入基层进行实地调研，自觉从实践中学习，积累多方经验。2020年，正值疫情肆虐的危难之秋。作为基础教育科的一名文职人员，黄江南临危受命，积极响应上级"停课不停学""开学延期、学习如期"的号召，脚步扎入基层，每日加班加点，汇总、反馈所在地区学生和教职工身体健康、工作学习等方面的状况，对反映无法收看网络课程的学生，及时跟进帮扶，为疫情防控贡献自己的智慧和力量。从一开始只能与文稿打交道，到现在能够熟练处理基础教育科相关事务，黄江南保持着初心与激情，不断挑战自我、绽放自我。在业务能力提升的同时，她也逐渐找到了选调生工作的乐趣与价值所在。

工作之法：他山之石，可以攻玉

良好的工作氛围、优秀的同侪榜样，在基层选调生的发展道路上，无疑发挥着重要作用。回顾选调工作的点点滴滴，黄江南认为，同事、前辈们的帮助是自己得以熟悉岗位、快速成长的重要因素之一。"我们科室可以说是卧虎藏龙，每一个同事面对来访人员都特别耐心，尽职尽责。来访的家长有时候不免带着情绪，但在我们同事的协调解决下，最后总能够和和气气地坐下来交流。所以，我深知需要学习的东西还有很多。"为了尽快熟悉来访调解的工作，从入职的第一天起，黄江南就主动向部门的同事、前辈虚心请教，学习群众调解的优秀实例，尤其是其中的言谈逻辑，同时积极参加组织培训，不断积累理论知识。"现在我们科室的老师们出去调研时，都特别放心地把我留在办公室解决来访人员的问题，他们都非常信任我。"黄江南开心地说。

他山之石，可以攻玉。面对在工作上的不足与不适应，黄江南不断向同事、前辈借鉴经验，有针对性地提升业务能力，攻克难关。除对来访群众的日常接待与调解，撰写公文也是基层公务员必备的一项工作技能。虽然之前已有意识地锻炼自己的写作技能，但初入职场的黄江南仍深感理论与实操应用的巨大差异。为弥补**公文写作能力**的不足，黄江南开始从细微处入手，善假于物——阅读指导文件时，黄江南会留意其中的语言用词，积极吸纳优秀范例的闪光之处。有关公务员工作的一系列微信公众号，她也会及时跟进，关注公文写作的最新动向。功夫不负有心人，经过一年半的学习与实践，黄江南的公文写作开始步入正轨，朝着更有深度、更有温度的方向进步。

> 选调之路上，公文写作无疑是每一个扎根基层者的必修课。公文写作，是个体理论修养、认识能力、时间经验、文笔功底等多方面素质的综合反映。即使预先已有意识地培养自己的写作技能，大部分选调生在公文撰写的实操过程中，还是难免遇到或大或小的困难。一分辛苦一分才——唯有端正自身态度，做留意细节、注重积累的有心人，才能真正成长为像黄江南一样的优秀"笔杆子"。

处世之智：踏实做人，认真做事

在"高才生"碰上"最基层"的青春旅程中，黄江南吸收着新鲜的内容信息，主动适应充满挑战的工作环境。不断更新认识、提升自我的她，在基层工作的摸爬打滚中，始终秉持真诚之心，秉持着自己"踏实做人、认真做事"的朴素准则。

"基层工作中与他人的沟通交流，尤为关键。不动歪脑筋，真诚以待，才能让同事及所接触的群众对自己放心。有了这份信任，工作起来也会更有干劲、更加顺利。"为了不辜负他人可贵的信任，具体工作中的黄江南总是拿出十分的热情，拒绝任何一丝敷衍了事。比如，上交文件之前，定会反复检查，不容许出现错别字等常识性错误；负责管理学生学籍时，会额外对其进行分类存放，为来访的学生、家长提供便利。

于踏实中正其身，于认真中善其事，是黄江南在基层切身实践中总结出的工作原则，更将成为其未来选调之路上的处世智慧。谈及选调工作一路走来的初心与信念，黄江南仍坚定自己当初回归西南大地的选择："选调生每一份工作都关系着群众切身的利益，每一份责任都寄托着人民十分的期待。要想满足群众的期待，办好人民满意的教育，只有'踏踏实实地做人民的公仆，认认真真地为人民办实事'这一条路，别无捷径。"黄江南相信，在直接、鲜活的基层舞台中，历经锤炼与考验的她将更加适应选调生的社会角色，并为之自豪，以踏实的行动、辛勤的汗水换取人民的笑颜。

🍂 在大学期间印象最深刻的一件事

有一次社会实践，到下沙区一所特殊教育学校为孩子们送关爱，当时我帮助一个看起来性格很内向的小男孩，他被老师们评价为脾气古怪。我在和他相处过程中发现他确实不太爱与人交流，会经常大喊大叫或者莫名其妙大哭，一开始很难沟通，但是当真诚耐心地为他考虑、试图去理解他的时候，会发现他其实是一个心思敏感、很懂得感恩的人。和他相处了一个上午，看起来他好像没有接纳我，却在临走时突然跑来，把他在课堂上用橡皮泥捏的小动物送给了我，还躲在老师背后哭了。那一刻给了我很大的触动，其实只要你有耐心，满怀着爱，大部分的孩子都会感受得到，并且他也会用他的方式去感谢你。这件事不仅对我现在有关学生的工作有很大启发，而且让我更加笃定了为学生做好服务的信念。

🍂 对学弟学妹的寄语

脚踏实地，仰望星空，但行前路，莫问前程；做人做事，无愧良心，无愧社会，无愧国家。

采访记者："职业生涯人物访谈"记者团

竹滢艳、赵珏、黄秀、沈骞

情系故土，点亮青春之奋斗底色

姓名： 朱薛友
专业： 历史系历史学专业 2019 届
籍贯： 浙江省青田县
去向： 中共丽水市委组织部

朱薛友，浙江青田人，中共党员。本、硕均就读于浙江大学人文学院历史系。毕业后参加基层选调生工作，挂职于中共丽水市委组织部，现挂职于遂昌县湖山乡湖山村，任村党总支书记助理。

桑梓情，终难忘，从丽水走出的朱薛友，研究生毕业后义无反顾地回到家乡，投身选调事业。历经六载求学，如今面对从高校学子到基层公务人员的角色转变，他愿以切身行动，不断践行反哺家乡的初心与信念。在浙西南的宽阔天地间，他正绽放着属于"求是人"的别样青春。

论选择：坚定信念，投身选调

心系家乡故土的悠悠情怀、创造社会价值的坚定志向，是朱薛友选择踏上选调之路的重要因素。"虽然在外求学多年，我对家乡仍怀着深厚的感情。所以对我来说，投身选调、回丽水从事基层工作，是回馈这片土地的最佳选择。"忆起选调报考的心路历程，朱薛友如是说。

毕业前，在考虑了发挥文科专长、未来发展方向等诸多因素后，朱薛友明确了自己的择业目标，积极复习备考浙江省的选调考试。考前，朱薛友一边撰写毕业论文一边备考："我是考前一个月开始准备的，一切都从零开始，所以当时还报了其他几个省份的选调生考试，增加自己的实战经验，以更好地应对浙江选调考试。"功夫不负有心人，除浙江选调招录外，他在国考以及广东、广西等省区的选调生考试中，都顺利进入了体检环节。2019年9月，朱薛友正式入职中共丽水市委组织部。在统筹安排下，初涉选调的他被分配至丽水市委改革办，进行为期一年的机关养成训练。

遇挑战：砥砺自我，不断奋进

在丽水市委改革办的一年，朱薛友主要从事机关的文字材料和宣传工作，围绕"讲好丽水改革故事，传播丽水改革声音"的主线，积极总结和宣传丽水全面深化改革的成果。朱薛友坦言："工作中最大的挑战就是各类文字材料的撰写，一些大稿的写作难度，并不亚于大学期间的论文。"文科出身、惯于跟文字打交道的他，在公文撰写上依旧费了不少苦功夫，啃了不少"硬骨头"。一般来说，每次公文撰写前都需要搜集、阅读大量的素材，再进行组织构架和有选择地编排布局。迥异于学生时代依托数据库的论文写作，机关单位的材料撰写，更多靠的还是写作者广阔的知识面与丰富的实践经验，离不开个人平时大量的阅读积累，极其考验机关单位人员的综合素质，而且一份好的文字材料并非一蹴而就，往往要经过不断的调整、修改，有时甚至需要完全推翻重来。

面对这项全新的挑战，朱薛友以平常心视之，将每一次写作都视作一个提升锻炼自我的契机，力求多方位、多角度、多层次地完成写作。"在写作过程中，我的处长对我帮助非常大，经常坐在我旁边手把手指导我，仿佛良师益友一般。"前段时间，朱薛友被抽调至市委政研室起草组，参与《中共丽水市委关于制定丽水市国民经济和社会发展第十四个五年规划和二〇三五年远景目标的建议》、市委四届九次全会报告和市委经济工作会议讲稿等重要文稿的起草工作。"这是一段极其珍贵的学习经历，我学到了很多公文写作的技巧和经验，并且从各位前辈身上看到了富有情怀、不辞劳苦、精益求精的工作精神和态度。"经过一次又一次的历练，他在工作中已逐步迈上正轨。

谈未来：科学规划，踏实锻炼

一个优秀基层工作者的养成，除了个体的自觉努力，更离不开规范科学的培养体系。依据丽水选调生的培养模式，初涉选调工作的朱薛友需先在市直机关挂职，进行一年的机关养成训练，熟悉党政机关的基本架构和工作内容；一年挂职期满后，再深入基层一线，磨砺锻炼。这样一种逐级递进、理论与实践密切配合的培养模式，既有利于青年选调生培养整体观、大局观，又能使其在基层一线的"大熔炉"中收获真才实学，锤炼自身解决问题的真本事、硬本领。

如今，朱薛友已经结束了为期一年的市直机关养成训练，开启了在遂昌的基层挂职锻炼之旅。朱薛友所在的湖山乡是遂昌县"天工之城——数字绿谷"建设的核心区、主战场。湖山乡承担着大量的政策处理、项目建设等工作，比如2500余亩土地的征收、未来乡村的创建、"县乡一体、条抓块统"改革试点的推进等等。朱薛友无疑碰到了湖山大发展大跨越的历史机遇期。"很多工作我以前从未接触过，希望能通过多看多学多做，得到全方位的锻炼。"凭着勇于锤炼自我、乐于提升自我的积极心态，这位丽水小伙坚信，他将在故乡的土地上践行初心，在选调的道路上不断提升自我。

🍃 在大学期间印象最深刻的一件事

大学的时候很喜欢一个老师的课，从大一开始，每个学期都去听，一直听到研究生毕业。

🍃 对学弟学妹的寄语

求则得之，舍则失之，是求有益于得也，求在我者也。求之有道，得之有命，是求无益于得也，求在外者也。

采访记者："职业生涯人物访谈"记者团

陆舟、潘林晓、杨一帆、雷贻超

扎根"绿树青山"，投身"丽水之干"

姓名：张宗华
专业：历史系中国史专业2019届
籍贯：浙江省丽水市
去向：丽水市教育局办公室（秘书处）
现挂职龙泉市查田镇溪口村总支书记助理

　　张宗华，浙江省丽水市青田县人，中共党员。浙江大学人文学院历史学系中国史专业2019届硕士研究生。毕业后就职于丽水市教育局办公室（秘书处），现挂职于龙泉市查田镇溪口村总支书记助理，协助溪口村书记、主任开展工作，协助开展镇教育、文化、旅游、体育、广电、文物与非遗等工作。

　　"我一定要回到丽水，回到我的家乡。"这是选调生张宗华入党时的肺腑之言，更是他未来工作生活中不灭的灯塔。走出大学校园，怀揣着故乡情怀、青春志向的张宗华，在人生的分岔口果断投身于选调，践行着自己回馈家乡、不忘桑梓的初心与信念。

论职业选择：初心不忘，建设家乡

　　生于丽水、长于丽水的张宗华，始终不忘自己的来处。心系家乡的他，在求学期间，早早地就明确了未来的发展方向——回到丽水，建设家乡。面对毕业季的种种选择，张宗华在初心的指引下，毅然选择报考浙江省的选调招考，希望"为家乡做一些自己能做到的事情，尽自己的一份力量"。功夫不负有心人，经过层层筛选，张宗华幸运地进入了丽水市教育局办公室（秘书处），踏上了服务家乡、奉献青春的理想之路。

"丽水是一方山清水秀、潜力无限的沃土，必定大有可为。"谈起家乡的发展建设，张宗华自信地说。作为"两山"理念的践行地，良好的生态环境与绿色高质量的发展道路，无疑是丽水现阶段经济社会建设的出彩之处，更是其争创"丽水模式"、加快自身进步的独家法宝。如今的丽水，正迎来机遇与挑战并存的黄金期。如何进一步发挥当地生态禀赋，走出一条独具一格的绿色发展道路，无疑是基层干部们亟需思考、革新的关键命题。作为新时代"90后"返乡选调生中的一分子，熟悉丽水一草一木的张宗华更是基层干部中不可或缺的青年力量。以丽水的绿色发展为己任，他希望在家乡需要的地方一展身手，为人民服务，为丽水添彩。

驱动绿色发展，更要助推"红色引擎"。除了"绿水青山就是金山银山"的生态优势，地处浙西南的丽水，还拥有丰富密集的红色资源，革命文化底蕴深厚。新时代的丽水民众，不断弘扬着这一宝贵的精神财富，凝练出"忠诚使命、求是挺进、植根人民"的浙西南革命精神。"作为一名人文学子，我认为自己有能力，更有责任发挥学科专长，参与与红色资源相关的文化事业，以切实行动响应总书记'把红色资源利用好、把红色传统发扬好、把红色基因传承好'的时代号召。"张宗华对自己的选调工作与生活充满了期待。从步入选调生行列的第一天起，这位"土生土长"的丽水小伙就决意不畏艰险，砥砺前行，秉持回馈家乡、建设家乡的初心，在自己的岗位上为丽水人民的幸福生活奋斗。

论职业发展：能力培养，职业规划

除了日常的事务处理，选调生往往还需要培养锻炼从大量理论与实践中自觉学习的能力，这离不开自律、谦逊的工作态度。谈及选调生的自我提升，尚在机关锻炼养成阶段的张宗华认为，脚踏实地，尽职尽责，便是"为人民服务"的最佳途径。为了打造"为人民服务"的过硬本领，张宗华争做工作中的有心人，注重灵活应急等一系列能力素质的培养，不断磨砺自身。

"社会不同于学校，每一项任务的开展都需要方方面面的协调配合和灵活应变。身处关乎百年大计的教育部门，不免会遇到或大或小、应需而变的实际事务，很考验个人的综合素质。"面对目前工作中的难关难题，初涉职场的张宗华认为自己还是缺乏应有的经验，对教育事务自身规律的掌握不足，也不熟悉丽水当地的教育资源及情况。在第一年挂职市直部门、熟悉机关运作后，根据安排，他即将开启为期两年的基层挂职锻炼，深入乡镇街道，接触更为纷繁复杂、鲜活生动的基层实践。"虽然离开了求是园，但'求是创新'四个字，仍在影响着我的工作态度与发展规划，更成为我在日常工作中内化于心的行动指南。"至今，他都还记得邬小撑老师专程前往丽水看望选调生时在座谈会上的寄语："要做初心的坚守者，勤奋的学习者，勇敢的实践者，理性的思考者，智慧的谏言者，严格的律己者。"**在浙大精神的滋养下，秉持着脚踏实地、自主学习的积极态度，张宗华不断探索着基层工作的高效方法，逐渐适应了从求是学子到基层干部的角色转变。**

> 进入职场后，学历的标签、名校的光环都会慢慢地褪去，真正能够沉淀下来的就是你的工作能力与工作态度。有人说体制内是"温室"，但是实际上我们要学的东西还是很多的，心态与能力才是决定一个人是否优秀的关键。国家的发展、民族的复兴，需要源源不断地汇入青年的血液。

论个人力量：万众一心，共同抗疫

2020 年的新冠肺炎疫情，打乱了所有人的生活节奏，也对基层选调干部的应急工作能力提出了巨大的挑战。面对严峻的疫情防控形势，张宗华的工作岗位发生了临时的调动。他从原来的丽水市教育局，被抽调至疫情防控指挥部下的综合协调组信息材料处。疫情期间，除了日常的值班排查，张宗华还要负责整合、上报丽水市疫情变化、复工复产情况等数据材料，参与协助指挥部令、通知通告、抗疫大事记等材料的草拟整合工作。回忆起这段日夜奔走、刻骨铭心的战"疫"经历，张宗华感慨："防疫工作无疑是辛苦的。24 小时值班、连日无休，对基层防控指挥部的每一个人而言都是挑战。"基层人员的辛劳付出，防控指挥部和社会各界的共同努力，换来了丽水市疫情防疫阻击战的优异成绩：丽水市**智控指数**在全省范围内居于前列，疫情形势得到快速有效的控制，渐趋缓和平稳。丽水市的人流、物流、商流恢复了全面畅通的状态，复工复产工作也在有序推进。"虽然个人的力量非常有限，但每每看到在防疫一线高强度工作的同事、前辈们，内心就会充满力量，也更增强了坚守岗位的勇气与责任感。"与时间赛跑的基层防疫工作，让选调生张宗华得以迅速地成长起来，情系故土、奉献青春的信念历久弥坚。

> 智控指数为浙江省为衡量疫情防控工作效能设置的精密量化指标，旨在促使防疫工作从"严控"向"智控"转变。智控指数由管控指数和畅通指数构成，包含新增病例、输入性病例、聚集性疫情等管控效能指标，人、物、商流通指标等二级指标。

疫情期间，他作为乡镇防疫专班组成人员，直接参与到返乡人员排摸、小门值守、上街巡查等防疫前线，逐渐实现从"办公室"到"第一线"。"跟机关部门的前辈相比，我在基层历练的时间明显太短，还是需要更多沉淀自我的实践机会。"疾风知劲草，烈火见真金。相信不畏前路、不忘初心的他，将在丽水的"绿水青山"间、在基层的"大熔炉"中，锤炼扎实本领、回馈乡土人民，绽放属于自己的青春光彩。

🍃 在大学期间印象最深刻的一件事

记忆比较深刻的是和古史所小伙伴组团参加春季、秋季两次毅行。既是身体的一次锻炼，也是杭城风景的一次欣赏，又是同学间友谊的一次升华，更是对学校认同的一次提升。

🍃 对学弟学妹的寄语

2020 是张载先生的千年诞辰，就用横渠四句与各位学弟学妹共勉：

为天地立心，为生民立命，为往圣继绝学，为万世开太平。

希望各位学弟学妹坚守初心，但行好事，莫问行程，以梦为马，不负韶华。

采访记者："职业生涯人物访谈"记者团

谢惊鸿、吴奕皓、陈泓伊、林媛媛

静守初心，深耕基层

姓名: 池静宜
专业: 哲学系中国哲学专业 2016 届
籍贯: 江苏省苏州市
去向: 共青团南浔区委员会

池静宜，中共党员，2016 年毕业于浙江大学人文学院中国哲学专业。自 2016 年起，先后担任南浔古镇管理委员会（现更名为度假区）主任助理、南浔区和孚镇党委委员、兼任群益村第一书记。现任共青团南浔区委员会副书记。

池静宜自 2016 年从浙江大学毕业之后，就投身基层工作。她说，基层是最贴近老百姓茶米油盐生活的地方，是最能了解人民群众需求的地方。躬身入局、俯身倾听，平凡的岗位上亦能履行不平凡的职责。

论职业选择——以兴趣为导航

对池静宜来说，读书时就曾感慨于"为天地立心，为生民立命，为往圣继绝学，为万世开太平"的情怀与气度，当初选择从事选调生，也正是这样一份兴趣与责任使然。在**参加选调生招考**的同时，她也曾获得国企、教师等多种岗位的 offer，这些无疑也都是特别诱人的选择。在众多的邀请里，池静宜还是决定从事选调生工作，不仅仅是因为这个平台可以让她最大限度地发挥出自己的能力与才华，同时也是她自己一直以来的志之所向。

　　学而优则仕。对有志于投身基层、磨砺青春的优秀高校毕业生来说，选调生招录考试，则是圆梦路上的第一道关卡。选调生招录考试一般分为笔试、面试两大环节。针对"如何准备选调生笔试、面试"这个问题，池静宜对心怀理想的学弟学妹们提出了自己的建议：选调生要选取的是有志于从事党政工作并有发展潜力的优秀学生，笔试、面试的准备不可以靠临时抱佛脚，主要是靠平时点点滴滴的积累。选拔的学生不仅要成绩优异，最好能对基层服务项目有一定了解，可以快速适应基层工作环境。

　　工作四年多，在不同的工作阶段，她分别负责过旅游、宣传思想与文化、共青团等方面的工作。在乡镇工作期间，也参与了美丽乡村建设、农村人居环境整治、生态环境治理等中心工作。2019年6月，南浔区全面打响城乡人居环境大排查大提升大督查"百日攻坚行动"，发动各级力量改善城乡人居环境。时任和孚镇党委委员的池静宜说："经过前阶段努力，和孚镇城乡人居环境得到明显改善，但如何让现有的成果保持下去，避免环境问题反弹，做好后半篇文章至关重要。"池静宜在这次工作中发挥了至关重要的作用，在她与所有政府工作人员、村民的共同努力下，最后城乡环境有了明显的改善，群众也增强了环境卫生保护意识。

　　池静宜在选调生这条路上已经走过三年，2020年1月她开始担任共青团南浔区委员会副书记。她说虽然在校时她就已经做好了吃苦耐劳的心理准备，可是在亲身体验后才真正发现这个职业所需要的强烈责任感和奉献精神。例如2020年年初疫情之时，池静宜正好怀孕，却依然在年初二响应区里号召回到工作岗位，虽没有参与一线工作，但在负责宣传与募捐等工作中也出了自己的一臂之力。工作一直是高强度的，但基层工作人员作为人民的传声筒，为人民维护利益并伸张正义，方能守住一方太平。她觉得自己竭尽全力的付出是有意义的，而这种使命与期许，也正是自己最初决定做选调生的动力。

论职业体验——建设文明时代，奉献新生力量

　　自2017年2月至2021年3月，池静宜一直担任和孚镇党委委员（宣传委员），工作勤勉努力，成绩比较突出。建设新时代文明实践中心，是党中央对宣传思想文化和精神文明建设工作作出的一项重要部署，关系乡村全面振兴和培养时代新人的重任。池静宜深刻学习了这一思想，并把它实践于基层工作中，完成了新时代文明实践阵地建设。

　　除此之外，党的十八大之后，家风建设已逐渐成为社会建设的重要组成部分。"家庭是社会的基本细胞，是人生的第一所学校。不论时代发生多大变化，

不论生活格局发生多大变化，我们都要重视家庭建设，注重家庭、注重家教、注重家风。"而在民风淳朴的和孚镇，家风更是作为一种文化符号被世代传承并被注入新的时代内涵。在这方面，池静宜经过深思熟虑与实践考察，打造了一条家风示范带，还完成了家风馆的建设，为和孚镇家风文化的推陈出新做出了很大的贡献，也为它日后的发展奉献出了更多新生力量。

近几年来，在国家对提升文化软实力、增强文化自信的不断号召下，浙江省积极响应，在文化特色鲜明、经济社会发展较好的历史文化村、美丽乡村精品村或特色村建立了一批集学教、礼仪、娱乐于一体的综合性农村文化礼堂，和孚镇就是其中的突出代表。在池静宜与其他工作人员的共同努力下，和孚镇的文化创作获得了省级荣誉，文化礼堂建设效果突出，打造了属于本镇的文化活动品牌并获得全省文化礼堂示范乡镇的称号。

论职业发展——清廉自持，贴近群众

在谈及要如何真正落实"为人民服务"这一宗旨时，池静宜表示要"公正、客观、理性地对待每一件事"。这句话虽然只有 13 个字，其中的内涵却引人深思。从初出茅庐的新手到能独当一面的党组织青年骨干，其中的辛苦自是无需多言；而如何能在这样的历练中保持初心，保持一种"公正、客观、理性"的态度，则是一名优秀基层选调生的必备特质要求。譬如在这次疫情的防护与控制工作中，矛盾自然是难以避免的，落实措施的不到位、部分民众的不重视以及各种各样的谣言等，都对疫情防控工作发出了挑战。在当时的严峻形势下，作为基层人员必须时刻保持敏锐与冷静，安抚群众、及时辟谣，加紧防疫抗疫措施的落实。

池静宜还提出，想做好选调生的工作，端正个人价值观、学会与人沟通交流、培养举一反三的学习能力与适应能力是必不可少的素养要求。作为公务人员，心若无私，则所行之事皆光明磊落；但若德行有亏，总有一日会千里之堤溃于蚁穴。因此，要成为一名合格的基层选调生，必须时刻反省，保持正确的价值观，不偏私，不怠惰。同时，作为基层工作者，与民众交流自然是一块很重要的工作内容，因为只有通过良好的沟通才能了解民众的真实情况，帮助他们解决问题。最后，举一反三的学习能力与适应能力也尤其需要培养。投身基层后，选调生们的身份就从学生变成了基层工作人员，能否尽快适应这种变化并在新环境中找准自己的定位就显得尤为重要。不仅要常常向前辈请教，还要学会不断琢磨，举一反三，如此才能不断突破自己。

"用心""用情"，这是池静宜的工作理念。"不忘初心，方得始终。"初心是我们处于纷杂世界中秉持的那颗当仁不让的利生之心，是最真诚质朴的光明向上、利人利世之愿。在纷扰变化的世界中，初心最真实；一切发心中，为民之心最稳固。何为情？融情于行，以行证情。做基层工作，最忌的就是自视甚高，不肯贴近民众，空扯架子不干实事。说到底，就是没有真正把民众放在心上。只有让自己设身处地地从民众的角度去考虑问题，基层工作才真正有了存在的价值与意义。

"选择选调生就意味着做好了为人民奉献自己一生的准备，不论工作多久都希望大家可以不忘初心。"

🌂 **在大学期间印象最深刻的一件事** ⋯⋯⋯⋯⋯⋯⋯⋯⋯⋯⋯⋯⋯⋯

> 读书时就深深感慨于"为天地立心，为生民立命，为往圣继绝学，为万世开太平"的情怀和气度。

🌂 **对学弟学妹的寄语**

> 希望大家依旧保持自己纯粹的理想，努力做好自己的职责，保有自己的坚定信念并付诸实践，坚持学习以确保思想的与时俱进，有一分热，发一分光！

采访记者："职业生涯人物访谈"记者团

薛易、郭航宇、徐雨铭、唐文轩

选我所向，爱我所选

姓名: 朱　鸣
专业: 哲学系科学技术哲学专业 2019 届
籍贯: 浙江省绍兴市
去向: 绍兴市政府办公室

朱鸣，中共党员，浙江大学人文学院科学技术哲学专业 2019 届硕士研究生毕业。在校期间曾担任人文学院团委学生会副主席，毕业后选调进入绍兴市市级机关工作。目前在诸暨市大唐街道上余村挂职锻炼，任驻村指导员，负责相关区域的基层事务。

离开大学校园，回到家乡绍兴，选调生朱鸣迎来了工作与生活的全新起点。初入选调工作的朱鸣，努力探索、不懈进取，在选调生的岗位上不断发光发热，回馈着养育他的土地，更以个人奉献的涓涓细流，汇入国家发展的汪洋大海。

静观世相，冷静选择

如何选择是一个恒久的课题。如今已入职一年半的朱鸣，谈起当初的选择，依然满怀热情。早在大三时，朱鸣就已经看准了这一职业方向，并在之后的四年里一步一个脚印为此做准备。朱鸣坦言，作出这个选择，主要原因有三点，其中投入祖国建设的热情和憧憬是第一位的。选调生的工作，虽然不一定产生巨大的贡献，但是与国家强大有着直接的关系。朱鸣目前在绍兴诸暨市担任驻村指导员**做驻村书记**，在村里挂职。所做的每一项工作都如涓涓细流，汇入国家发展的汪洋大海，这让朱鸣深切地感受到这份工作的意义所在。第二是事业上的发展。选调生是一个良好的平台，无论是母校所培养的综合能力，还是组织的培养，从个

71

人发展和理想实现来说，选调生是一个相对理想的起点。第三是家庭的幸福和美满。当代社会发展快速，快节奏的社会和高强度的竞争，带给年轻人的压力是巨大的。事业和家庭之间总会产生一定程度上的冲突。而相对来讲，家乡选调生的工作，既有足够的个人奋斗和发展空间，也能保障基本的家庭生活。这三方面的有机统一，是朱鸣选择职业时的重要考量。

> 选派到村任职"第一书记"是中央农村工作会议、全国组织部长会议安排的一项重要工作，是深入贯彻"大抓基层、推动基层建设全面进步、全面过硬"重要指示精神的有力举措，也是贯彻落实"四个全面"战略部署、开展"三严三实"专题教育和培养锻炼干部的有效途径。同时选派"第一书记"也是统筹城乡资源、推动农村经济社会快速健康发展的重要举措。"第一书记"到村应做好三件事：一是立即对接工作；二是立即转变角色；三是立即开展工作。在开展具体中一要搞好调查研究，充分掌握村情民意；要摆正位置，积极作为；要整合各方资源，干出一流业绩；要严格要求自己，树立良好形象。

朱鸣也特别强调，职业选择的标准是因人而异的，要结合客观条件，在慎重考虑的基础上做出恰如其分的选择。就普遍观念而言，在长三角、珠三角等发达地区做选调生是相对较好的选择；但在做出选择的时候还是应该根据自己的实际情况，同时也不该忘记最初的热情。我们国家不是靠长三角、珠三角就可以撑起来的，祖国的每一个地方都需要大量的干部。另一方面，在做出选择之前需要进行充分的调查研究。实习经历对于职业选择是很重要的，朱鸣在进入岗位之前，共有过三次累计八个月体制内工作的实习经历。这些宝贵的实习经历，让他更切身地感受这些工作，并提前判断自己自己究竟适不适合这份工作。这样一个试错的过程，对做出最恰当的职业选择很有帮助。

在职业选择前，其他大大小小的选择，也同样深深影响着我们在未来对于职业的选择，如大学里的选课和选择社团。就选课而言，大学里有很多门课程可以选择，选课的过程本身也是培养选择能力的过程，并最终在职业选择中体现出来。因为选课过程中的思维决定了个人在选择职业过程中的思维。关于选课时是选择"分多事少"还是选择自己感兴趣的课程，尽管绩点很重要，但也不能唯绩点论，理想情况是绩点和兴趣相统一。如果难以实现，首先应该明确自己的志趣，尤其是人文专业，积累很重要。以兴趣为主要标准去选择课程，对最后的绩点也会有帮助。

就社团的选择而言，首要的思考就是，个人如何做出选择。回忆自己做出选择的过程，从中分析和反思，以便为未来的职业选择做铺垫。

保持热爱，奔赴山海

做驻村干部的经历对朱鸣而言是十分宝贵的。近半年来，朱鸣在村里当驻村指导员并兼任村里的副书记，和村干部一起干着村里的活，用方言和村民们聊家常、谈生活，近距离了解乡村。能够亲身投入一个村的发展中，亲眼看着在自己的努力付出下，村子逐渐发展，村民们的生活更加美好，这给朱鸣带来了巨大的满足感。通过基层锻炼，朱鸣不仅看到了更全面的社会，为未来的工作打下更深厚的基础，也感受到了村民们的热情和淳朴，更坚定了为人民服务的决心。

选调生作为一份体制内的工作，对于许多人而言也许是轻松的"铁饭碗"，但对于朱鸣而言，并非如此。也有少数人到了这个岗位以后，开始坐享其成，坐吃山空，自觉坐到这个位置上就足够了，于是逐渐变成一潭死水，最终迷失了自己。朱鸣坦言，在这个职位上，重要的是做好自己，铭记初心。许多人只看到做选调生的好处，却不知，没有坚定的热情和信念，没有服务人民、一心为党的精神，这条路是走不远的。

作为一名选调生，要时刻保持思想的纯洁性。朱鸣强调，在工作中有两点能力非常重要，即政治能力和群众能力。就政治能力而言，同一批选调生也许会被分配到不同的岗位，客观来讲，不同的岗位总会有一定差异，部门与部门之间提拔的速度也有快有慢。学会接受这种落差，是一种政治能力的体现。只有时刻严格要求自己，明确政治站位，才能在这个岗位上走的更长更远。另一方面是群众工作的能力。虽然这一点经常被提及，但是理论和实践仍是有差距的。唯有基层锻炼，才能够让一个人感受到自己的群众工作能力，并且对此进行提高。选调生所从事的工作归根结底是为人民群众服务，只有与人民建立坚实的纽带，才能对自己所从事的工作有更深刻的理解，更好地实现自己服务人民的价值。

步步扎实，沉心而行

成为一名选调生，首先要经受得住组织的考验，通过**笔试、面试和政审**。笔试包括文字、阅读理解、数学、图形、逻辑、计算、写申论等内容，考察的不仅仅是智商，也包括情商等各方面的综合能力。进入面试环节，主要考察应变能力、口头表达能力、逻辑能力、心理素质，以及个人气质、仪容仪表等。第三步是政治审查，考察的是政治背景、政治态度等等，具备这些最基本的能力，才达到一名选调生的标准。

　　这是选调生选拔最基本的流程，包括笔试、面试、体检和政治审查。笔试内容主要包括常识判断、言语理解与表达、数量关系、判断推理、资料分析等方面，涉及多个学科。每个地区的具体选调流程和规则会有所不同。

　　当被问及在工作中能力是否有较快的提升时，朱鸣回答："我追求的是一种慢慢积累、慢慢成长的脚踏实地的工作状态。"这一年半以来，作为选调生，虽然在写文字材料、执行上级命令、待人接物方面都有进步与收获，但远远没有达到显著提升的地步。对朱鸣而言，做选调生的工作应该有实事求是的精神，它是一个慢慢积累、慢慢成长的过程。当然，"时来天地皆同力"，很多时候个人的发展并不是完全取决于个人的奋斗。在任何一个岗位，都会有很多竞争者和伙伴。大家都是在共同工作，目的都是建设国家和自己的家庭，方法都是做好手头的工作。保持沉静的心和奉献的热情，脚踏实地，努力提升自我，才是选调生的正确处世之道。

　　在驻村工作中，朱鸣坦言，如何发展乡村的集体经济，是他遇到的最大的挑战。作为一个农业基础较为薄弱且靠近发展迅速的杭州的普通农村，诸暨市大唐街道上余村，目前面临的最突出的问题是人口资源流失、土地利用不充分。这也是杭州周边许多区县的普通村落共同的发展问题。为什么会造成这样的一个局面，将来应该怎么做，这始终是朱鸣努力思考和试图解决的问题。虽然目前的工作内容与他所学的科学技术哲学专业并不对口，但就绍兴市的长远发展而言，如果能将专业中的思维运用到实际中去，对工作会有很大的帮助。绍兴是一个传统的、经济上以纺织为主业的地级市，但目前绍兴正在大力谋求传统产业的转型升级，其三大方向分别是集成电路、生物医药以及新材料。而科学技术哲学研究的正是科学是什么、未来科学如何组织和发展的问题。在未来，这些新兴产业的发展总要面临这样的问题。人文学院的学科，尽管看似对工作具体内容并无太大帮助，却仍能提供一种思考、一个方向，在未来的职业生涯中发挥不可替代的作用。

🍂 在大学期间印象最深刻的一件事

设想再过20年，回望大学生活，我想我记忆最深刻的应该是浙大的老师和同学。很感激人文学院团委的几位老师，他们是做学生工作的，就像我做群众工作一样。他们让我真正感觉到了老师的关爱和帮助。假如我的孩子也去读大学，我希望他在大学里遇到这样的老师，不是专业上的老师，而是人生与生活上的老师。这些老师的作用是不可估量的，决定了你在大学里面四年或者更长时间的收获究竟会到哪个程度。

🍂 对学弟学妹的寄语

珍惜在大学的时光。不仅仅享受大学这座象牙塔里安全、温暖、没有过多压力的生活，而恰恰应该利用这个能轻装上阵的好机会，更好地去了解社会，研究社会。因为真正进入社会后，会受到很多因素的制约，进入一个比较狭窄的范围，只能从一个切口去观察社会，从而难以全面地认识世界、认识社会。在大学里你可以从外部看这个世界，只有从局外人的角度观察过社会，当你进入社会内部以后，才会形成一个内外同频共振的社会观和世界观。所以除了学习以外，应该好好利用社会实践、学生社团工作、实习、和学长学姐交流等机会了解社会。如果缺少这些了解社会的实践，我觉得整个大学生活就像少了一条腿。不能只了解大学里面而不了解大学外面。所以我觉得竺可桢校长的"两问"是充满生命力的，大学里和大学外都应该了解，并且从大一就应该开始思考，自己要成为一个什么样的人。这样当你回望的时候，才会觉得大学生活是丰富多彩、充满收获的。

采访记者："职业生涯人物访谈"记者团

朱苏景

公 共 事 业

为人民服务是我们党的根本宗旨，也是各级政府的根本宗旨。不论政府职能怎么转，为人民服务的宗旨都不能变。要坚持以人为本、执政为民，接地气、通下情，想群众之所想，急群众之所急，解群众之所忧，在服务中实施管理，在管理中实现服务。

——2013 年 2 月 28 日，习近平总书记在党的十八届二中全会
第二次全体会议上的讲话

引　　航　　人　　生

认真践行，在平凡里找寻真的自我

姓名: 邱　琳
专业: 中文系汉语言文学专业 2003 届
籍贯: 浙江省丽水市景宁县
去向: 浙江省丽水市财政局

　　邱琳，中共党员，浙江大学人文学院汉语言文学专业 2003 届本科毕业生。毕业后就职于丽水市财政局，现任丽水市财政局经济建设处处长。

　　茫茫人海，不可能每个人都是闪亮的明星，大部分人都在自己平凡的岗位上谱写属于他们的人生。2003 年，本科毕业的邱琳顺利通过家乡的公务员考试，成为一名平凡的公务员。每天面对的是忙碌而近乎琐屑的日常事务，她却过得平静而充实。职业上，她拒绝亦步亦趋，而是沉潜涵泳，作出稳妥选择；生活中，她注重人际沟通，在学校的"小圈圈"中积累"大交际"经验；精神上，她立于平凡而追求真我，在坚持和践行中构筑自己丰富的精神世界。

　　给自己的人生一个前行的坐标，然后从平凡的小事做起，纵使路漫漫，也要脚踏实地，默默前行。持之以恒、认真践行，"平凡"的她也在为人民服务的征途上创造了不平凡的业绩。在乐观中负重前行、在交流中不断成长、在坚持中明确方向，便是邱琳一以贯之的"平常心"。

学会乐观：你永远不会独行

　　"大四的时候由于家人比较主张我回丽水工作，于是考了公务员，然后就一直做这份工作……"邱琳的职业生涯启于家人的殷殷期盼，一切似乎"水到渠成"。在就业形势日益严峻的当下，很多应届毕业生都在考研和工作两者之间犹豫徘徊，难以做出选择。对此，邱琳的态度是谨慎的："人生是由很多不同的选择题组成的，不同的选择组合会有不同的人生道路；在选择之前要经过深思熟虑，但选择之后，就应该坚定地走下去。"

"每个人都不是孤立地活在这个世界上，不同的人对我们寄予了不同的希望。我们不只是为自己活着。"邱琳认为，"个人的兴趣和工作之间没有太大的矛盾。家人的要求的满足同样可以带给我快乐，让我把工作好好做下去。而当工作和自己的意愿相矛盾的时候，我觉得这主要是个人的心态问题。什么事都有它的两面，当你过多地抱怨的时候，你肯定是把它好的一面忽视了。"成为服务人民的公务员对邱琳来说是两全其美的选择，这种自信显然不仅仅来自她本人的乐观精神，也离不开家人的支持和鼓励。对于毕业后初入职场的"新手"来说，从身边亲友处汲取乘风破浪的勇气和克服困难的意志是极其重要的。

实际上，她对自己的职业前景也有着充分的考量。例如，近年来愈发火热的"自主创业"虽然激动人心，却并不适用于她的人生规划。"有能力有资本有拼劲，创业不能不说是一个很好的选择，这是因人而异的。像我，就是比较喜欢稳定而平静的生活。公务员这个工作，比较稳定，挺适合我的。每个人都会找到适合自己的工作，为了自己，也为了所有关心我们、支持我们的人，我们也应该学着去适应。"邱琳的笑容里融化着满足和幸福，从平静的日子中提炼出阳光和爱，或许便是她笑对工作、笑对生活的"秘密武器"。

学会交流：小圈圈大交际

学校是一个小舞台，社会是一个大舞台。"最具挑战性的应该是人际关系吧。"当谈及工作中存在的困难时，邱琳说："社会是复杂的，远不能和大学简单的人际关系相比。这需要我们慢慢适应。在平时工作时，要对人谦虚热情。与同事相处，为人要大度，不要斤斤计较。为了更好地与社会接轨，在大学就要多接触社会，在平时可以多参加一些活动或找兼职等来锻炼自己的交际能力。广泛的交际和良好的人缘，是做好工作的必要前提。"不过她又同时指出，社交必定不能成为生活的全部，在大学，最重要的还是要好好学习。比如考公务员，就需要你博览群书，因为它会涉及生活的方方面面。大学主要是一个培养能力、提高素质的地方，我们要做的就是统筹各方面，做最好的自己。

大学时期处在走向社会的过渡阶段，很多时候，学生的想法往往易于理想化——难以适应社会的多变与无常，可能是多数毕业生面对的困难之一。不过，这在邱琳看来是能够提前应对和规避的。在学校这个小圈圈里，首先学会如何与人交往，把握好自己的人际关系；与此同时，抓住与社会接触的机会，年轻人的拼劲和活力如同赛跑中的"缓冲带"，能增强自己的**"钝感力"**。邱琳倾情提供自己的经验："要不断与时俱进，不甘于现状，勇于挑战自己，才能获得突破，增强解决问题的能力。学校虽是个小圈圈，却隐藏着大交际，社团、学生组织等，都是个人锻炼能力的好地方。但仅仅有这些是不够的，一定要尽早接触社会。"

> "钝感力"一词源于日本作家渡边淳一的原创。按照他的解释，"钝感力"可直译为"迟钝的力量"，即从容面对生活中的挫折和伤痛，坚定地朝着自己的方向前进，它是"赢得美好生活的手段和智慧"。"钝感力"不等于迟钝，它强调的是对困遇的一种耐力，是厚着脸皮对抗外界的能力，它仍是一种积极向上的人生态度。

站在初入大学的学生视角上，邱琳的想法颇具针对性。当下，专业与工作的"不对口"现象日趋普遍，但邱琳的"小圈圈大交际"观念仍提供了一种大学生活的普适性方法。此外，她对大学生要在学业上稳扎稳打的建议，也从某种程度上凸显出这位中文学子的人文意识和文化态度：深厚的文化底蕴能赋予人与众不同的气质。

学会体悟：投身实践服务人民

如今的邱琳，已不是当初那个刚毕业时青涩的小姑娘了，在公务员的岗位上她一直葆有一颗为民服务的初心，勤勤恳恳、不断努力，立于平凡而追求真我，做出了一番成绩。

2018 年 6 月，她肩负着组织的嘱托与人民的企盼，来到了青田县仁宫乡进行挂职锻炼。从城市到农村，从机关到基层，她来到了与群众心贴心的最基层。她脱下高跟鞋、换上运动鞋，到乡第一周就走遍了全乡 11 个行政村，去认真聆听基层群众的声音。任期内，她与团队一起推进了大大小小 30 余个项目，为乡村发展贡献了自己不平凡的力量。"在乡镇工作，要想获得老百姓的认可，收获与老百姓的感情，唯有实干。"邱琳这样说。的确，求真务实、用初心践行使命，正是一个青年党员应当恪守的信仰与准则。

"在乡镇的 300 多个日夜，让我植根基层、汲取营养、收获成长。在求真务实中，我肩负了责任，也开阔了视野；在摸爬滚打中，我经历了艰难，也提升了能力。"短短九个月的挂职锻炼让她成长了许多，也收获了许多：青年人首先要立长志，确立适合自己未来发展的志向，并且不轻易动摇；立志的过程中要有那一种"公忠坚毅，能担大任，主持风会，转移国运"的精神，目标要长远、坚定，并且要尽可能地实现自己最大的社会价值；另外，"要始终保持虚心的态度，不断学习、增强本领，保持良好的心态和充满激情的状态"。这些经验，也是邱琳想分享给各位开拓者与奋斗者们的。

学会坚持：人生要有指向标

对于初入大学的新生们，邱琳也有一些自己的建议。进入大学，跳出属于未成年人的舒适区，伴随着成年到来，许多人似乎有些无法把握自己了。迷茫、无措、漫无目的……这是当代许多大学生的精神困顿。那么，我们该何去何从？

"出海远航的船，若没有指向标，也只能随波逐流了，"邱琳淡然一笑，"我们必须尽早规划自己的人生。无论是选择出国、考研还是工作，都该早做打算。有了明确的目标，就等于成功了一半。"

那么要如何寻找目标？邱琳依然强调"身边的力量"："这有些难度，应该问问自己的心，还可以找老师、同学和家长商量。正如我之前说的，人不仅仅为自己活着。或许我们不知道自己想要什么，但别人会告诉我们他们期待什么，这样的逆向思维我们也是需要的。"

更为重要的是，坚持和选择往往是相辅相成的。接触多了社会，就会生出更多困顿，不知道人生意义在哪里。"其实这是个很致命的问题，我们如果陷进去了，就脱不了身。人生的意义总是存在的，我们不必在乎这意义到底是什么，走下去，一切自然会明了。"她的笑里多了一丝神秘，选择过后的一以贯之，或许是这份欲言又止背后的答案。毕竟对每一个年轻人来说，身后的路是一份选择和数年坚持共同构成的，它们的关系就好像"1"和后面的"0"，互为篇章、缺一不可。

事实上，邱琳本人也在用行动不断充实和证明着这份答卷。她在丽水财政局勤恳工作的几年里，多次参与财政调研课题研究，获得年度"优秀公务员"等荣誉称号。肩负着组织的信任，她还从城市来到农村，挂职青田县，成为兢兢业业的实干者，并结合乡镇工作实际与自身财政学、汉语言文学专业知识，撰写了近万字的调研报告《新形势下完善改进村级财务管理的思考》。几经易岗，她始终奋斗在服务人民的第一线。只要有风，小船就能远航。平凡世界里吹来的温和的风，将带着前行者的心远航。找寻平凡里的真实自我，便是在找寻生活的意义。

对学弟学妹的寄语

人生的价值始于梦想、基于坚持、成于实干。身为浙大人，我们既不可妄自尊大，也不可妄自菲薄；既要志存高远，又要脚踏实地。要珍惜在校短暂的美好时光，以"求是"精神为引领，充分吸吮百年浙大文化的丰富养分，从中获取自信、汲取力量，用青春的汗水浇灌出理想之花，用奋进的步伐奔赴梦想的彼岸。

采访记者："职业生涯人物访谈"记者团

钱欢晶

务民之义，其志巍巍

姓名： 陈　巍
专业： 中文系汉语言文学专业 2005 届
籍贯： 山东省高密市
去向： 杭州市上城区清波街道党政办主任

　　陈巍，山东高密人，中共党员。浙江大学人文学院汉语言文学专业 2005 届本科毕业生，后保送至南京大学古代文学专业研究生。在校期间曾担任人文学院团委学生助理、学生会学习部部长。现担任杭州市上城区清波街道党政办主任。

　　巍巍大山，肩上担负的是家庭、工作和社会的责任。在体制内工作并没有群众观念中的那般轻松安逸，而往往面临着更大的责任与挑战。陈巍以温柔而坚定的步伐从过去向着未来走去，勇担责任，不惧挑战，谱写着她与公务员生涯美丽邂逅的篇章。

在校园里：于实践中成长

　　提起汉语言文学专业和工作之间的关系，陈巍坦言二者关系不是很大，因为她的记忆里学校的课程普遍偏理论研究方向。但她同时也认为，本科阶段的现代文学、古代文学之类的课程所培养的文学基础和文字功底，对于公文书写和文字宣传是有帮助的。当时浙江大学汉语言文学专业的学生在西溪校区学习，而心理学专业也同样设在西溪校区，这为陈巍选修心理学专业课程提供了便利。陈巍认为，选修心理学这一经历对她大有裨益，"将来无论从事什么工作，都是处于一个社会圈子里的，都是需要人际关系交往和社会关系处理的，因此选修心理学对于未来职业的选择与发展都有很大的作用"。

陈巍在本科毕业时保送至南京大学读硕士,在本科四年时光里,陈巍不仅仅埋头走脚下的路,还时常抬头看前方的路,欣赏路边的风景。在校期间,陈巍加入了人文学院学生会,参与组织了许多暑期社会实践活动,不仅帮助她积累了丰富的工作经验,还锻炼了她的沟通交流能力和团队合作能力。尤其是在团委办公室值班的那段经历,让她在面对公务员职业时更加从容不迫。她说:"在团委办公室做学生助理工作的时候,协助团委老师处理的大多是行政性工作,这与大家刚进入职场时所处理的大部分工作是一样的。"她还指出,哪怕是双一流大学的毕业生,刚入职场时也都是从基层做起,心理难免会有落差,在大学如果有实习经历,能够帮助大家更好地调整心态。

在职场中: 于变化中前行

选择公务员这份职业并非陈巍的初衷,她用"机缘巧合"一词概括她为何踏上公务员这条道路。实际上,本科生毕业时的陈巍是不想考公务员的:一方面,2005 年时考公务员职业的竞争没有如今激烈;另一方面,外企在那时是一个热门的选择,大家都倾向去外企工作。后来保送至南京大学继续攻读研究生,当她毕业时,社会的风向已有所变化。尽管外企依旧十分热门,但考公务员的社会氛围已经比本科毕业时浓厚许多,因此她选择了以外企为主、公务员为备选的就业规划。由于自己英语不够好、外企竞争压力大等因素,陈巍在外企这条路上并不顺利,恰好公务员考试通过,她便踏上了公务员这条道路。

在陈巍的眼中,就职后的感受与就职前的预期的确存在着差距。陈巍担任现在的职务之前,从事了办公室事务性工作十余年。她说:"办公室事务性工作与业务性工作不同,更多的是围绕务虚和服务开展的,不能直接看到成果,所感受到的自身价值和作用也就不明显了。如果不能及时调整这种落差,就会产生负面影响。"尽管陈巍并不喜欢办公室事务性工作,但她认为从事办公室事务性工作能锻炼综合沟通能力和协调能力,因此这样的经历是必要的。

公务员的职位在大多数人眼中是安逸、稳定的,但实际上也会遇到困难和挑战。从办公室事务性工作"转行"到业务性工作,不只是简单的工作调动。"要学习大量的法律条文和规章制度,但学习能力没有年轻的时候好;而且现在上有老、下有小,要兼顾的事情也比学生时代多。"陈巍谈到自己如何面对和克服这些挑战，"一个是把握闲暇时间，另一个是在实践中不断学习"。虽然"转行"时遇到的困难和挑战是难免的，但陈巍认为不能一直从事一份工作，需要不断尝试更多的可能。

在岗位上：于社会中担当

如今事业单位和公务员队伍中双一流大学毕业生越来越多，大家难免对他们有更高的期望。但新人刚进入职场，对于很多事务都不是很了解，如果不能及时满足领导和同事对他们的预期，就会造成岗位上负面的反馈。陈巍根据自己多年的工作经验，解答如何适应工作："一是谦逊，二是勤快。这两点是工作中最需要的品质。"对待工作任务的分配，要主动承担，但又不能应付了事；对于工作中不懂的地方，要问得主动，问得勤快。她认为，在职场中很多细节是可以给自己加分的，比如当领导在讲话时不要埋头做自己的事情，平时主动打扫办公室等。

谈及步入职场多年发生的变化，陈巍笑着说："可能没有以前那么无忧无虑了，要考虑的东西比以前多了。"多年在行政机关工作的经历也让陈巍更加有社会责任感，与社会的共性增强。抗疫期间，身为共产党员的她以更高的标准要求自己，冲锋在抗疫前线：应组织要求，早早地结束春节假期，每天天还未亮便出现在火车东站、社区、高速路口……她不曾抱怨，也不愿抱怨。当新冠病毒疫苗刚刚问世时，陈巍和她的同事们以身作则，率先接种了新冠疫苗。

从校园到职场，陈巍身上变化的不只是容貌与能力，更重要的是与社会愈加密切的联系。巍巍如山，扎根基层，砥砺前行，陈巍身上承担的，是对家庭、对工作、对社会的责任！

> 🍃 **在大学期间印象最深刻的一件事**
>
> 大二的时候搬去紫金港，我们应该算是紫金港校区的开荒者。当时东、西教学楼中间的桥还没修好，工地声与讲课声齐奏，东、西区跨课的时候我们要绕整个学校半圈，所以印象最深刻。最可惜的就是我们只去紫金港"拓荒"一年，后面就搬回了西溪校区，人文学院也搬回了西溪校区。大家现在享受着紫金港这么美好的校园，不要忘记我们这些做"人工吸尘器"的学长学姐们。

🌿 对学弟学妹的寄语

希望学弟学妹在最美好的时光里尽快找到自己的人生目标，在以后的奋斗生涯中可以有的放矢地围绕这个目标奋斗。只有这样，才能够在人生的后面阶段，实现我心目中最理想的人生境界——"江湖来去，一生自由"。我觉得这是文科生心目中追求的最高的幸福感境界。希望大家能通过自己的努力实现这个目标。

采访记者："职业生涯人物访谈"记者团

缪佳欣

执着于自我，欣然于生活

姓名：陈雪莲
专业：中文系文艺学专业 2006 届
籍贯：浙江省慈溪市
去向：杭州市政府办公厅

陈雪莲，中共党员，2004 年从浙江大学汉语言文学专业基地班毕业后顺利保研，2006 年研究生毕业后又顺利考取公务员，在杭州市政府办公厅教卫文体处工作。现在市政府办公厅八处工作，为三级调研员。大学期间学习成绩优异，屡次获得浙江大学优秀学生奖学金、浙江大学"三好学生"等荣誉称号。大学就读期间曾在中大集团等多家公司实习。

陈雪莲在校园时代是优秀学生的代表，不仅有优异的学习成绩，而且有丰富的社会工作经历；而如今，在杭州市政府办公厅工作的她俨然已成为机关单位的中坚力量。陈雪莲一直执着于对自我的要求和追求，而求职道路上的勤勉与机遇也让她更欣然于生活。

学习篇：成绩是不可或缺的竞争筹码

陈雪莲对自己的要求首先在于"成绩"二字。她介绍说，在求职过程中很多用人单位除了需要应聘者出示一下考核证书外，还要求他们出示大学四年的成绩单。"良好的成绩是应届毕业生求职之路上不可或缺的竞争筹码。而现在有很多同学都以为大学的考试只要过及格线就行，对优秀的成绩并不苛求。这种认识是片面的，对考试负责就是对自己负责，好分数也会让用人单位觉得应聘者将来会对工作也秉持着同样负责的态度。"

保证优秀的成绩一直是陈雪莲强调的重中之重，陈雪莲建议，应该在保证完成课业的基础上，再有规划地参加相关实习实践活动。按时上课、认真学习，也是做学生的本分。大学能提供给我们各式各样的平台，我们可以在课余参与到丰富多样的课外活动中，但这一切的前提是，我们在课内要先做好学生的本分——好好学习。成绩是可以具象量化的"量尺"，在一定程度上也是我们升学或择业的底气。

聊起当年给陈雪莲留下深刻印象的老师，她主动讲到了自己的研究生导师苏宏斌。苏宏斌老师充满激情的授课、宽厚仁慈的品格，都给她留下了深刻印象。她对文学的自由领悟也是在苏老师的感染下慢慢形成的，直到现在她都非常感谢苏老师当时对自己的悉心指导。通过研究生两年时间的学习，陈雪莲在导师的指导下完成了卡夫卡研究的毕业论文，这获得了老师和同学的一致好评。

虽已毕业多年，但陈雪莲仍然认为浙江大学是个能让人从量变发生质变的地方，它拥有太多其他学校无法比拟的资源，包括良师益友、书籍网络、活动平台，甚至是令人敬佩的对手。

实习篇：实战经验助力应聘脱颖而出

在本科求学阶段，陈雪莲并没有加入任何学生组织和社团，只是执着于自己的学业和兴趣爱好。在读研之后，她加入了学院研究生会的公关部，这也与她现在的工作岗位对口。

比起学生工作和社团经历，陈雪莲更看重实践实习经验对求职的帮助。她建议大家："大学期间有机会一定要多出去实习，因为有太多实际工作需要的知识是在学校无法学到的，只有去社会上练本领长才干，才能让自己在以后的求职竞争中更有优势。"不过她也认为，大一、大二的同学社会经验相对不足，所具备的能力和阅历可能还不足以保证自己出色地完成实习工作任务。所以她的建议是，在大学低年级阶段要把主要精力花在学习上，有机会通过学校组织的社会实践浅层接触社会即可，等高年级阶段学业接近尾声了，再深入社会岗位实习。

在求职过程中，陈雪莲也是凭借一段与岗位相关又十分出彩的实习经验脱颖而出的。大四保研的那年暑假，她自己找了一家广告公司做广告策划实习，并且非常成功地完成了两个策划案例，这次经历让她在毕业应聘现在这个岗位时"挤掉"了众多学历和成绩相近的竞争者。

工作篇：稳定环境中要寻找崭新尝试

陈雪莲起初的工作意向并不是在政府机关，而是去房地产或者广告公司做策划，只是因为世界500强的企业无一例外对英语要求特别高才没有如愿。因此，她建议有意向进世界500强企业的同学一定要在过语言关上做充足的准备。

不过入职后，陈雪莲也慢慢地爱上了现在这份工作。她坦言，自己很满足目前稳中有变的状态，因为她所在岗位的工作并不乏味，休博会、动漫展、教育改革等工作项目众多，每一次活动的策划与举办都是不一样的经历，也是一次崭新的学习机会。而且内部职位也会有调动，陈雪莲既有机会做科教文卫的事务，也有机会接触工业、经济等领域。

关于公务员备考经验，陈雪莲回忆说，她当年也只是提前了两个月左右开始准备公务员考试，她建议有意向参加"公考"的同学不要把考试战线拖得太长，应该有重点地集中突破，笔试一定要注意答题技巧和速度，要有"独一无二"的观点，而面试则要注重自己的着装得体，跟面试官的交流一定要自然。

执着于自我追求，欣然于生活工作，陈雪莲对自己的要求从来不是盲目地把事务做繁、做杂，而是把当下的事和想做的事做精、做好。

在大学期间印象最深刻的一件事

十几年的光阴似乎只在弹指间，有些事有些人已经日益模糊，即使再重回校园也已物是人非。那时的周末，都会去教室自习。尤其临近期末，田家炳书院总是人满为患、一位难求。为了避开人群，我常常一大早跑到西区教学楼。那里的建筑比较老旧，人相对少很多。教室里面是一长排一长排的红色长桌和能翻转的长凳，灯光略显昏暗。夏天的时候，我起得很早，常常是第一个到教室。我喜欢坐在靠窗的座位，打开窗户，外面是高大的树木，不断有微微凉风吹进来，坐得时间久了，课桌上还会飘落一些白色的花粉。人的心会变得很静，学习效率也很高，常常会不知疲倦地看书、写论文、沉思，不知不觉就是一天光阴。那些安静学习的时光，即使过去了很久，也还在不断地滋养着我。

对学弟学妹的寄语

　　人们习惯用象牙塔来比喻大学，有人带着褒义，也有人带着一丝嘲讽。人生漫长，我们完全不必理会那些带着强烈目的性、功利性的言论，只需要静下心来，如同一棵植物般把根向大地深处扎下去，假以时日，自然会枝繁叶茂、郁郁葱葱。"好好学习"永远是学生最重要的任务，无论外界有多浮躁喧哗，我们都要珍惜在象牙塔中的机会，勤奋、努力，勤学多思，出色地完成每门课程。学习之余，也要多关心时事，多参加学校社团活动，既读万卷书，也行万里路。身在象牙塔，心怀全天下，厚积才能薄发。越努力，越幸运，希望学弟学妹们都能学业有成、鹏程万里！

采访记者："职业生涯人物访谈"记者团

项涵祺

仰望求是星空，坚守人文情怀，脚踏实干之路

姓名: 陈 裕
专业: 中文系汉语言文学（影视）专业 2010 届
籍贯: 浙江省嘉兴市
去向: 嘉兴市委组织部机关党委专职副书记、人事处处长

  陈裕，浙江省嘉兴市人，中共党员。浙江大学人文学院中文系汉语言文学专业动漫与影视编导方向 2010 届毕业生。在校期间曾担任浙江大学人文学院团委学生会主席、浙江大学学生文学联合会副主席、春秋社副社长等职务。本科毕业后入职，先后在嘉兴市秀洲区人大常委会办公室、嘉兴市委组织部工作。

  "身在兵位，胸为帅谋。"这是习总书记对做好新形势下党的机关工作提出的具体要求，亦是对广大党员干部的提醒——务必坚持高度自觉的大局意识，跳出一时一事、一地一己的局限，善于从全局高度、用长远眼光、以宽广胸怀谋大势、干大事。而现任嘉兴市委组织部机关党委专职副书记、人事处处长的陈裕也正是这样要求自己的。从人文学院毕业已十年时光，植根在他心中的人文情怀依然未变。

在校：开拓进取，日就月将

  从人文科学试验班到汉语言文学专业，再到影视与动漫编导的专业方向，陈裕在自己的专业选择上做了勇敢的尝试。他就读时的人文学院不仅包括现在的专业，还包括了新闻学、广告学等传媒类专业。因此，在选择主修专业时，陈裕在中文和新闻学之间有些犹豫。征求了许多师兄师姐以及父母的建议，考虑了就业面和自己的兴趣所在，他最终选择了汉语言文学专业影视与动漫编导方向。回忆

起课堂时光，陈裕话语中带着喜悦与感激，还提到了自己的恩师——盘剑老师。"盘剑老师的课内容丰富严谨，我们当时的作业都是自己组队去写剧本、拍片子，特别有意思。"他说，"盘老师是一位非常专业的老师，他在这方面的研究时间很长，接受的东西也很多，我特别敬佩他。"

虽然自己所学的专业课程与现在的工作联系并不紧密，但陈裕认为自己的专业背景在职场中给他带来了相当大的优势。一方面是学校的优势。浙江大学的各方面水平和知名度都很高，校友圈也很广，陈裕在工作中经常遇到浙大的校友，彼此的交流要亲切许多。另一方面是就读汉语言文学的专业优势。中文系学子总少不了与文字打交道，在工作中处理文字材料等相较他人也更熟练，汉语言文学专业知识的积淀，使他在面对公务员工作时显得更为从容。

四年大学时光里，陈裕先后担任浙江大学人文学院团委学生会主席、浙江大学学生文学联合会副主席、春秋社副社长等职务。学生组织和社团的各项活动帮助他积累了丰富的工作经验，无论是沟通交流能力，还是团队合作精神，都给他后来的职业生涯带来了不小的帮助。"当时社团活动需要去校外拉赞助，我本来是个比较内向的人，但是次数多了，慢慢也开始学习和提升和别人打交道的能力。"陈裕笑着说。作为多个学生组织、社团的学生骨干，要带领、团结手下的人去圆满完成一项项活动任务与日常工作，无形中也大大锻炼了他的综合协调能力。

在岗：仰望星空，脚踏实地

提起工作经历，陈裕有些感慨。还在读大三、大四时，他就开始为就业做准备。那时候像万科、保利等房地产龙头企业在杭州方兴未艾，陈裕也报了名。他通过了严苛的笔试、机考，却在**无领导小组讨论**环节中遗憾落选。说到这里，他笑着感叹："理工科的一些学生思维逻辑真的还挺厉害的！"

很多用人单位采用无领导小组讨论作为初始面试的形式。它一般是通过8到10名求职者组成一组，采用情景模拟的方式，要求在有限的时间内对一个开放性的任务进行探讨，给出可行的方案，来对考生进行集体面试。讨论过程中不指定谁是领导，让求职者自行安排组织。这个环节最关键的是需要结合自身的性格特点，找到自己在团队中的定位，展示特长。现代职场工作更多需要我们在团队中工作，所以一个人除了需要具备工作岗位所需要的专业知识和技能之外，还需要良好的组织协调、人际沟通、口头表达、团队合作、情绪管理和时间管理等方面的能力，以及自信、乐观、进取、积极的态度，这些都可以通过无领导小组讨论呈现出来。

后来，陈裕也尝试了一些事业单位，比如沪杭高速公路杭州管理处的实习岗位等等。综合考虑家庭和个人两方面的因素后，他最终选择回到家乡嘉兴。"一是本身家庭条件一般，在杭州的工作和生活，特别是购房压力确实挺大的。二是比起在外闯出一番天地，我更愿意回到家乡陪在父母身边。"陈裕如是说。在嘉兴电视台试岗实习了一段时间后，他参加并通过公务员考试，在嘉兴市秀洲区人大常委会办公室工作了两年左右的时间。陈裕回忆，这份工作给他带来了不小的收获，相对宽松、包容的工作环境，给了初入社会、尚显毛躁的大学生较多容错和发展的机会。2013 年 8 月，嘉兴市委组织部面向全市选调干部，一直表现良好的陈裕获得了区里的推荐。经过了笔试、面试，他进入市委组织部。从科员到副主任科员，再到副科长级干部，最终成为单位最年轻的正科长级干部，五年时间里，陈裕通过不断的努力、坚持与付出，收获了肯定与尊重。

提起工作中最具有挑战性或印象最深刻的事情，陈裕向我们讲述了三年前的一次"机遇"。他所在的系统每年年底都要组织"互学互比互赛"活动，那一年活动的前一晚，他临时收到通知，第二天让他也在会上上台做个工作汇报。虽然时间紧张，他还是选择了直面挑战。在构思汇报提纲时，陈裕突然联想到了人文学院的院训——"博雅专精，明体达用"，于是连夜拟稿子、做 PPT，以这八个字为主题讲述了如何提高综合文稿撰写能力："博雅"，就是要博采众长，涉猎多方面知识和经验；"专精"，就是要对自己的业务专注、熟悉；"明体"就是要"身在兵位，胸为帅谋"，了解领导的思路想法；"达用"就是努力把理论变为实践。陈裕的汇报展示得到了不少领导和同事的好评。"有时候感觉人还是需要点压力的，因为压力往往能激发人的潜力。"陈裕感慨颇深。那一次的出色表现也为他后来的发展提供了很大的帮助。

在陈裕看来，认真和踏实是工作中最不可或缺的品质，无论是什么工作，都离不开认真踏实的工作态度。除此之外，团队意识和情商也很重要。"很多工作只靠自己是根本完不成的。"参加工作多年，陈裕认为工作带给他的除了自信和成熟，还有自我认知和自我定位的渐渐明晰。

在职：心怀理想，未来可期

问及他眼中祖国的发展时，陈裕由衷感慨，党的十八大以来，各个方面都得到了极大的提升。作为公务员，陈裕的工作强度虽然增强了，工作任务更加繁重了，他却甘之如饴。他始终相信，幸福是奋斗出来的，只要每一个人都在自己的岗位上认真做好工作，"撸起袖子加油干"，祖国一定能发展得更快、更好，我们的明天也会更值得期待。

在陈裕看来，我们正在享受祖国发展带来的福利。从他童年时那种物质相对贫乏、条件普通的日子到今天衣食富足、精神丰盈的生活，既是个人奋斗的结果，更是祖国富强的体现。陈裕举例说，三岁儿子现在的生活和自己的童年比起来，是以前的自己想都不敢想的。除此之外，医疗、卫生、教育等公共事业的发展以及城市建设的日渐完善，也让他和家人的生活愈加便利。作为改革开放以来祖国飞速发展的见证者与亲历者，陈裕由衷地为国家的强大感到喜悦与自豪，也将这些作为激励自己继续在岗位上努力的动力。

说到对自己工作的期待与规划时，陈裕认为自己的主要任务就是立足当前岗位，不断强化创新意识、担当意识、服务意识，履行好组织部门和组工干部的职责使命，为党和国家各项事业发展提供坚强的源源不断的力量支撑。

从初出校园的青涩大学生到今天成为一名组工干部，陈裕与祖国共同成长着。他见证了祖国这些年的飞速发展，也为日益强大的祖国深深骄傲。陈裕将继续坚守自己踏实肯干、认真务实的工作态度，为祖国的美好明天而努力奋斗。这是他对自己的要求与期许，也是作为一名中共党员和国家公务员，给予自己的使命担当。

在大学期间印象最深刻的一件事

我到现在还记得当时在人文学院团委学生会当文艺部部长时，办的一场人文学院的十佳歌手大赛，整个活动从最初的节目策划到后续的拉赞助，包括一些流程的安排，都是我带领我们文艺部做的。决赛那天，我们在西溪校区那个圆形的报告厅办晚会，那天来了很多人看我们这个节目。这件事情我到现在印象还很深，第一次深切感觉到带着一帮子人一起为了同一个目标奋斗的巨大成就感。

对学弟学妹的寄语

　　虽已毕业多年，但我还是一直很怀念读书时的生活。我想，现在的学弟学妹，你们肯定也会有很多困惑，不管是学业上的，还是就业方面的，所以我想把我很喜欢的一句话送给大家，这句话出自庄子："其作始也简，其将毕也必巨。"我也希望学弟学妹们能够坚持自己的梦想，把自己的梦想从一颗种子慢慢长大发芽，最后都能干成一番事业。

采访记者："职业生涯人物访谈"记者团

孙华楠、缪佳欣

公忠坚毅，稳中有变成"佳"话

姓名： 陈　佳
专业： 中文系编辑出版学专业 2012 届
籍贯： 浙江省绍兴市
去向： 绍兴市发展改革委员会

陈佳，浙江省绍兴市人，中共党员。浙江大学人文学院中文系编辑出版学专业 2012 届本科毕业生、中国现当代文学专业 2014 届硕士毕业生，现就职于绍兴市发展改革委员会。在校期间担任学生助理、兼职辅导员等职。

与陈佳相见是在一个阳光灿烂的午后，这个走过更多路、看过更多风景的女孩儿给人的第一印象并不像刻板印象中的公务员，但当她谈起当公务员的幸福感时，又是那样沉稳笃定。"公忠坚毅、能担大任"，陈佳在自己的公务员岗位上谱写了一段"佳话"。

多尝试，诠释人生的可能性

陈佳是在读完研究生之后才进入绍兴市发改委工作的，这也是她的第一份工作。她说："读研是为了让人生多一种可能性，在学校读研的环境当然会比进入工作之后再读研的环境要好得多。"陈佳又补充道，"丰富人生多样性的当然不止这一个方法。我当时是保研读的中文系中国现当代文学专业方向的研究生，但实际上在本科毕业后就可以有很多可供选择的就业方向，比如进入企业工作，它们会更为自由。进入银行、互联网公司、杂志社、报社、出版社，这些都是很好的选择。还可以去高中做老师，或者在高校做行政工作……选择是很丰富的。"

而被问及为什么选择现在这份在绍兴发改委的工作时，陈佳先是笑着说：

"因为刚好考上了呀！"不过很快就变得正经，"其实国考、省考这些考试每个人都是可以参加的，可以不用想太多，先报考再说！"陈佳认为，在找工作的时候，很少有人会有极其明确的目标，类似于我一定要做老师，一定要做公务员，这样是没有的，即使有也不会孤注一掷。作为过来人，她建议大家多尝试。在尝试选择各个工作的过程中，需要准备简历、笔试、面试，实际上在这一轮又一轮的笔试、面试的过程中，对自己的了解和认知也会更为清晰，会更清楚自己适合什么。

虽然陈佳是在体制内工作的，但是她还是希望大家趁着年轻可以多尝试一些不同的工作，不要过于保守。她建议可以先去公司工作，因为它们的流动性会更强，可以在工作中找到最适合自己的。中文系在许多人心目中是无用的学科，虽然有时候看起来确实是这样，但是"万金油"也不一定是坏事。她说："可以多去尝试，尝试才会有更多的可能性。"

找兴趣，形成独立的思考力

陈佳回忆自己的研究生生活，她说，自己本科读的是编辑出版学专业，在本科阶段一直跟着陈洁老师，后面研究生阶段也是跟着陈洁老师读中国现当代文学方向。选择研究方向和导师更多看兴趣，所以应该在低年级找到兴趣点，然后在这个方面形成独立思考的能力。比如可以多参加相关学术讲座，在学术积累成熟一点之后，就可以跟着老师做相关课题、写论文。"如果你在本科阶段就这么做，那样你在研究生阶段完成毕业论文也不会那么痛苦。"陈佳笑着说。

在求职方面，陈佳建议在大二、大三时，可以尝试着去大公司实习，像网易和阿里等。她认为在本科阶段就多去实习有许多益处：首先，在毕业之后找工作，简历会更为漂亮，因为已经积累了一定的工作经验；其次，这些公司在招聘会上也会优先考虑在它们公司实习过的人；最后，可以在本科阶段就对大公司的氛围有一定了解。陈佳建议多去一些互联网公司寻找实习，她觉得这样更适应时代变化，也可以做一些不同于传统的中文系毕业生所能从事的工作。在陈佳看来，虽然很多人对中文系的印象就是文字工作者，但是在互联网公司中文系毕业生也可以尝试策划、宣传营销等工作，拥有多种不同的可能性。

在问到学校的什么经历对现在工作的帮助最大时，陈佳毫不犹豫地回答是兼职辅导员的工作。"这两份工作同样是事务性、行政性的工作，虽然工作对象和工作内容不一样，但是工作方法有其可借鉴之处，比如同样是工作量大，杂乱，需要同时处理很多事情。兼职辅导员的工作锻炼了我很多，比如面对大量工作及时调整好心态，不能慌不能乱，**根据重要程度对工作进行排序**。同时，兼职辅导员的工作需要和老师、同学进行很多接触，这锻炼了我的人际交往和协调能力。还有很重要的一点是文字功底方面得到了锻炼，这一点在我现在的工作中也是很重要的。"

> 我们在工作中难免会碰到各种事情，若不懂得按轻重缓急处理事情，这些繁杂的工作就会使你焦头烂额，不但耗费时间和精力，还没有完成重要的工作，导致工作效率低下。著名管理学家史蒂芬·柯维提出的一个时间管理理论，即四象限法则。按照该法则，我们每天面对的复杂的事务，均可按照重要和紧急两个不同的程度进行衡量，基本上可以将事务分为四个象限：重要又紧急、重要但不紧急、紧急但不重要、不紧急也不重要。处理四象限事务的法则：
>
> 第一象限重要且紧急。策略是马上做：如果你总是有紧急又重要的事情要做，说明你在时间管理上存在问题，设法减少它；
>
> 第二象限重要但不紧急。策略是计划做：尽可能地把时间花在重要但不紧急（第二象限）的事情上，这样才能减少第一象限的工作量；
>
> 第三象限紧急但不重要。策略是授权做：对于紧急但不重要的事情的处理原则是授权，让别人去做；
>
> 第四象限不重要而且不紧急。策略是减少做：不重要也不紧急的事情尽量少做。

定道路，揭开工作的"真面目"

大概多数文科专业的女孩子都曾被各式各样的长辈唠叨过，"女孩子去体制内工作多好，又稳定，工资也不错……"陈佳也不例外，但是她还是更强调"适合自己最重要"。

她根据自身经验阐述了体制内工作的"真面目"。"躺赢的工作是不存在的。其实体制内工作的工作内容和工作强度和我预想中的是千差万别的，体制内的工作可能并不像你们想象中那么清闲，我们的工作压力真的很大，而且加班是常态，毕竟我们都清楚自己手头上工作的重要性。"虽然说着工作的压力，陈佳笑言，"所以说需要工作的艺术呐，在工作的时候不要大包大揽，根据自己的能力，实事求是就好。其实很少有人能做到做一行爱一行啦，大部分人我想都是'爱恨交加'的吧。虽然辛苦，也会有幸福的时候，比如说每次知道自己的工作给这个社会带来了哪些良性改变的时候，都会很欣慰。因为我的工作和经济企业相关，在工作之后我会更关注经济生活的方方面面，每次关注的时候，自己的代入感和参与感会强很多。"

"那你觉得自己的工作需要的最重要的品质是什么呢？"

"吃苦耐劳！"陈佳毫不犹豫地回答道。

多尝试、多思考，才能走出自己的路，成为自己的主宰。所有经历赋予的经验都会在不期而遇中开花，虽然体制内的工作"并不轻松"，但陈佳依然依靠自己吃苦耐劳的品质续写着那段"佳话"。

🍂 在大学期间印象最深刻的一件事

在本科高年级的时候做了一段时间《博雅中文》的主编。当时担任一个系刊的主编，从确认主题到确定每一个板块的选题，从找作者到最终成稿的校稿、送印，都与我的编辑出版专业息息相关，是一个很难得的机会。在校期间就有一次锻炼的机会，让我印象深刻。

🍂 对学弟学妹的寄语

希望学弟学妹在校期间不管是学哲学、学中文，还是学历史，或者说学的是艺术，都不要给自己设限，尽量多尝试一些新的事物。有机会跟其他专业的同学一起学习，一起做课题，哪怕就是搞一些联谊活动也好，尽量让自己多去尝试，因为毕业之后走向社会挺需要这种这种跨界融合的思维，如果在校期间有这方面的基础的话，对以后的工作也好，生活也好，都是有帮助的。

采访记者："职业生涯人物访谈"记者团

余慕茜、缪佳欣

时光悠悠，且行且歌

姓名： 王邵逸
专业： 中文系汉语言文学专业 2013 届
籍贯： 浙江省宁波市
去向： 宁波市鄞州区财政局

　　王邵逸，中共党员，在校期间曾为浙江大学学生会、人文学院学生会等学生组织骨干成员，多次荣获浙江大学"三好学生""优秀学生干部"称号，多次获得国家基地奖学金三等奖、浙江大学学业三等奖学金、优秀学生三等奖奖金、南都二等奖学金。毕业后就职于宁波市鄞州区财政局。

　　谈起自己四年的大学时光，王邵逸很是怀念，大学的四年时光，仍然历历在目。步入社会的她真诚地告诉我们："这一段单纯、纯粹的时光，一定要好好珍惜。在大学生活学习的过程中，我们可以自由地支配时间，看自己喜欢看的书，结交很多朋友，去做很多有意义、有趣味的事情。工作以后，自由支配的时间会相应减少，不同的角色也需要我们承担更多的社会责任。"与此同时，在大学学习和生活期间，我们会遇到一些"贵人"，能够与他们相识相交，是一种幸运。友情在大学生活中扮演着不可或缺的角色，王邵逸坦言，她很幸运能在大学期间结交几个挚友。

学生时代：通材达识，增长才干

　　王邵逸大一时加入了浙江大学学生会，大二还参加了人文学院的学生会。学生工作的经历，成为大学生活中浓墨重彩的一笔，在这些经历中，她收获了很多，也成长了很多。回忆起自己参与举办浙江大学中文演讲竞赛的经历，王邵逸告诉我们："作为院会的一员，从前期的组织策划到后期跟进，我几乎是全程参与。虽然很辛苦，但也使得自己的能力得到了提高，是很有价值的。"在王邵逸看来，适当参加学生工作和社团活动非常有必要，不单单能让自己学到在书本上学不到的知识，同时还能遇见志同道合的朋友，和他们一起成长，一起进步，这种经历弥足珍贵。但因为学生工作牵扯太多精力而影响学习主业这样本末倒置的做法也是不可取的，只有结合未来的职业规划，有选择性地参加学生社团和组织，才可以拓宽视野、培养能力、增加历练。

对于自己所学的汉语言文学专业，王邵逸戏称它为"万金油"专业，"但当进入社会时，我们就会发现，有好的文字功底和文学的修养是非常重要且必要的。"她提醒我们，"文学已经不仅仅是一个狭义的定义了，它的范围被扩大，它的意义被延伸。一些专业性和技术性的知识可以通过后续的学习来掌握，但是一个人整体的文学素养，个人的气质、谈吐等都需要用时间来沉淀。"王邵逸很感谢本科阶段的学习积累，她希望学弟学妹们不仅要学好专业知识，更要主动地广泛地涉猎其他领域的知识，在掌握本专业知识的基础上，做到"博雅专精"。

职业生涯：笃志勤学，笔耕不辍

问及职业生涯规划，王邵逸认为，**可以结合性格、爱好、特长等因素明确定位，但是不能着急**。她回忆道，在大四上学期的一开始，保研的名额就已经出来了。综合前三年的成绩排名，自己的综合成绩排第二，凭借优异的成绩，不论是保研还是直博，都有很大的选择余地。但基于对自身的充分认识，她认为科研这一方向并不合适自己。所以在大四一年，王邵逸选择了求职这条路，并开始了自己的探索与尝试。在综合了大二、大三的实习经历之后，她认为公务员这一职业比较适合自己，于是便准备了省考与国考。问及公务员考试的前期准备，王邵逸回答说，她是靠着不断做题来训练自己的，并根据自己的特点有选择地进行练习。同时，面试也非常重要，所以一定要锻炼自己的口头表达能力。提高口才、大胆表达的方法有很多，可以选择线上或线下的培训机构，也可以找自己的朋友和亲人帮忙训练。

性格是一种习惯化的思维方式和行为模式。人与人的心理特征差异导致每个人认识问题的方式不同，而在不同的环境和情境下，直接影响每个人能力特长的发挥和表现。在职业选择与规划中，我们可以借助霍兰德职业兴趣测试来大致了解个人职业兴趣特征。它将人的职业兴趣划分为实际型、研究型、艺术型、社会型、企业型、常规型六种类型，每种类型具有相应的特征。

身为一名公务员，就自己的职场经历，王邵逸为我们耐心解答了同学们关于这一方面的困惑。在外界看来，公务员这份工作还算是比较清闲的，其实不然，公务员的工作强度很大，并不轻松。王邵逸介绍说，公务员工作大致分为两类，一类是专业技术类，一类是综合类。像自己就职的财政局，主要是负责政府的资金管理，就大多需要一些金融财会类的专业型人才。而王邵逸负责的是文字书写类的工作，如拟定工作报告，完成工作总结、宣传报道等，因而属于综合类的工作岗位。汉语言文学专业在社会上总会被打上"文笔好""万金油"等标签，这一专业学生参与公务员工作后，很大部分会被分配到负责文字编辑的岗位，不得不说这虽然是一种幸运，但也是一种局限。

问及进入职场的必要准备与心态，王邵逸毫不犹豫地说，关键在于勤于学习、主动学习。这个社会的变化很快，互联网大数据时代的来临，给我们带来了机遇与挑战，如果相应的知识储备没有跟上，就极易被时代所淘汰。一分耕耘一分收获，付出了才能有回报的可能。

社会感悟：全面提升，广见洽闻

"当走出校园步入社会，承担起家庭、社会的责任之后，我们看待自我的角度也会发生变化。"就毕业后的种种改变，在采访的最后，王邵逸谈及了一些自己的心得体会，"初入社会之时，更多的是站在自己的角度上看问题，但经过历练，我也逐渐学会了从不同的角度去看待生活。从进入职场，到结婚，再到当了妈妈，我们在不同的人生阶段，被赋予了不同的角色身份，相应的，我们的心态也会发生变化，还是要坦然接受，自我调适，勇于尝试与改变。"

她说，希望学弟学妹们可以在三个方面来提高自己。第一个是"高度"，人生的道路非常漫长，当我们面临选择之时，可以选择一个更高的角度来看待它。不要拘泥于小事，比如说绩点、奖状等，这些并不会在今后的发展中对你造成巨大的影响。可能一时会比较执着于此，但是人生其实是一场马拉松，重要的是坚持，不能让路上的一小块石头阻挡了我们前进的步伐。第二个是"宽度"，要扩充自己的宽度，拓宽自己的眼界和知识面。不仅仅要学习专业知识，同时还要广泛涉猎。这样不仅能让我们的能力素养得到提升，同时在择业就业方面让我们有更多的选择。第三个是"深度"，要培养自己的特长，让自己在某一方面脱颖而出、不可替代，这是事业成功的"杀手锏"，会让我们在今后的生活中受益匪浅。

在与王邵逸的交流过程中，最大的感觉就是她的状态很放松，有一种岁月静好的温柔。时光悠悠，且行且歌，"当你踏上了社会，曾经发生过的事，比如说绩点高不高，有没有获奖，有没有选上职务，与生活这本大书相比，显得无足轻重。我认为更为重要的还是把握当下，努力奋斗，享受生活所带给我们的酸甜苦辣"。王邵逸踏实自适的生活姿态，是其青春路上的可贵财富，是其成长历练的明证。而这一生活姿态，亦将启示我们不断地探索与尝试，有所思，更有所得，走出适合自己的未来之路。

🍃 在大学期间印象最深刻的一件事

这件事情说起来可能显得有些任性。2010 年，杭州罕见地下了一场大雪。作为一个南方人，我十分兴奋，竟然向英语老师请假早晨去西湖赏雪景。现在想来，真是快乐且自责，当时不够珍惜光阴，还有些浮躁。大学生更应该花时间读书，尤其是读好书；读各领域的经典，文史哲、经济学、理工大类等都要涉足。这样做，能够树立正确的三观、为未来的人生打好基础。而且大学里时间充裕，身边还有不少良师益友，不懂的地方可以很方便地求教，大大提升了对于书本的理解吸收度。

🍃 对学弟学妹的寄语

希望学弟学妹能牢记"求是创新"校训，脚踏实地过好每一天。

采访记者："职业生涯人物访谈"记者团

徐琳煊、阳忆杉

澄心淡然，笃行无悔

姓名: 马 丹
专业: 中文系汉语言文学专业 2015 届
籍贯: 浙江省临海市
去向: 浙江省临海市司法局

马丹，女，中共预备党员。2015 年毕业于浙江大学人文学院汉语言文学专业，于同年成功考取公务员，在浙江省临海市司法局任职。主要从事办公室文职工作。

未来有着无数种可能，在真正到来之前，似乎不会知道到底要通向何方。在马丹这里，大四一年申请学校与考公务员双线并行，充满了不确定性。

仓促之下的小确幸

"我之前从没想过我会从事法律方面的工作，"马丹在回忆起当初的职业选择时笑道，"我一开始是决定读研的。"从大三暑期开始，她便忙着准备雅思考试，向香港一所心仪的大学提出了申请。但是，直到五月份公务员面试的前一天她才收到学校的 offer。在那之前，迟迟没有拿到 offer 让她心生面临失业的恐慌，又恰好了解到当地公务员考试仍未开始，便决定报名合适的岗位。三月中旬看到招考公告，四月底参加考试，她准备仓促，但最终如愿以偿。

除机遇巧合，家庭和公务员本身的特征也是她看重的方面。作为家里的独生女，她希望能有更多的时间陪伴父母，承担起家庭的责任。同时，在中小城市，拥有可靠的福利待遇、养老保障和稳定工资收入的公务员职业是一份不错的工作。机遇、努力、责任与谦逊的结合助力她一路披荆斩棘，有所收获。

马丹在回忆起这段经历时，表示自己的职业选择与准备有些仓促，毕业论文的压力使她没有充足的时间去做系统的准备。她建议学弟学妹们，准备永远不嫌早，如果已有确定的人生规划，就需要早些为它付出行动，在现实中一步步构建起属于自己的未来城堡。即使是最后目标落空了，但在这个过程中学习的、积累的、成长的，也不能说是浪费。

落差中的自我调整

规律性和稳定性是马丹在职业选择时最看重的方面，可这也给她带来迷茫。"没有实现自我价值机会的迷茫是我工作中最大的挑战。"极其规律的作息，一成不变的生活，不太透明的升职空间像烦闷的乌云紧跟着完全熟悉工作流程后安定下来的她。

在选择这份工作前，她已对未来的职场环境有大致的心理准备，但当真正接触它之后，她发现人际关系包括家庭背景和个人的社交能力对升职起到的影响比预期要大得多。这份工作的升职空间较不明朗，职位不会简单地随着入职年数的增加而提升，机遇与能力缺一不可。即使如此，她反复强调独立思考的重要性，不盲目、不圆滑、不流俗，保持自我清醒的头脑与初心。同时，自我调适的能力也极其重要。

对于公务员这份职业，"稳定"是显著的标签，但"稳定"并无法使人功成名就，若怀抱着政治理想，那么需要付出的汗水并不亚于其他职业，**"996"也会成为常态**；若追求生活的安逸，那么公务员的"稳定"则是不错的选择。"奋力拼搏的是生活，平淡似水的也是生活。"她从容地说，"这取决于各自的人生理想。"对生活的热爱和乐观良好的心态使她身上闪烁着恬静美好的光芒。她用生活的趣味去填充工作的苍白，寻找两者的平衡，在心底播种下温暖的小太阳。

> 996工作制指的是早上9点上班、晚上9点下班，中午和傍晚休息1小时（或不到），总计工作10小时以上，并且一周工作6天的工作制度，代表着中国互联网企业盛行的加班文化。

润物无声中的成长

虽然现在从事的职业偏向法学，但马丹很感谢在人文学院中文系四年的学习时光。文字材料的撰写和整理是她工作的主要内容，而书海墨香的浸润使她打下扎实的文字功底，具有较高的文字敏感度，能较好地胜任工作。马克思主义哲学、毛泽东思想和中国特色社会主义理论体系概论也是公务员职业生涯中不可避免的课题。在问及大学期间是否有修读法律类课程时，她表示，有旁听过法学系的课程，但次数较少，现在追悔莫及，并建议学弟学妹们利用旁听机会多多汲取知识。她觉得在大学期间多储备一些知识总是没错的，自己虽然从事的是文秘岗位，但在工作中无可避免地会涉及法律类知识。

不同于同学、师生间较为单纯的学术沟通氛围，在工作中，沟通是多方利益取得协调的重要工具，在与领导、同事之间的相处中，在与基层群众之间的密切联系中，她的人际沟通能力获得了较大提升。同时，新的工作要求也让她掌握了如公众号运营、数据管理等实用技能。她也表示，在一开始遇到新的技能时会感到恐慌，甚至质疑自己的能力，但只要沉下心、踏实做，步过短暂的焦虑期，成长也会悄然绽放。

马丹为有意从事公务员的学弟学妹建议道："公务员中适合法学专业的岗位会比较多，汉语言专业一般对应文秘岗位，主要从事文字工作，有意向的学弟学妹大学时期就可以尝试练手，它与公务员笔试中的申论相似。"无论奋斗还是平稳都是有滋有味的生活，明白想要的生活样貌，寻找匹配抱负的职业，坚持初心，笃行无悔。

🌿 **在大学期间印象最深刻的一件事**

我在假期曾参加过学校组织的关于杭州文化遗迹探寻的社会实践，负责环西湖寻访，为西湖每一口井、每一座桥背后深刻的历史底蕴和文化内涵所惊讶与震撼。

🌿 **对学弟学妹的寄语**

希望学弟学妹们了解清楚自己的想法，落实到行动上，不要留下遗憾，同时也希望学弟学妹们能珍惜图书馆和各种讲座等丰富的校内资源。

采访记者："职业生涯人物访谈"记者团

陈企依、张一帆

接受挑战，勇担责任

姓名: 陈林军
专业: 历史系历史学专业 1999 届
籍贯: 浙江省绍兴市
去向: 浙江省丽水消防救援支队

陈林军，中共党员，浙江大学人文学院历史学专业 2003 届本科毕业生，现任职于浙江省丽水消防救援支队，担任政治委员、党委书记。

消防工作和历史学专业，这两个看似毫无关系的领域却在陈林军的身上融合为一，消防赋予了他责任感，而历史学则涵养了他的心胸和格局。在做消防同志的思想工作时，正是因为有这两者的结合统一，加之善于沟通的能力，陈林军才能化解他人心中的"大石"、鼓舞起他人的斗志。

磨炼自身，形成格局

谈起自己就读的历史学专业，陈林军坦言，历史学专业的就业面相对较窄，求职压力比较大。倘若不是历史学直接对口的行业岗位，或许学校学的那些专业课知识大多数都难以应用，"但是专业课要学好，这对于之后的职业选择也有很大帮助"。

在陈林军看来，任何一个专业都有它的用途，所以专业课一定要学好。即使当时可能觉得专业课没有大用处，但是从中收获的不仅是知识，更是一种心胸和格局，一种新的思维方式。在历史中，近现代史里的热血奋斗，中国共产党党史里克服艰难困苦的勇气，亦能够潜移默化地改变一个人，培养一个人在困难面前接受挑战、积极学习的品格。经历大悲大喜之际，将自己立在历史的长河之中，个人的渺小可见一斑，也就"不以物喜，不以己悲"了。

除专业学习外，陈林军认为在社团的锻炼对于大学生来讲也非常重要，对个人成长起到丰富课外经历、充实课余生活的作用。他在大学的时候就加入了书画社，尽管时间不是很长，但是其中丰富多彩的活动不仅陶冶了情操，也锻炼了陈林军善于沟通的能力。青春是奋斗出来的，在社团里可以结交一群志同道合的伙伴，对于人生而言是一笔可贵的财富。"但是这是要在保证专业课学习的基础上的。"陈林军郑重地说道。

在校期间的学习和锻炼充实了陈林军，也为他适应后来的工作打下了基础。现在所从事的消防工作虽然看似和历史学专业不完全对口，但是历史学的学习所养成的历史视野和宏大格局，在他后来的职业成长中一直发挥着重要作用。

消防道路，毅然决然

刚毕业找工作时，陈林军原本已经签了邮政方面的工作。当时报考了消防部队，也顺利录取了，他经过多次考虑，在征取家人的同意之后，踏上了消防这条道路，工作至今。

关于职业选择，陈林军坦言"其实心里的第一个念头是解决生存问题"，当时他了解到消防部队是集体生活，吃穿都是国家付钱，再加之每个男儿心中都有的英雄梦情结，综合起来这条道路是最好的选择。

在和消防部队签订协议之后，陈林军去西安培训了大半年，之后便在舟山的基层待了一年多。"舟山人也少，火灾也少，就恰如那句话说的'白天兵看兵，晚上数星星'。"陈林军笑道。

在消防部队工作的每一天都有可能碰到困难，而汶川地震的那一次却使得陈林军久久难以忘怀。尽管已经过去十余年，但这个日子陈林军依然可以准确说出。"那是 2008 年的 5 月 12 日。"当时他前往支援，一边是怀孕的爱人，消息难通；一边是地震中惨不忍睹的尸身和断壁残垣，心更难平。在那里待的两个多礼拜，每日都能陆陆续续地看见一些尸体，特别是地震发生时正值下午休息的时刻，受伤乃至死亡的人一个又一个挖出来，令人心头酸涩。

由于历史专业的背景更适合文职，也由于消防的技能锻炼不够，陈林军在基层一线的锻炼时间并没有持续多久。2005 年之后，陈林军就一直在机关工作，从舟山支队到省总队，到后来的杭州支队，现在又来到了丽水，他在消防部门一直坚守。然而当时没有沉下心来学习消防知识，在基层没有锻炼好自己的灭火救援技能，最后也没能一直站在灭火的前线，这是他一直遗憾的事情。

但这也使得陈林军发挥了更多属于历史专业的特长，在舟山工作时他编写了舟山消防史，讲述属于舟山消防的一点一滴，让民众对于舟山的消防有了更深的了解；在杭州工作时他助力杭州消防队史馆的建立，记录杭州公安消防部队的发展，让一件件文物讲述一个个消防故事。在其中他增长的不仅仅是见识，也有能力和经验。

多年的消防工作有苦也有乐，当踏入一条未知的道路的时候总是会遇到许多的挑战，但是陈林军选择踏出自己的"舒适圈"，选择去接受这条道路上的形形色色的挑战，不去回避，而是收获其中的成功与失败，将它们看作成长的养料，用钉钉子的精神保持自律和专注，把消防部门的每一件事总结、学习，然后办好。

积极沟通，勇担责任

现在，陈林军从事的是消防部门政治方面的工作。这个工作需要较好的综合能力，而历史学专业出身给予了他较好的理解与沟通能力。在同志们遇到挫折时，陈林军积极沟通，化解他们心中的顾虑，鼓舞他们的斗志。

与此同时，陈林军也懂得和自我沟通。在目标未达成时会有挫败感，但此时不能钻牛角尖，要学会自我和解。如果没有从思想观念上和自己和解，那便成了人生道路上的绊脚石，反之，这则会是垫脚石，是一种财富，让自己得到提高。现在的陈林军更加注重把握时间，也更加注意提醒自己多做一些有意义的事情，不让时光荒度。

虽然刚开始陈林军心里怀着解决温饱的念头走上了消防这条道路，但是工作至今，他在岗位上体悟到更多的责任感，消防部队其实就是一支军队，他不仅要对自己负责，也要对自己下属的干部负责，更要对辖区的老百姓负责。"所以不能本本主义、教条主义，要在实践中学会学习，也要懂得归纳。"陈林军说道。在消防打仗中，每打一次都要总结一次，更要提高一次，如此方能做到问心无愧。

陈林军在消防这条道路上并非没有过波澜和低谷，其中由于涉及保密事件，难以细细阐述。所幸的是，专业中锻炼的胸怀和格局让其没有长时间沉浸于得失之中，在这条道路上沉淀下来的责任心也促使其积极与同志们沟通，认真做好每一件事，在这趟旅途中，他方向坚定，在平凡普通的日常中不断总结提高。

在大学期间印象最深刻的一件事

旅途中难忘的永远是开头和结尾，大学亦然。刚刚迈入大学时参加歌唱比赛，《我们走进新时代》的旋律犹在耳边，最后吃散伙饭时的恋恋不舍，饮酒复饮酒，这些都是快乐的时光。后来喝多了被送至寝室床上，竟半夜从床上掉下来，所幸没有受伤，这也算是一件趣事了。

对学弟学妹的寄语

不管处在什么年龄，处在什么阶段，都要做眼里有光的人，既照亮别人，也温暖自己。

采访记者："职业生涯人物访谈"记者团

朱萝雅

志业在文博，扬帆于良渚

姓名: 孙海波
专业: 历史系文物与博物馆学专业 2004 届
籍贯: 浙江省宁波市
去向: 良渚文化博物馆

孙海波，中共党员，浙江宁波人。浙江大学人文学院历史系文物与博物馆学专业 2004 届本科毕业生，毕业后从事专业对口的文博相关工作，现就职于良渚文化博物馆业务部，主要负责展览及库房管理。

尽管从事文物与博物馆学相关工作已近 20 年，采访过程中，孙海波每每谈及自己的专业与职业，兴奋之情依然溢于言表。作为专业与职业完全对口的从业者，他坦言自己是个幸运儿，但是这也与他自身对专业知识的渴求、对这份职业的热爱是分不开的。他坚信，"长风破浪会有时，直挂云帆济沧海"，文博路上，他是个热爱者，也是追梦人。

磨炼素养，专业才是王道

在与孙海波访谈的过程中，他屡次提到的，便是"专业"二字。"其实我选择文博专业是出于偶然。"孙海波坦言，"当初高考的第一志愿是法学，后来因为服从调配进入了历史系。大二分班时选择了文物与博物馆学，是因为它更有针对性、专业性。我当时已有了初步的职业规划——就是想选专业对口的职业。"

扎实的专业学习背景为孙海波的求职之路提供了良好助推。提及大学中自己印象最深刻的课程，他也毫不犹豫地表示专业课便是对自己最有帮助的课程。"我刚毕业的年代专业的文博从业者还很少，工作环境中的许多人都是'半路出家'选择的这份职业，所以有专业背景的人才就会显得很出挑。"的确，在鱼龙混杂的职场之中，"业精"者往往更容易得到领导的重视。

孙海波认为，"专业与能力素养永远是第一位的"，无论选择哪一个职业都是如此。首先要在大学的专业学习中打下坚实根基，配备良好的专业知识；其次，由于工作不是单一的，哪怕是从事专业性较强的文博行业，日常工作中还是会对个人的人事、管理等技能提出要求，这就要求从业者拥有较为全面的综合能力。专业精通而又技能广泛的**T型人才**往往会受到领导者的青睐。

> T型人才是指按知识结构区分出来的一种新型人才类型，用字母"T"来表示他们的知识结构特点。"—"表示有广博的知识面，"|"表示知识的深度。两者的结合，既有较深的专业知识，又有广博的知识面，这类集深与博于一身的人才。这种人才结构不仅在横向上具备比较广泛的一般性知识修养，而且在纵向的专业知识上具有较深的理解能力和独到见解，较强的创新能力。

"初入职场时你或许会有落差，因为很有可能会看到许多能力不如你的人工资却比你高。但对于初入职场的新人来说，这其实是很正常的事情，但我们看事情要有长远的眼光，不能因此气馁——从长远来看，笑到最后的必然是专业素养过硬的人。"诚哉斯言，无论是在何种领域，更精通、更专业都是终极的王道。

告别舒适，挑战才有进步

除了专业素养，孙海波认为在职场中第二重要的是沟通与人际交往能力。这种能力在具体工作实践中尤为重要，而这种能力的习得，往往包含着一个克服内心社交恐惧、迈出"舒适圈"的过程。

采访中，他向我们分享了一个自己初入职场时的小故事。当时，在余杭郊区某地拟建立一个遗址博物馆，但是遗址周边地区都是民房，要想在遗址上建造博物馆，首先需要与村民沟通房屋拆迁事宜。因为与本地人语言不通，加上村民对不曾接触过的事物存在较大抵触情绪，项目的推进在当时成了一个比较大的难题。作为执行者之一的孙海波发了狠心，在半年之内即学会了当地方言，并借助过硬的文博专业背景与村民真诚地沟通，最终促成了博物馆的落地建成。"当时就连开会我都逼着自己讲方言，只要有机会和杭州人讲话我就用方言。"孙海波回想起这段经历时，语气中半是玩笑，半是坚毅。

这个事例，可以说是专业素养与沟通能力相结合的绝佳成功例证。"如果当时我没有突破舒适区去学习晦涩难懂的方言，自己或许就永远只能是一个打打杂的小员工。"孙海波谈到，"而我们在尝试踏出舒适圈的过程中要不断向自己施压，培养新技能，逼出新技能。这个过程一定是痛苦的，但是有时候非常有必要让自己吃这个苦头。"

总结经验，实践才出真知

学好专业知识就可以一劳永逸了吗？并不是。真正的能力培养还需靠实践的检验。本科四年的学习结束后，面对读研与就业的分岔路，孙海波选择了从大学的象牙塔中走出，步入社会这个大熔炉。

当问及自己刚刚入职时对工作的体验时，孙海波笑着说道："现在想想当时确实也是十分青涩，对于许多事情也没有处理的经验。但是有一点我想应该是许多学弟学妹们今后可能都会经历到的，需要做好心理准备，那就是课堂学习内容与工作实际的不匹配。当初刚毕业时我也想大展宏图，但是入职之初我反而是在准备讲解员的工作，甚至连专业知识都用不上。"

"我第一年工作时正好是博物馆成立十周年，上级给了我一大堆待整理的文字档案资料，在那一个月时间里，我写了万余字的馆史报告。'加班加点都正常，哪里需要往哪搬'，职场就是这样。但当我回过头来看，这段看似无用的经历，其实也间接地使我对博物馆工作有了一个系统性、历史性的认识，提升了自己的综合素养，还是很有收获的。"的确，将理论付诸实践的过程中，我们也许会迷茫，但在摸索中解决问题、实现成长的过程无疑是更加令人欣慰的。

不管是面对求学时的专业分流还是求职时的部门分流，孙海波都抱着一种"既来之则安之"的态度，他坚信只要肯努力肯实干，只要对自己的职业永远心存情怀与热爱，便能创下一番业绩。"社会也是一所好大学"，在其中摸爬滚打必会增长见识；放低姿态，勤学勤问勤思考，要有那一股子韧劲儿，挑战自己、改变自己，量变终将促成质变！

对于职业实践中的核心能力，孙海波也结合自己从事文博相关行业十余年的经历进行了一些反思总结：除去必备的专业素养与沟通能力，要做好工作还必须有一颗责任心，发挥个人的"枢纽"作用——对上，向领导反馈工作进程；对下，给团队分配工作。领导力是基础，但一定的奉献精神往往会有助于收获他人更多的好评。另外，永远保持谦逊的学习姿态，这也是不断创造新业绩的不二法门。

此外，他还提到：当今时代中，个体与用人单位间其实存在着一个双向的选择关系。"你选择单位，单位也选择你；你放弃单位，单位也可以放弃你。"的确，唯有坚守初心，在不断的选择与学习中向自己的理想一点点靠近，方能实现"长风破浪会有时，直挂云帆济沧海"之抱负！

🌿 在大学期间印象最深刻的一件事

我本科四年的暑假几乎都没有回家，空余时间会用来参加社会实践。印象最深的是一次参与西湖博览会策划的经历，那时候我骑着一辆自行车，拿着一个面包，独自一人去省博边上的图书馆查找资料，还去寻访了许多民间收藏家。这段经历非常有助于我的成长，它让我熟悉了职业，更坚定了目标。因此我比较推荐暑期社会实践，此外大家也可以参加老师的课题，总之要多多把握机会。

🌿 对学弟学妹的寄语

希望学弟学妹们珍惜校园生活，能够学有所成，也收获一技之长。当然，除了学习，也要接触社会，贴近生活，多多在社会中实践。最后，在校期间就要做好职业规划，有目标才能更好地努力。

采访记者："职业生涯人物访谈"记者团

王琳迪、钱欢晶

于实干炼真才

姓名: 方怡端
专业: 哲学系哲学专业 2006 届
籍贯: 浙江省嘉兴市
去向: 浙江省嘉兴市嘉善县罗星街道办事处三产办

方怡端，浙江大学人文学院哲学系哲学专业 2006 届本科毕业生，现为嘉兴市嘉善县罗星街道办事处三产办的公务员，主要负责招商工作。

提及公务员，人们的脑海中就会掠过一系列耳熟能详的词语: 安稳、平淡、乏味、"铁饭碗" ……这或许是很多同学眼中的公务员标签。打破固有思维，以当事人的视角，探视更为真实的公务员生活，这是同学们迫切需要的。方怡端作为浙江大学哲学专业 2006 届本科毕业生，选择返乡就业的他目前是嘉兴市嘉善县罗星街道办事处三产办的一名公务员。谈及公务员工作以及自己的求职历程，他谦虚地说:"经验谈不上，就是给大家讲讲自己一路过来的经历和想法吧。"

从校园到职场: 仍有遗憾

虽然毕业已有十余年，谈起从校园到职场的过渡期，方怡端坦诚仍然有许多遗憾。2002 年，是浙江大学紫金港校区启用的第一年，也是方怡端进入浙江大学学习的第一年。由于高考招生政策调整，原本学习理科的他最后却进入了人文学院的哲学系。虽然哲学的思辨意味较为浓厚，但是初进哲学系的方怡端还是无法适应更偏向文科学习的哲学专业。但是"既来之则安之"，后来他渐渐适应了哲学专业的学习步调，从中找到了学习哲学的乐趣。

哲学系毕业生能够找一份怎么样的工作? 这是方怡端面临的一个问题。**思前**

想后，方怡端决定尝试综合性较强的公务员一职。这个决定略有些仓促，方怡端告诫同学们，"对于未来的方向和规划，还是应及早准备的好，不然就会错失很多好的机会"。由于没有及早制定计划，他在大四时才决定选择报考公务员，而这样备考时间就很紧张了。在考虑了自身能力、生活成本、工作环境等多方面因素之后，方怡端选择返乡就业。"目前来说还是比较满意的。"回顾当时的选择，他也有些庆幸。如今看来，在2006届哲学专业的毕业生中，有超过半数的人选择了公务员的道路，考公务员成为当时就业的热门方向。

> 公务员考试按照部门的不同，总体分为两大类：一类是中央和国家机关公务员考试，一类是省市县乡镇地方公务员考试。各县市和乡镇公务员的招考与省直属部门同时进行，一般统称为地方公务员招考。国家机关公务员招考与地方公务员招考的唯一区别是职位不同，国家一般招考的是中央直属单位如海关等，还有各部委的职位，再就是一些民主党派中央的职位。而这些职位是不会出现在地方公务员招考之中的，地方公务员招考的职位是省市县直辖单位以及乡镇政府的职位。中央和国家机关的公务员考试内容与大部分省的公务员考试，一般来说都是两门：申论和行政能力测试，公安类加试公安基础知识，只有个别省份加考公共基础知识。还有的省按照招考职位的不同，将试卷分类，但大体也都是申论和行政能力测试两项。同学们可以按照自己的需求报考相应的公务员岗位，并根据行政能力测试和申论两项类别准备考试。

从学生到公务员：针对强化

回忆起公务员的备考经历，方怡端也有几招秘诀要告诉同学们。首先是针对性搜集信息，打好"信息战"。"公务员招考基本上是按层级的，招聘的信息、时间都是统一且公开的，大家在各级人事人才网上都可以查得到，同学之间也可以彼此交流各类信息。"公开的信息不必吝啬与同学交换，彼此互帮互助也省去了不少搜集信息的时间。同时，公务员考试的内容更为宽泛，大大超出了学校所教授的专业领域，囊括的知识范围很广，并且经历了本科四年的学习后，原本苦读所积累的笔试能力、应试技巧也会有所退化。"如果有需要，报名参加一些课外的培训班，可以快速提高应试能力，也是不错的选择。"回忆起备考公务员考试的经历，方怡端也是感慨万千。虽然高中是一名理科生，数学是强项，但在大四备考时他已经遗忘了大部分数学方面的内容，这反而成为他的绊脚石。"针对自己的弱项要进行重点的学习、强化。"在方怡端看来，大四的学业压力相较于其他阶段是要轻得多的，如果有这方面的想法，完全有充足的时间备考。"别指望救世主，这世上只有自救一说。"在备考阶段难免会有压力，克服是唯一的解决办法。

从青涩到成熟：并不清闲

谈起公务员的工作，方怡端也颇有感悟。"虽然公务员听上去是偏行政、偏理论的工作，但实际上要面对的事务可能是多种多样、因人而异的。"这一职业与本科所学专业关系并不密切，反而要学习许多新鲜事物。方怡端在三产办的主要工作是招商，要与企业沟通、打交道，这与其本科所学的哲学匹配度并不高。面对这样的挑战，方怡端也透露了他的应对方法——"更多时候，还是要在实际工作中多加锻炼、培养能力"。面对许多意料之外的突发任务，更要注重实践的重要性。只要肯尝试、肯下苦功，对于综合实力突出的高校毕业生来说，公务员这份工作是完全能够胜任的。

虽然在固有观念中，公务员的工作是枯燥的、死板的，但事实上并非如此。方怡端指出，刚上岗的公务员基本上工作量都较大，有很多全新的工作环节需要学习。而且不同行政单位负责的工作内容与对象迥然不同，工作量也有很大差异，很难下一个定论。但目前可以肯定的是，所谓"闲职"的情况是基本不存在的。他还提醒同学们：虽说岗位、等级有差异，但公务员的工作性质其实都是一致的，所以不论是求职，还是初入职场，都切忌眼高手低，工作中不要带着敌对、不满的情绪，而应保持谦逊的态度，踏踏实实地做好手头的工作，才会有成长与进步，才会有更多进一步发展的空间。

"于实干炼真才"是方怡端在职场历练后总结出来的信条。虽然他现在从事的工作已不是传统哲学的范畴，但在大学锻炼出来的哲学思辨能力仍然在他的工作实践中发挥了极大的作用。不论何种路径，唯有实干与谦逊，才是成功的不二法门。从校园到职场，那未知的远方有崭新的视野，亦有更大的挑战，而真诚的行动者，必将收获满满！

🌿 在大学期间印象最深刻的一件事

大学期间印象最深刻的是我的新生报到，那年我是一个人来的，也是头一次一个人出远门。当时紫金港校区还没有完全建设完成，当天刚好又是阴雨天，从学校大巴上下来时，旁边全是泥水，远处工地也有不少，即使过去这么多年，开学第一天的景象还是印象深刻。当初的紫金港与如今的相比，也发生了巨大的变化呀。

对学弟学妹的寄语

在校时，多留下点能记住的东西，留下丰富的回忆；毕业后，在衣食无忧的基础上，多遵从内心，做真实的选择。

采访记者："职业生涯人物访谈"记者团

王露淳、张芷涵

初心不改，外圆内方

姓名: 周 煜
专业: 哲学系哲学专业 2006 届
籍贯: 浙江省湖州市
去向: 湖州市残疾人联合会

周煜，男，浙江大学人文学院哲学系哲学专业 2006 届本科毕业生，曾就职于共青团湖州市委、湖州市人大常委会等部门，现任湖州市残疾人联合会党组成员、副理事长。

周煜明亮的嗓音、爽朗的笑声、热情的性格，融化了冬日的寂寥，不知不觉间拉近了记者和他的距离。在他的叙述中，回忆大学时光，谈到了对工作的经历，还有对自己成长的思考。不骄不躁、淡泊不惊是对周煜最好的评价。

求学: 聚焦主业，养成思维习惯

周煜笑言自己是个比较随性的人。当年高考，周煜的第一志愿并非哲学专业。接受调剂后进入人文学院哲学专业学习。周煜认为，现在回过头看，专业选择其实并没有想象的那么重要，每一门学科都会对自己今后的职业生涯和日常生活带来不同的财富和印记，没有什么好坏优劣之分，关键是在大学的时间里学到了什么、学会了什么。

回忆起大学时光，周煜给自己下的定义是"简单"的四年。周煜认为，学业始终是作为一个大学生最基本的、第一位的东西，就工作后的体会来看，学到什么知识是一方面，更重要的是要通过大学四年的学习养成一种思维习惯，即通过对所学专业的学习，形成一种符合专业要求的、同时也适合自己性格特点的观察方式、思考方式，并初步构建起支撑这一思维习惯的知识理论框架。

在完成学业的基础上，周煜在其他时间更喜欢约上二三好友，一起骑着自行车探索杭城。"在大学四年时间里，我们几乎将杭州这座城市的大街小巷都探访了一遍。"周煜认为，大学四年是人生中相对自由支配时间最多的四年，有必要做一些或找到一些自己喜欢做的事情，因为许多事情大学的时候不去做，工作后、结婚生子后就很难再有那份闲适和心情去做了。周煜喜欢人文与历史，杭州又恰好有很多历史文化资源，特别是许多名人故居及名人墓，里面包含了特别多的信息，所谓读万卷书行万里路，通过探访也能够进一步找准和激发自己的兴趣点，对人文学院学生综合素养的培养很有好处。

"既然是人文学院的学生，毕业后就得带些文人的气质才算合格。"周煜认为，骨子里洒脱自由、怡然自得，正是自古以来中国文人的精神属性。

求业：顺遂无惊，练出核心技能

湖州是周煜的家乡。毕业后，周煜通过公务员考试进入共青团湖州市委工作，这是一个旨在服务青年、凝聚青年的群众团体组织，涉及青少年、青年事务的方方面面，周煜认为，这样一个"人少事多"的综合性部门，对个人能力的要求非常高，但与之相应的，对个人综合能力的培养也很有好处。"可能其他进入公务员队伍的同学还在做一些最基本的琐碎事务的时候，我就已经开始独立负责方案文稿的起草和各类活动的组织协调了。**当时确实压力山大，但回过头来看也确实受益良多。**"

> 职业锚是个体对自己在成长过程中慢慢形成的态度、价值观与天赋的自我认知，它体现了个体真实的自我。职业锚决定个体会选择什么样的职业与什么类型的工作单位，决定个体是否会喜欢所从事的工作，是否会跳槽，在工作中是否有成就感，等等。一般来说，职业锚的确定通常需要经历十多年的工作经验，但是其形成不断发生着变化，尤其在个人初入职场时，才干和经验往往已经达到了人生过程中的一个阶级性高峰，而动机和价值观的明确成为职业锚初步明确这一时期的主要影响因素。周煜在职场历练中对自己有了更明确的认识，对职业兴趣有了更全面的把握，职业锚初步明确。

工作十余年，周煜在共青团湖州市委、湖州市人大常委会、市委组织部、南太湖新区凤凰街道等多个部门的多个岗位工作过，从一名科员，到担任副处长、处长等多个中层岗位，并担任过湖州市"四套班子"主要领导的秘书，之后又被提拔到湖州市残疾人联合会担任领导干部。一路走来，周煜觉得，每个人都有自己的性格特点，都有自己的长板和短板。他认为，在时间和精力有限的条件下，相比平均地补齐短板，更应该努力拉长自己的"长板"，也就是自己的核心能力，找到符合自己性格特点、发挥自己能力优势的工作方式方法，形成自己鲜明的能力标签。就他自己而言，"能思会写"就是他在职场不断努力精进的核心技能，从一开始的不会写，到逐渐适应总结、发言、讲话等各种文体，到成为一个单位的"文笔担当"并在国家级媒体发表理论文章，就是在职场赢得尊重的立身之本，随之提升的不仅仅是能力，还有与之俱涨的责任心、事业心和荣誉感、满足感。

在周煜看来，求学也好，工作也好，都不会如我们想象的完美，但也不会比我们想象的糟糕。我们在学习和工作中所做的事、所处的人，所经历的高光瞬间或是至暗时刻，都是一段段成长的经历，都是宝贵的人生财富。他认为，作为浙大毕业生，要努力放大自己的人生格局，既要有适应环境的能力，也要有改变环境、推动进步的勇气与担当。方向坚定，脚踏实地，这便是周煜的"自适"之境。

在大学期间印象最深刻的一件事

大学时期是人生中最美好的时期，十多年后，依然印象深刻，历历在目。从大一刚到紫金港的新奇陌生，到初见大学老师的期待兴奋，到自习室里奋笔疾书的热血豪情，到同学间把酒言欢时的轻松自在，到大四跟室友背着帐篷毕业旅行时的感慨万千，都是值得百般回味的事情。工作后，脑子需要装的东西越来越多，但大学的时光会始终占据着它的位置。同时，大学里学到和经历的东西，虽然不一定在毕业后的工作生活中直接展示出来，但一定会不知不觉地植入身心，潜移默化地伴随一生。

对学弟学妹的寄语

成长成熟是一个过程，现在让你钦佩和仰望的学长学姐，可能等你走到同一人生阶段，就会发现其实大家都差不多，都会在同一个楼层看风景。所以不要急、不要怕、不要慌，但也不能等，要在大学的时光里，踏踏实实读书、行路，养成体现专业特点、符合自身性格的思维习惯，培养具备浙大风格和人文风骨的内在气质。

采访记者："职业生涯人物访谈"记者团

徐颖、朱萝雅

教 育 系 统

希望广大教师不忘立德树人初心，牢记为党育人、为国育才使命，积极探索新时代教育教学方法，不断提升教书育人本领，为培养德智体美劳全面发展的社会主义建设者和接班人作出新的更大贡献。

——2020 年 9 月 9 日，习近平总书记在教师节到来之际，
向全国广大教师和教育工作者致以节日祝贺和诚挚慰问

引　航　人　生

以时惜时，宁静致远

姓名：叶　晔

专业：中文系古典文献学专业 2003 届

籍贯：浙江省绍兴市

去向：浙江大学中国语言文学系教授

叶晔，1981 年生，浙江绍兴人。2003 年毕业于浙江大学人文学院中国语言文学系，三年后取得文学硕士学位。2009 年顺利完成复旦大学文学博士学业，回到浙江大学担任中文系助理研究员，2013 年成为副教授，四年后晋升教授。2018 年 3 月入选国家"万人计划"青年拔尖人才，具有出色的科研能力与创新精神。现任浙江大学中国语言文学系教授，博士生导师，主要从事明清文学与文献研究、中国文学近世转型研究。代表论著丰富，在研国家社会科学基金重点项目"通代视域下的明词研究及其思维范式"。

大概人如其名确实有几分道理，叶的盎然沉静，晔的光华明亮，在叶晔的身上都能看到。他更像是一块气质温润的玉，已经很难看到当初磨砺的痕迹，安静站着的时候一身通透，内敛的风度光彩隐隐流动，引人亲近。与他打招呼，他会回赠一个毫无架子的笑容；与他对话，他也安静倾听，不随意打断或漫不经心。

坚持最好的选择

在浙江大学相继取得文学学士和硕士学位之后，叶晔选择去复旦大学攻读中国古代文学专业的博士学位，后又回到浙江大学做博士后，并留在浙大，成为一名大学教师。叶晔说，从事高校教育工作是当时摆在他面前最好的选择。

这一职业选择与叶晔对自身性格的考量、对教师身份的认知以及当时浙大对教师的聘用机制息息相关。叶晔一直觉得自己是一个内向的人，虽然不排斥与人打交道，却不喜欢天天与社会上复杂世故的人打交道，更喜欢学校里简单纯粹的人际关系。学校中的教师主要与学生打交道，而教师与学生互动本质上是一个相互学习的过程，学生固然能从教师身上学到很多东西，但"三人行必有我师"，教师也会在与学生的交流中有所收获，并且经常与学生们在一起，教师也能够保持比较年轻的生活心态。另外，当时浙大聘用一名教师的要求是需要求职者有博士后的经历与一定的学术研究成果，而叶晔恰好符合这些要求。在这三方面重要因素的共同作用下，叶晔最终从一名浙大的学生转变成为一名浙大的教师。

超越自己的极限

叶晔目前的研究方向，主要是明代文学，尤其是明代政治制度与文学的关系研究，这与他的博士论文选题有关；其次是词学研究，这是在硕士生阶段跟随本校周明初教授学有所成的领域；另外，对宋代文学的关注，是他近年来在学术兴趣上的一次转移——他抱有将宋元明文学作为近世之整体来考察的愿望。尽管近来他的研究领域越来越广泛，进出于政治制度、社会秩序、文学地理等多个领域，与文学领域的距离时远时近，但叶晔一直明确坚持着文学本位的原则，始终认为这应是解决文学问题的基本态度，不希望因为跨学科的尝试，而丢失了文学最核心的东西。秉持着这样的原则，他度过了寻常人或许并不了解的焦虑期。

对于所有大学老师来说，要想从刚入职的讲师晋升为副教授，都是一道艰难的坎。叶晔当时也有过焦虑，所幸在磋磨中跨出了坚实的脚步，又在四年后晋升为教授，并凭借出色的学术成果，入选国家"万人计划"青年拔尖人才。或许众人艳羡其年纪轻轻已有如此成绩，配得上"青年才俊"四个字。但在叶晔看来，想要在成长的道路上不断向前迈进，能做的，唯有努力提高自己而已。他时常鼓励学生，只要努力超越自己的极限，就算是成功了；但他对自己的要求，却是超越多数人的极限而得到真正的成长。这是一个需要坚定信念和不断追求的漫长过程。所以他习惯晚睡，习惯从早到晚不断地学习，就算其他事情忙完了，他也会趁着这一闲暇时间去更新自己的知识结构。他说他有危机感和紧迫感，不想被更年轻的"长江后浪"推倒在沙滩上。

国家高层次人才特殊支持计划，简称"国家特支计划"，亦称国家"万人计划"，是面向国内高层次人才的支持计划。2012 年 8 月 17 日，经党中央、国务院领导批准，由中组部、人社部等 11 个部门和单位联合印发。目标是用 10 年时间，遴选 1 万名左右自然科学、工程技术和哲学社会科学领域的杰出人才、领军人才和青年拔尖人才，给予特殊支持。

真正的学术研究，是一种努力突破人类知识边界的行为。而对于叶晔所专注的人文研究，特别是古典文史哲研究来说，文献的阅读量和阅读的精细度，在很大程度上决定了学问的厚重程度；而现代学术视野下的中西融通与否，则在很大程度上决定了学问是否宏阔。叶晔说他自入职以来一直很忙，特别是在跨入而立之年之后，来自教学、家庭以及身体机能三方面的压力，都让他对海量的文献阅读有些力不从心了。因此，他认为打下学术基础的最佳时期，是在拥有充分时间与精力的 30 岁之前。说到这里，他有些感慨，"现在的一些学生比较重视理论方法的学习，喜欢创新和跨学科的东西，这在短期内，或许能产出比较显著的成绩，但缺乏厚重的学术底蕴和宏阔的学术视野，因此，要想实现长远发展并不容易"。他对现在年轻人的期望非常简单——勤读书，读好书，做好学术积累，方能实现长久。

友声分享，以勤补拙

对叶晔来说，无论是教学还是科研，他都有自己独特的想法。在教学方面，他倾向于开放式而不是导向式的教学方式，尝试带给学生多种思维方式的可能性，让学生们自由地选择适合自己的那一种。他坦言，不想让自己的价值标准太过强势地介入教学过程中，尽量避免学生因受到他的价值判断的影响，而失去了解其他认知方式的可能性。在科研方面，他却是另一副面孔，要求写出来的每一篇文章，都有自己的形状和个性，而不是学术生产的一分子。不过他也承认，随着文章越写越多，这个目标其实是有难度的，因为思维上的惰性在所难免。但即使如此，他还是会努力去做。

谈到执教生涯中最难忘的一件事，他特别怀念 2012 年在哈佛大学短暂的访学经历。尽管没有明确的学术合作，但就个人而言，却是他第一次亲身深入地接触到海外学术领域。在这段时间中，他对学问的理解有了较大的变化。这种变化直观地体现在他从美国回来后，与同校的林晓光老师一起创办的"友声读书会"。

在读书会上，他们带领古代文学专业的研究生们，细读各个领域的学术经典。从2013 年到 2017 年，坚持了整整五年的时间。叶晔说，他不敢随意判断学生们是否从读书会中有所收获，但他作为读书会的组织者，通过开展话题策划、经典选目及相关的深度阅读等活动，得到了很好的成长。回头去看，他很珍惜当时那份为了激发研究生的活力而自己努力学习的干劲，甚至感慨现在的自己已经没有当初那么蓬勃的热情了。因为读书会的存在，他能在刚开始工作的那些年中，保持与学生时代一样甚至更快的成长速度，也能与林晓光老师及读书会的成员们结下深厚的友谊。

叶晔一直很感恩生命中给予他帮助的那些人与事，但其实他更应该感谢自己的勤奋。他说给他留下最深刻的印象的一类学生是勤奋的学生，聪慧固然重要，但天才毕竟只有少数，对于大多数人而言，勤奋比聪慧更重要。他一直认为，如果年轻人没有勤奋的品格，仅仅挥霍自己聪慧的天资的话，那距离成为一名真正优秀的学者还有很远的路。在工作中，他也感慨，浙大学生有时太聪明，想法太多，面对诱惑不能坚定意志，经常会出现松懈的情况。因此，他希望学生们能在天赋之上，将勤奋的品格发挥得更好，两者皆长方当大任。

叶晔说，人文研究在他看来，是去探索认识世界的无限可能性。他不愿意为年轻人提各种条条框框的建议，因为年轻人未必觉得年长者的经验是有用的。但他希望年轻人能够时刻谨记：无论是学习、工作还是生活，不要天然去抗拒什么。不抗拒，才有继续向上发展的可能性，在过程中经历的或好或坏的事情，才会让人明白道理。只有时间，才能让年轻人成长为一个珍惜时间的人。这大概是他这些年来亲身领悟的深刻道理，他也愿意将其分享给所有人。

采访小记

大学前两年有幸上过叶晔老师开设的汉语言文学专业课，当得知要对他进行采访时，那一瞬间我内心的兴奋与激动远多过紧张。叶晔老师外表俊秀、气质内敛，课上出口成章、幽默风趣，课下师生交往平易随和，因此，同学们都私底下称他"男神"。然而，"男神"也有自己的焦虑，这一次的采访，让我接触到一个更真实的他。

原来，他也是普通人，在坎坷的时光里也曾因为一些烦恼而彻夜难眠，也需要通过不断地刻苦学习才能拥有让人称羡的成就。在别人看不见的时间里，他也没有放松自己，并深刻地知道在竞争中取胜是不够的，还要努力超越自己的极限，才能得到真正的成长。除此之外，叶晔老师始终心怀感恩，尤其感恩那些为他指引方向并带着他不断向前迈进的人们。

很荣幸能有这次机会采访到叶晔老师，感慨万千也获益良多。漫漫人生之旅，我要走的路还有很长，在未来，我需要把勤奋与坚持变成习惯，让感恩和自信常驻心中，希望也能看到属于我自己的那片更广阔的天地。

🍃 在大学期间印象最深刻的一件事

特别怀念2012年在哈佛大学短暂的访学经历。尽管没有明确的学术合作，但就个人而言，却是我第一次亲身深入地接触到海外学术领域。在这段时间，我对学问的理解有了较大的变化。

🍃 对学弟学妹的寄语

人文研究是去探索认识世界的无限可能性。我不愿意为年轻人提各种条条框框的建议，因为年轻人未必觉得年长者的经验是有用的。但希望年轻人能够时刻谨记：无论是学习、工作还是生活，不要天然去抗拒什么。不抗拒，才有继续向上发展的可能性，在过程中经历的或好或坏的事情，才会让人明白道理。只有时间，才能让年轻人成长为一个珍惜时间的人。

采访记者："职业生涯人物访谈"记者团

雷欣悦、周颖

秉持一颗热忱之心，投身于学生工作

姓名: 周英飒

专业: 中文系中国现当代文学专业 2008 届

籍贯: 四川省宜宾市

去向: 浙江工业大学环境学院党委副书记、纪委书记

　　周英飒，中共党员，浙江大学人文学院中文系中国现当代文学专业 2008 届硕士毕业研究生，在校期间担任人文学院研究生会主席和研究生助管等职，曾获浙江大学南都奖学金、研究生一等奖学金、三好研究生、社会实践先进个人，省级、校级优秀毕业生等荣誉。现任浙江工业大学环境学院党委副书记、纪委书记，主要从事大学生思想政治教育相关工作。

　　在校期间，周英飒是品学兼优的学生代表，是一名优秀的学生干部，时时关注着学生思想政治教育工作。在工作岗位上，她仍旧秉持着一颗热忱之心，投身于这个她所热爱的行业，一直把它当作一辈子的事业，并努力为之发光发热。

校园篇: 潜心学习，担任学生干部

　　在攻读研究生期间，周英飒潜心学习，品学兼优。课余时间，她也积极参加社团和组织的活动，曾担任人文学院研究生会主席和研究生助管等职，经常接触学生工作，这也和她后来的岗位相适应。

　　周英飒在担任浙江大学人文学院研究生会主席期间，曾策划举办"聆听浙大人文的声音"文史哲系列讲座，担任人文学院首届研究生科研论文报告会总策划并主持，担任 2007 级新生始业教育之人生故事会杰出校友访谈总策划并主持。尽管过程很辛苦，但结果总是收获满满：参与策划这些活动很好地锻炼了她的工

作能力，也正是担任学生干部的经验使她能快速胜任现在的工作。

从业多年，她仍然认为浙江大学是个很宽广的平台，提供了丰富的资源，能让人不断提升自己。而且她坦言自己一直保持着学习的状态，这都是浙江大学的独特而持久的魅力所在。她在这里成长，收获良多。

工作篇：适应环境，不断提升自己

在研二的时候，周英飒就已经在浙江工业大学实习，并担任兼职辅导员。她坦言，当初从事这份工作时，一是因为兴趣使然，二是由于多年从事学生工作的经历，这使她本身的能力和这份工作相匹配，也就是"**人岗相适**"。这能够让他们更好地施展才华，让自己在岗位上更加地耀眼，也能够让工作得到更好地开展，服务于大众。这种能力更多的是一种综合能力，其中很重要的一点是良好的表达能力，如文字和口头表达的能力，而现当代文学专业出身的她对文字的敏感性很高，也有出色的文字运用能力，而且之前担任学生干部的工作经验更是助她一臂之力。正是这些能力让她脱颖而出，并在这个工作岗位上越来越出色。除此之外，本科和研究生期间的辅导员对她的影响也很大，正是他们的无私帮助使她坚定了自己的选择。

> "人岗相适"的方式，让岗位和人才更匹配，才能够让他们更好地施展才华。另外，这能够让人们在自己的岗位上更加地用心，在自己感兴趣的事情上不断钻研，使自己的能力运用在工作中，也更能够让事业的进步实现事半功倍的作用。
>
> 所以说，"人岗相适"就是人尽其才，让他们更好地施展自己的才华，在工作的过程中实现自我作用的不断提升。这样的一种人才效应，才能够凝聚出更强大的动力。

另外，她认为在职场中每个人都需要拥有学习能力和适应能力。第一是学习能力，就是一直保持学习的状态。学习的心态不因为毕业了就停止或者转变。在任何岗位上都应不停地学习，从书籍和社会中寻求人生的道理，"就像习总书记说的有字之书和无字之书"，而不是满足现状，停滞不前。不断学习的理念也就是常所说的"学习充电"。尤其在这个日新月异的时代，"学而不思则罔，思而不学则殆"，每个人都需保持学习的能力，并且不断思考。然而书本的知识只是基础，必须加以自己的理解，将学习得到的知识运用到社会生活中。就像陆游曾言："纸上得来终觉浅，绝知此事要躬行。"学以致用才是最终的目的。而且社会是更大的一本书，更需要不断地去翻阅。

第二是适应能力，能够适应不同的岗位。在这个能力的培养上，她建议大学生平时应该有意识地多去锻炼自己，积极参加学生会、社团、社会实践，充分运用学校提供的一系列平台，培养和人打交道的能力。在日常生活中，当面临周围环境的新变化时，自己要能够适应新的规则和要求，努力与之接轨。哪怕觉得自己和目标还有较大差距时，也要对自己和环境进行客观的评价，明确自己的不足，努力提升自己的能力，并及时调整方向。同时，不要丧失信心，要看到自己的潜力，对自己始终充满自信。如此，适应能力才会不断提升。

谈到这份工作带给自己的变化时，她笑称："经过十几年工作的历练，我觉得我的心灵、思想都变成熟了，而且自己的格局也变大了。"这些都是让她感到欣喜的地方。

谈及人文学院的学子的优势时，她觉得人文学子天然就充满了人文情怀，这个是做辅导员的得天独厚的条件。因为辅导员既是良师又是益友，拥有人文情怀就会有更多的同理心，便于他们走近学生。同理心，也就是我们所说的"换位思考"，是站在对方立场设身处地为他人思考的一种方式。她认为，有同理心的人，往往能够深入体会他人的感受，从而更能理解他人的所作所为，并能在处理问题时为他人着想，更妥善地解决问题。另外，她补充道："也正是因为怀有更多的同理心，人文学子能更好地胜任高校老师、公务员、事业单位的工作人员这些职业。"

在这个工作岗位上，周英飒一直保持着一颗热忱的心，服务学生，不负自己。一路追光，砥砺前行。

🌿 **在大学期间印象最深刻的一件事**

担任人文学院首届研究生科研论文报告会总策划并任主持。

🌿 **对学弟学妹的寄语**

享受在浙大、在人文的每一天，多读书、读好书。

采访记者："职业生涯人物访谈"记者团

项涵祺

静鉴己心，求真求实

姓名： 翁彪

专业： 中文系中国古典文献学专业本科 2008 届，
　　　　古籍研究所硕士 2011 届

籍贯： 陕西省西安市

去向： 陕西师范大学任教

翁彪，陕西省西安市人，中共党员，浙江大学人文学院古典文献学专业 2008 届本科毕业生，本校古籍研究所读研，在北京大学攻读博士学位，后进入陕西师范大学任教。在校期间曾获得第一届大学生普通话演讲比赛全国二等奖。2015 年获得全球华语大学生短诗大赛特等奖和年度诗人荣誉称号。

翁彪很喜欢康德的一句话，"启蒙就是有勇气运用自己的理性"。他坚信知识分子可以并且应该按照自己认为对的生活方式去生活，"努力成为一个真正的知识分子"的愿望一直深埋于翁彪的心底，并在一点一滴的努力中转变为现实。

"规划永远不嫌早"

"我其实是个反面教材"，翁彪调侃自己。对于刚毕业那段经历，他用"迷茫"二字概括。当时的他站在选择的岔路口上，摆在自己面前的是工作、出国和国内读研这三条路。他先是一头扎进了考研的队伍里，但遗憾落败。后来他去应聘过事业单位，还写过剧本，但这些尝试均以失败告终。事后翁彪沉痛反思，"主观上仍把自己当孩子看待"是真正症结所在，"当时总觉得反正有别的选项在等着自己，不认真准备，却声称那是不在乎成败"。

回想起那段压抑且迷惘的"黑色日子"，翁彪告诫道："从做人的角度来讲，当然不必计较输赢；但从做事的角度来讲，输赢必须计较。二者不矛盾，都应该，但也都不容易。"

幸而翁彪并未沉湎于暂时的失利而失却信心，冷静过后，他拨开重重迷雾，终于听到了自己心底的声音，它萦绕不散、缓缓盘旋，微弱但足够清晰——是的，自己想要再战，读研深造才是心之所向。在汲取一战失利的教训之后，翁彪制定了明确的目标，不服输的他重燃起熊熊斗志。功夫不负有心人，他顺利考上了浙江大学古籍研究所的研究生，选择在古典文献学专业潜心深造。

受到研究生导师张涌泉教授学术与人格魅力的感召，又被古籍研究所浓厚的学术氛围深深感染，翁彪的人生规划逐渐清晰起来，他明白了学术研究才是自己的心之所向。自此，他在治学之路上奋力前行，硕士毕业之后又到北京大学攻读博士学位，毕业后如愿进入高校任教。

翁彪认为："我的人生规划还是有些晚了，规划其实永远不嫌早。"

> 尽早撰写生涯规划书可以帮助我们明确未来方向。生涯规划书是在某一时刻进行自我探索并对未来人生相当长一段时期的行动计划的固化成果。通过理性地思考和分析，明晰人生价值，确定个人生命主题和发展目标，从而指导个人合理地规划中长期与近期的学习与生活，优化个人在面临人生和职业选择中的决策。

"努力成为一个真正的知识分子"

即使毕业多年，翁彪对本科期间受到的教诲与启迪仍铭记于心，他印象最深刻的是大一期间冯钢老师的"社会学"课程。翁彪坦言，这是自己第一次近距离领略社会科学相对于人文学科"可怕的解释力"，由此激发了自己对西方现代社会理论的浓厚兴趣。古典文献与西方理论——东方与西方的碰撞、传统与现代的交锋，看似遥远而不交集，但最终殊途同归，深刻影响着一代又一代知识分子的品格气质，翁彪亦不例外。

古典文献学专业一直以来都是浙江大学人文学院的特色专业，当时本科设有古典文献学专业的大学在全国仅有四所。"正是浙大开设了如此独具特色的专业，我才有如今的职业选择。"

翁彪在职业选择上没有过多的犹豫，一路上走来也算是水到渠成。谈及为何选择当一名大学教师，他给出了深思熟虑之后的理由：自己在职业选择时对报酬并没有太多的期待，最看重的是个人价值的实现与否。"学术研究让自己明智，教学授课让他人明智"，如此一份"利人利己"的美差，何乐不为？不过，这番设想多多少少带了些"理想主义"的色彩，"此前以为大学教师的工作比较清闲安静，其实事务纷纭，有时简直'嘈杂'"。

当翁彪真正进入教师岗位之后，许多考验接踵而至。比如自己急需修炼口头表达能力，在不断的尝试中，他摸索出了一套解决方法——"慢慢地，我发现若课前已写成详细完整的讲稿，就比只拿着提纲讲课效果好得多。所以能做的非常简单，就是尽可能充分准备，写出完整讲稿。与此同时我也意识到，口头表达有问题，根本原因是思维不清晰，这似乎源于某种惰性，而保持写作习惯一定有助于克服问题"。时至今日，他仍践行着"做一个真正的知识分子"的理想，对职业选择并无丝毫后悔。

"认识你自己"

虽然一路走来，翁彪的人生轨迹似乎都与本科时的专业选择密不可分。但谈及职业规划与本科专业之间的关系时，翁彪表示两者并无直接关系，也没必要为自己设限。"我本科同班十几位同学，目前还从事专业相关工作的，恐怕只有我一个了，其他人有在房地产、广告业工作的，还有有机农业巨头，大家的事业都不相同，但都有声有色。"本科阶段的专业和未来就业可能没有直接联系，换专业、转行，这是非常正常的事情。所以，不必拿本科专业来限定就业方向。

在大学里，翁彪获得的不仅仅是本专业的知识与专业素养，还有更加深广的思考与真挚的友谊。浙大开设了大量社会科学方面的公共课程，在浙大中文系的前两年，他接触到 20 世纪以来的各种社会理论和思潮，也建立起对社会问题予以结构化思考的兴趣。2005 年冬，翁彪策划并导演了女性主义话剧 *Vagina Monologues* 的排演。此剧曾在全球各地剧场演出，成为一项促进性别平等的先进社会运动。基于本土经验和切身经历，翁彪等人对原剧本进行了较大幅度的修改，在舞台呈现上也做出了很多新鲜的尝试。2006、2007 两年，*Vagina Monologues* 还曾两次演出，在浙江大学校内外都获得了一定关注，也引起了严肃有益的讨论。

翁彪就此事回想时提到："当时的舞台处理或有稍显稚嫩的地方，但这件事对于我以及每一个参与的朋友，都具有无可替代的意义。"这部话剧的排演几乎构成了一个起点，不仅让这群年轻人建立起了深厚的友谊，更有了参与公共生活、推动社会进步的持续意愿和勇气。他们如今虽然从事的职业并不相同，却依旧敢于去指出纠正性别这一方面的问题，努力用自己的力量一点点地改变这个社会的性别环境。

除此之外，翁彪在大学期间还参加了"梵音剧社"，参与了《像鸡毛一样飞》《恋爱的犀牛》《三姐妹》等戏的排练演出。2004 年的那个秋天，大家坐几小时的公交去下沙参加比赛的事情还历历在目。"梵音剧社不但给了我一票朋友，而且给了我一段极其难忘的生活经历。"后来，翁彪在北京读博时重拍了《三姐妹》，还在蓬蒿剧场做了商业演出。他说，现在回想起来，自己能在学业之余付出那么大精力做这件事，不仅仅是因为对这个剧本有情结，更是对在剧社排练的这段记忆难以割舍。

如今翁彪做事、做人的方式，都深深被梵音剧社的经历影响着。有时候他觉得，大多数时候大学生不可能确凿地知道未来就业需要哪方面的技能和经验，所以不可能非常"经济地"把本科阶段的所有时间用来为那些事情做准备。"或许更应该做的，是全身心投入能让你真正燃烧起来的生活里，直面一个一个问题，你的人格和能力一定会得到全面的成长。"

如何找到那些能让自己真正燃烧起来的事，这是最难之处。知人者智，自知者明，本科四年的终极命题其实就是"认识你自己"。具体来说，就是要知道自己善于什么、不善于什么、喜欢什么、受不了什么。"把这些问题弄清楚些，知道自己要什么样的生活，自然也就明白该怎么选择职业。"

十年磨一剑，翁彪走出了一条精彩的人生路，也始终坚持着自己的理想与信念。

🌿 在大学期间印象最深刻的一件事

我印象最深刻的是大一期间冯钢老师的"社会学"课程，这是自己第一次近距离领略社会科学相对于人文学科"可怕的解释力"，由此激发了自己对西方现代社会理论的浓厚兴趣。

对学弟学妹的寄语

"人必须选择一种生活，并且有勇气坚持下去。"这不是什么深奥复杂的道理，却是我关于生活最宝贵的经验了，愿意和学弟学妹分享。

采访记者："职业生涯人物访谈"记者团

严智芳、于嘉悦

不期而遇的教师路

姓名: 丁伟兰

专业: 中文系汉语言文学专业 2012 届

籍贯: 浙江省绍兴市

去向: 中学教师

丁伟兰，现从事教师职业。在校期间负责《博雅中文》主编工作，参与校学生会学术文化部、红楼海棠社和动漫社等社团活动和学生工作。曾获校三等奖学金。

从教七年多，丁伟兰心中偶尔还会回忆起执笔窥世间万事的记者梦，但她对自己现在作为一名老师的职业也足够满意，足够自豪。人生本就如此，正因为不能够预知准确的未来，人才需要一直努力，一直向前看。

"读大学那会儿，我从没想过自己会当老师。"

大学期间，丁伟兰兴趣爱好非常广泛，参加了学校的很多社团活动与学生工作。时至今日，她依然如数家珍，"当时加入了学校学生会学术文化部、红楼海棠社和动漫社，都是凭着兴趣选择的。我是中文系的学生，大三、大四的时候，就和几位同学一起，**主要做中文系系刊《博雅中文》的主编工作**，那段日子回忆起来还是蛮开心的"。大学是孵化梦想的自由海洋。学业与课余活动丰富多彩，主要受众群体为在校师生的杂志编辑工作也相对单纯。在这段时间里，"能力得到了锻炼，也见识到了更多人生的可能性"。

《博雅中文》是浙江大学中文系系刊，以"传播中文文化，打造院系品牌"为办刊宗旨，以人文学院中文系师生及人文、社科平台等学生为主要目标读者，立足中文学科前沿，展示师生原创作品，具体栏目分为西溪往事、师说心语、专题特辑、信笔由缰、指点江山、我情我感、其文共赏、攻书不蠹、绘声绘影。

中文系的姑娘，笔杆上总有几分春秋。上大四之后，丁伟兰去了《钱江晚报》实习，立志成为一名记者，以文字记录现实，以思考探寻真理。报社的实习告一段落后，迎来了本科毕业的招聘季。然而，原本一直在为当记者做准备的丁伟兰，却意外地成为一名中学老师。谈及选择老师这个职业的初衷，丁伟兰半开玩笑地说："我一开始是抱着打酱油的心态去的。"

丁伟兰的两位舍友一直打算当老师，在找到了合适的学校任职后，看到丁伟兰还在找工作，热心的舍友们向她推荐了现在任教的学校。"当时这个学校正好在杭州招人，我心想，那就试试看呗。"中文系的专业与她选择的语文老师职业对口，成为丁伟兰跨入教师行业的敲门砖。再加上面试现场不错的表现，结果出来后异常顺利。无心插柳柳成荫，"就这么莫名其妙进来了"。

"当老师的第一年，我特别迷茫。"

丁伟兰工作的第一年并不顺利。

她刚刚入职的时候，原本是带一个班的，但是当时一位女老师恰好因为怀孕休了产假，于是她就接手了两个班的学生。这两个班是年级里所谓的"尖子班"，课程安排任务繁重，每天从早到晚，除了给学生上课，她一直坐在桌前批改作业和备课。当然，尖子班学生的家长们，对孩子和老师的期望值也总是特别高，与不同年龄段、不同性格的家长们沟通交流，对她来说也是极大的挑战。

虽说是中文系毕业，当语文老师听起来也对口，但实际上她总觉得自己与杭州师范大学、浙江师范大学等学校科班出身的师范学生有着专业能力上的差异。刚刚毕业的她，对于班里的孩子们来说就像是个大姐姐，站在台上讲起课来非常紧张，不适应当着这么多人的面说话，"我经常讲着讲着，自己都觉得听起来索然无味"。

她说，那是她最迷茫、痛苦和孤独的一段时光。每每忙碌到晚上九、十点，她才能结束全天的工作，自己一个人在操场上，一圈一圈绕着走。工作压力大的时候，她心里每天都在"留下"和"回杭州重新当记者"的念头里反复挣扎。

所幸，丁伟兰遇到了几位经验丰富的前辈，在他们的帮助和指导下，她慢慢适应了辛苦的工作，也在与大家的相处中融入了这个圈子，在自我怀疑和举棋不定中咬牙熬完了第一个学期。新学期开始之后，丁伟兰开始慢慢改变自己的讲课方式，不断锻炼自己的交流能力。琐碎的日常，一点点慢慢累积起来的小小成就感，令丁伟兰发现了工作的有趣之处，并且逐渐沉浸其中。这一坚持，就是七年光景。

与大多数触底反弹的职业经历不同，丁伟兰一开始就处于记者与老师两个行业巨大落差带来的低谷里，往后的日子里她都是靠着自己的坚持逐渐向上爬升。她的沟通能力和学习能力，在刚入职的第一学期迅速提升。谈及那段职业的低谷期，丁伟兰坦诚地说："其实，那时的迷茫现在依然像雾一样，多多少少还在。"但她很快调整自我，从这段迷茫中成功走出来，一步一步实现自身成长，不断奋勇前行。

丁伟兰同样建议学弟学妹们，如果从事教师行业，一定要有持续学习的能力，领悟观察，补充学习很多师范专业的学生特有的技能、素养。她笑着说，做教师最重要的是对学生的爱，在教学过程中奉献真心，也能收获学生的喜爱，在这条路上走得更好，也更远。同时，她还鼓励大家在大学期间多实习，多尝试不同行业，找到自己兴趣所在，定好目标，在不断的尝试中，寻找那个可能不期而遇的、合适自己的机会。

"如果职业幸福感满分10分，我打8分吧。"

提起自己的学生，丁伟兰脸上满是幸福的笑意。她记得有一次，带着孩子们去奉化春游，她在长途汽车上晕车厉害。下了车后，导游让孩子们手拉手，叮嘱道："男生保护女生。"几个女孩子立马接话说："女生保护丁老师！"在孩子们心里，可爱的丁老师应该由她们来保护。

还有一次，她散步看到了枯萎后一整朵一整朵掉落在地上的茶花，偶然和孩子们说了一句，她觉得茶花很美，哪怕落在地上也很美。于是从此，她的讲台和办公桌上，总会出现班里孩子们从校园各处捡来的，红色的柔软花瓣上带着斑驳枯痕的茶花。一小捧一小捧，敛起了属于孩子们的惦念和温柔。

她每天早上六点半起床，来到稚嫩的晨读声四起的学校，开始一天密集的工作。只要开始上班，基本上就闲不下来了，除了上课备课和批改作业之外，还有各种各样的琐事需要处理。在学校里，她就是孩子们的大家长，负责关怀每一个孩子的生活起居。每天忙到四点半、五点钟放学，偶尔加班，寒暑假能够短暂休息，偶尔参加一两个培训，她倒也算适应。

丁伟兰对自己现在的职业很满意，在被问到如果职业幸福感满分10分，给自己打几分时，她轻快地说："8分吧！"她喜欢当老师，喜欢这种忙碌的日常生活，比起坐在写字楼办公室里日日面对着电脑，每天看到孩子们总能收获单纯的快乐。

从与教师这份工作不期而遇，到从这一职业中收获幸福感，丁伟兰走过了漫长的路。这一路伴随着她的，是家长的支持与理解，是孩子们的惦念与温柔，也是从青涩到成熟的成长。"丁记者"的梦想已经远去，而"丁老师"的故事还在继续。

🍃 在大学期间印象最深刻的一件事

我印象最深的，还是在《钱江晚报》当记者的那段实习经历。尽管工作辛苦，常常加班，但是记者这份工作，能够让我看见世间的人生百态，繁华的杭州城，让我见证了世界的多元与新奇，带给我的是强烈的充实感和兴奋感。

🍃 对学弟学妹的寄语

大家既要抬头看看天上的月亮，对生活葆有热忱和乐观，做有理想、有个性的青年人；也应该低头看看地上的六便士，大学期间，人可能还是不够"接地气"，在心怀理想的同时，也应该对未来有清晰的认识、一定的规划。

采访记者："职业生涯人物访谈"记者团

王美懿、李艺

不设限的自我，到底有多少种可能

姓名: 马君雅

专业: 中文系汉语言文学专业本科 2010 届，
中国现当代文学专业硕士 2012 届

籍贯: 浙江省绍兴市

去向: 浙江大学党委研究生工作部

马君雅，浙江大学人文学院中文系汉语言文学专业 2010 届本科生、中国现当代文学与文化研究所 2012 届硕士研究生，在校期间曾担任求是潮网站、《求是青年报》等媒体记者、编辑，担任学院研究生会副主席、兼职辅导员等。现就职于浙江大学党委研究生工作部，先后担任思想教育办公室主任、综合办公室主任等职。

从事党政管理工作八年，马君雅对所在岗位的业务已经驾轻就熟了，而学生时代的她从未想过接触思政工作。她半开玩笑地说，选择这份工作是一个"无心插柳"的举动。当初 20 岁出头的马君雅虽一时"无心插柳"，却一直"有心耕耘"，她一步步迈出舒适圈，用实践一笔笔勾勒出不设限的自我，探索职业发展中更多精彩的可能。

尝试破局限: 从"走出去"到"看更远"

在本科和研究生学习期间，马君雅深刻体悟到浙江大学海纳百川、兼容并包的精神气质，这也对她价值观和就业观的塑造产生了深远影响。"这所大学给予我不少自由发挥的机会，我可以在底线之上尝试任何我好奇的领域，甚至可以选择与现有专业完全不同的发展方向。"开放宽松的大环境，为她的职业生涯规划提供了更为充分的探索空间。

如何探索职业发展的可能，马君雅认为首先要"走出去"，不仅是特指走出学校、走出国门，更是要走出专业本身的局限，融会贯通。人文学院的学生应当具有大格局、宽视野，发挥自己无限的想象，发掘自己无穷的潜能。"人文学科聚焦的就是人本身，与人的发展息息相关。我觉得人文学子应该是最有理想情怀的人，并且我们大多具有敏锐的洞察力，所以许多领域都会需要我们。"针对现在部分学生变"宅"的现状，马君雅鼓励大家尝试各具特色的平台，接触风格迥异的朋友，不断加深对人、社会、世界的理解。

不设限的自我，不会止步于眼前，马君雅说的"走出去"，是为了"看更远"。与学生打交道多年，她一直强调，大学生应当将眼光放长远，少一些功利心，多一些实干心。希望大家不要眼高手低。"你现在做的琐事、攒的本领，或许看不到它当下的益处，但往往会在不经意间给你带来回报。在学生时代，要尽可能拓宽自己的心胸和眼界，不要对小事锱铢必较，但要对机遇分秒必争。"

技能跨界限：从"我不会"到"我能学"

说起如何当初寻找实习工作的经历，马君雅眼里闪烁起青春热血的光芒。"初生牛犊不怕虎"，**凭借人文专业学习锻炼出的资料搜集能力，马君雅在各大网站上获取了众多实习信息**。对自我能力的了解以及对自我发展"不设限"的态度，使得她比较客观地筛选出了和自己相称的岗位，房地产、银行、媒体等行业都曾在马君雅的考虑范围之内。当时的她敢于毛遂自荐，本着天不怕地不怕的心态，直接把简历用邮件投递给了相关项目的负责人。

> 学校提供的实习就业信息平台有浙江大学就业网、CC98论坛求职板块以及各学院官网的就业板块，微信公众号有"浙大就业""浙大基协"等。校外平台有实习僧、大街网、海投网、智联招聘、拉勾网、传导体、内推网等，部分事业单位和企业还专门开设了专属招聘小程序和公众号。我们平时要多留意实习就业信息，像马君雅一样，自我不设限，求职尽可能！

马君雅在本科阶段曾体验过不同类型的实习，无论是浙江日报、浙江电视台还是淘宝电商的运营，她都不断摸索并乐在其中。她总结道，所有的体验都不只是为了那记在简历上的一笔，关键是要在每一段经历中有所投入，有所收获，有所总结，比如明白如何写好一篇稿子、剪好一条片子。

实习工作的过程也是技能提升的过程，马君雅在刚接手不熟悉的新任务时，一定不会说"我不会"。"拒绝接受新事物是职业发展的一个大忌，它体现了工作者的畏难心理。没有人永远在做做过的事情，人生就是一个不断学习的过程。"马君雅解释说。马君雅对自己的工作和学习要求十分严格，在一天结束前，她会把第二天要做的事罗列出一个清单，之后将完成的事情打钩，这一习惯她已经坚持了十多年。

热情无时限：从"使劲干"到"用心办"

党委研究生工作部思想教育办公室的主要工作内容是学生党建、思想教育与学生组织、社团指导等。如今马君雅在工作中时常与学生打交道，为了更加贴近学生，她的一言一行都尽力做到让学生们感到如沐春风。对马君雅而言，高校党政管理的工作带给她的获得感与价值感是无可替代的。在与学生们的密切互动、深入交流中，马君雅深受学生的感染，始终保持事业热情，也为尚处于人生迷茫期的学生们提供了许多帮助。"我把我过去的失败经历告诉我的学生，是为了让他们少走一些弯路，并且让他们提早对自己的人生有所规划。我想这是这份工作让我十分满足的地方。"

组建和培训心理委员队伍、参与打造行走的理论研习课堂、营造导学和谐文化、服务保障 G20 杭州峰会……马君雅在如今的岗位上继续探索自我升级的一切可能性，她不仅在使劲干职业，更在用心办事业。"要想把职业变成事业，首先要在心里认同这份工作的价值导向，这份工作的意义与你保持的初衷是一致的；其次，在投入工作的过程中，这份工作能够源源不断地反哺给你动力。这种动力或许不是工作本身所具有的，却是你在工作的过程中可以主动获得的。"

马君雅凭借着工作反哺给她的动力，迸发着自身天然的活力，一步步迈出舒适圈，用实践一笔笔勾勒出不设限的自我，探索着职业发展中更多精彩的可能。

> **在大学期间印象最深刻的一件事**
>
> 我在本科阶段曾体验过不同类型的实习，无论是浙江日报、浙江电视台还是淘宝电商的运营，我都不断摸索并乐在其中。

对学弟学妹的寄语

学生应当将眼光放长远，少一些功利心，多一些实干心。

采访记者："职业生涯人物访谈"记者团

张诗格、谭玉清

行之愈笃，知之益明

姓名: 朱意炜

专业: 中文系古典文献学专业本科 2014 届，
汉语言文字学专业硕士 2016 届

籍贯: 浙江省余姚市

去向: 毕业后赴澳大利亚深造（教育方向）

朱意炜，中共党员，在校期间曾任人文学院团委学生会副主席、院系党支部副书记，获社会工作优秀奖学金、浙江大学优秀共青团员及浙江大学暑期社会实践先进个人等荣誉称号。2016 年硕士毕业于浙江大学人文学院汉语言文字学专业，2017 年 1 月赴西澳大学孔子学院担任汉语志愿者，为期两年。

去澳大利亚之前，朱意炜面临着诸多选择，或是读博深造，在汉语史研究的学术道路上继续前行；或是求职就业，在职场上开启人生的下一阶段。站在纷繁复杂的分叉口，朱意炜选择了遵从自己内心最本真的想法，去孔子学院担任汉语教师，从事汉语教学和中华文化推广工作。两年间，朱意炜跟随**西澳大学孔子学院**辗转于西澳州两所小学，于行走中找到了自己未来的答案。

> 西澳大学孔子学院（The Confucius Institute at The University of Western Australia）成立于 2005 年 5 月 20 日，是中国教育部国家对外汉语教学领导小组和西澳大学的合作项目，是中国在澳大利亚的首家孔子学院。浙江大学作为该项目的合作伙伴，在西澳大学孔子学院建设中的作用也日益凸显，如提供奖学金吸收西澳大学学生来校学习，派教师去孔子学院任教，筹备中澳文化比较研讨会，组织我校学生交流团赴西澳大学学习并参与孔子学院的工作等。其中，作为西澳大学孔子学院汉语志愿者，其主要工作内容为在西澳孔子学院或在西澳洲的下属孔子课堂、汉语教学点以志愿者身份担任汉语教师，从事汉语教学和文化推广工作。

走上教学之路

赴澳大利亚后的第一年，朱意炜在卡尔古丽的一所小学教中文，第二年在珀斯澳博思小学（Oberthur Primary School）担任助教，走在这条与从前风景相异的全新教学之路上，朱意炜不断学习、不断调整，试图找到自己步伐。

在浙江大学求学期间，朱意炜曾担任人文学院团委学生会宣传部部长、副主席以及党支部副书记等职务，丰富的学生工作经历和扎实的专业知识学习塑造了她较强的合作沟通能力、高效的组织执行能力和专业的汉语知识。因此，在异国工作时，她能和同事友好相处，进行团队工作；面对琐碎的备课、写稿、改稿等多项并行的任务，她能够有条不紊地处理；中文专业的学习赋予了朱意炜对中文语法、读音的准确把握，让她在合作时能够与汉语国际教育专业、英语专业以及其他中文专业的同事积极互补，在教学中施展所长。

在朱意炜看来，这两年最困难的事情就是适应澳大利亚那种完全不同于自己经历的教学模式。由于英语发音与字母文字的特性，澳大利亚的教学尤其是语言教学不要求学生大量记忆背诵，知道发音拼出单词便可。虽然中文的学习方式与字母文字不同，但澳大利亚的中文教学要适应当地整体的教学方式。低年级学生无法长时间接受单方面知识的灌输，也不习惯大量背诵的学习方式，澳大利亚本地老师也不喜用 PPT 和讲义教学，课堂上充满了讨论、游戏，老师讲授的比重小而学生讨论的时间长，布置作业也较为灵活。她习惯回溯曾经的经历，试图套用相同的方法教授知识，却在此时碰了壁。想要顺利地将教学工作推进下去，转变与融入势在必行。

行于交流之路

朱意炜说，在工作中最重要的便是与前辈、同事交流，切忌闷头苦干而忽略社交，教学中的许多注意点都是在与当地教师和学生交流中了解到的。澳大利亚作为文化多元的国家，对中国文化也持包容态度，作为刚进入跨文化环境的职场新人，当地学校、教师也很欢迎孔子学院志愿者前来，他们会积极帮助志愿者们适应当地的教育环境。她发现自己不必害羞、不必害怕，只管打开心扉，放手去干。

在教学初始阶段，朱意炜常常把自己的学习方法直接分享给澳大利亚的学生，后来才逐渐意识到不同环境的资源习惯是有巨大差别的。在与老师、学生、家长三方的沟通中，她慢慢体会到澳大利亚老师的教授方式是与这里的教学条件、学生的学习观念相因相生的。澳大利亚相对少的人口数量和丰富的资源与机会使得孩子的个性得到更多的尊重，升学压力较小，有着良好的个性化学习条件。她发觉，老师虽然会帮助在某一科目较差的学生，却不强求他们达到和其他学生相同的水平；学生自己也并不介意在某一方面落后于他人，只要有所进步即可；家长更希望自己的孩子在学习中获得快乐，找到自己擅长的方向，不断取得进步。

借着沟通交流之便，朱意炜保持着多看、多学、多问的习惯，一步步融入群体、矫正偏差，适应当地的教学法。在这样的沉浸与投入中，她发现自己的内心早已没有了当初的那一份不安，工作模式也在无形之中从"尽力而为"切换到了"享受一切"。

明晰未来之路

到澳大利亚授课的经历，让朱意炜收获了很多，锻炼了口语，增长了见识，也明确了接下来的目标——申请去澳大利亚深造，攻读教育方面的研究生。

在澳大利亚的义务教育中，如果学生在十二年级能够找到或明确自己理想的职业并为之努力奋斗，是值得夸耀的。这在国内是较为少见的，升学、就业带来的竞争压力，需要学生在每一科目都取得优秀，而这或许就带来了中国学生的茫然。在激烈的竞争之中，学习是生活的主要部分，所有科目都优秀，以期挤过"独木桥"，进入那扇大学校门。而大学之后，一些人选择考研究生，也许只是不知将向何处前行的缓兵之计，实则对自己内心的真实期望缺少探索。朱意炜坦言自己逐渐喜欢上了澳大利亚的教学方式，社会对个人特点兴趣的尊重和孩子成长的多元化使得他们能更早明确自己的旅途方向。迷失于高速互联的碎片化生活之中的千禧一代，最缺乏的也许就是在广阔复杂又千变万化的现代生活里，找到属于自己的一隅。这也是她对同学们的一点真诚提醒。

从教学之路到未来之路，在躬身实践中，朱意炜因行之愈笃而对未来方向知之益明。

开辟未知之路

与初出校园相比，朱意炜觉得自己最大的改变就是接受并且开始欣赏生活的不确定性。因为做过一年多大学辅导员，对这一点，她体会很深。她发现如果事事都按照计划来，其实是赶不上变化的，所以，没关系，慢慢来。

毕业于一所"好的大学"，找一份"体面的工作"，这是刻在骨子里的执着，也因此带来了职业现状与职业期待的差距。所以，毕业以来，朱意炜一直有意识地在纠正自己对于不同职业的刻板印象。在澳大利亚两年的工作经历给了她很大的影响，张弛有度的工作节奏、"专业的人做专业的事"的职场理念，永远地改变了她对工作的看法。回国之后，面对与澳大利亚迥异的国内职场，朱意炜表示："自己的专长在哪里，自己的兴趣在哪里，能让自己安身立命又能收获小小成就感的工作在哪里，我就在哪里。"

因此，在2020年，朱意炜提了三次离职，最后从浙江大学海宁国际校区辞职。看似离经叛道的决定其实渗透着她对"职业规划"的考量。"唯一不变的就是变化本身"，大多数人的"职业规划"其实是一次次事到临头的抉择组成的职业发展轨迹，虽然生活的不确定性打败了绝大多数的未雨绸缪，但是我们所能做的，就是对自己的每一个选择负责。

前路未知，笃行不止！

🍃 在大学期间印象最深刻的一件事

印象最深刻的事情其实是选专业那会儿，本来要选对外汉语的，听了一位学长的建议，选了古典文献，结果研究生毕业第一份工作还是去国外当了对外汉语老师。没有觉得专业本身怎么样，或者我第一份工作怎么样，只是这件事情发现我这个人大概有点执拗，念念不忘，非要有点回响。这也是我不想要有什么明确的事业规划的原因，因为还有别的事情当时没能坚持做下去，在未来的某一天，当条件都具备了，可能又会重新尝试。

🍃 对学弟学妹的寄语

学长学姐的话，别太当回事了，多问问自己到底想怎么样。

采访记者："职业生涯人物访谈"记者团

上官嘉琪、李艺

育人乐己，于平淡中寻小幸运

姓名: 周婧景
专业: 历史系历史学专业本科 2004 届,
历史系历史学专业硕士 2006 届
籍贯: 浙江省湖州市
去向: 复旦大学文物与博物馆学系

　　周婧景, 浙江大学人文学院历史系 2006 届硕士毕业生, 中共党员。成绩优异, 免试保研。2006-2008 年在杭州外国语中学担任历史老师。2010 年进入复旦大学攻读历史学博士, 2013 年在上海工程技术大学社会科学学院担任讲师, 同时回到浙江大学文物与博物馆学系担任博士后, 并于 2015 年赴美国乔治·华盛顿大学担任访问学者。2015 年进入复旦大学文物与博物馆学系任教。

　　温柔的嗓音, 腼腆的笑容, 作为教师的周婧景对人说话时总是憨憨地笑着, 用真诚打动着学生, 用亲切感染着学生, 她像一朵随风舞动的茉莉花, 总让人沐浴在它的清香中。

　　"我比较喜欢像学校这种简单的环境, 也比较喜欢从事像文化交流这方面的工作。"通过对自身特点和兴趣的分析, 再加上一直以来对教师这个职业的好感, 周婧景的工作始终与学校密不可分。对周婧景而言, 心无旁骛、踏实从容地做自己喜欢的工作, 生活便处处点缀着小小的幸运。

遵从本心，稳在宁静致远

　　用"追逐梦想"来描述周婧景的求职过程并不确切, 她不是在步履匆忙、心浮气躁地"追逐"前途, 而是扎扎实实一步一个脚印地循着初心"探寻"理想。

"说实话，我在大学阶段也没有刻意去学什么，就是认真地学习课业，然后学一些我感兴趣的东西，或者将来对理想职业有帮助的东西。"

2006年，周婧景进入杭州外国语中学，成为一名历史老师。"我当初毕业求职没有考虑过别的职业，也不太喜欢其他职业涉及的领域和工作环境。在学校做老师，工作环境比较简单，而且跟我学的专业联系也比较密切。"**学校简单的工作环境和人际关系契合了周婧景的性格特点和专业兴趣**，让周婧景在这片单纯的小小天地里以书为伴，与生为友。周婧景与学生平等相处，她柔柔的声音饱含着无限的亲和力。在课内，周婧景和学生之间以师生身份相互尊重；而在课外，他们又以切磋者和知心人的身份相互学习、交流生活。

> 工作不仅为我们提供物质生活资料，也能为我们提供精神食粮。以积极的态度应对工作、热爱工作，工作才会给我们精神上的回应和反哺。简单的工作环境、青春烂漫的学生、以文化人的理念，教师工作与周婧景的性格特点是契合的，她热爱工作，也关心学生。高中教师是需要高强度、高付出的职业，也是能给予高回报的工作，而这种高回报率更多地是来自一届届学生的成长成材，心中有足够的爱与诚才足以在这一岗位上坚守住。

对当前大学生就业压力大的现状，周婧景表示非常理解，但她也提醒大家少一些急功近利的想法，千万不要"为了考证而考证"。"每个人对未来的规划都是不一样的，要有针对性地学习。"周婧景建议说，"其实可以在工作以后，如果对哪方面的知识有特殊需要，再有针对性地去学习和考证也是可行的。当时我应聘高中教师的时候，学校并没有特别注重教师证、普通话等级等证书。如果选择教师这一行，并且招聘条件相对宽松，有些证书等进学校做了老师再考也行。"

淡泊明志，乐在契合自身

因为举家迁往上海，周婧景于2008年离开了杭州外国语学校，在上海交通大学凯原法学院法治研究中心担任秘书。在这里，她遇到了许多海外归来的优秀学者，再次点燃了她心中深藏已久的继续深造的渴望。

"主要还是因为适合吧。"周婧景说，她很早就发现自己喜欢做研究，也擅长思考与写作。2010年，她考入复旦大学文物与博物馆系攻读博士。在接下来的三年间，她不仅初次体验到了成为一名母亲的喜悦，还顺利完成了博士生阶段的学习，撰写出了长达118万字的博士学位论文。回忆起那段经历时，周婧景说："过程当中我基本没有什么痛苦，也没有觉得特别辛苦，就是挺享受于其中的吧。这可能跟我喜欢思考和写作有关系吧。"

2015 年，周婧景开始在复旦大学任教。工作后的职业体验与她当初的职业期待并没有太大差距，科研与教学于她而言都是一种快乐。"你可以在这个领域沉下心做很多你认为有意义的探索，也能在这些研究当中找到自己的存在价值。"看到自己曾经付诸努力的领域越来越获得社会的关注，她感到了由衷的欣慰。与此同时，作为一名高校教师，"培养学生，往实务界、学术界输送一些学生的力量"也让她体验到了一种如亚里士多德所言的"幸福感"。

不过，她再次强调了寻找合适职业对每个人而言的重要性。她也曾遇见过一些读博过程非常艰辛的学生，尽管已经延长了博士学习时间，毕业却仍然存在困难。"这种情况下，不是因为这个人本身不够优秀，而是说明这个方向可能不太适合他。"她建议，遇到这种困境的同学，不妨寻找一个更适合自己的职业。

甘之如饴，成在用心耕耘

如今，作为高校教师，周婧景的工作主要有三个方面的内容：一是教学工作，包括课程的开设及对研究生的指导；二是研究工作，包括论著的撰写；三是公共服务，如受邀举办讲座、参加评审等等。

从一名研究者的角度来说，她并不希望有太高的关注度。"做研究可能还是相对安静的环境比较好。太热闹、关注度太高有时候也会让人分很多神。"每一项研究成果的背后都蕴含着巨大的努力。博士阶段，她的研究领域侧重在博物馆儿童展示教育研究这一方面。尽管博物馆具备许多儿童教育中所需的因素，当时大部分的传统博物馆却对儿童受众缺乏重视，这方面的研究十分薄弱。与此同时，国内也很难找到相应的研究案例和材料。周婧景通过翻阅大量资料、远赴国外考察、参加各种国际会议，最终才获得了研究所需的资料。那洋洋洒洒百万余言的博士学位论文，正是来自她每一寸的耕耘。如今，她又着手相对薄弱的博物馆观众研究，一步一个脚印地为学科建设而努力。

高校中的科研成果考核机制并没有给周婧景带来多少压力。她将科研成果比作"副产品"。"一般你在某个领域感兴趣，去做了之后，相应的肯定会有一些研究的发现。"对于自己当前的研究，周婧景更多的是期待。

周婧景对自己现在所从事的工作还是很满意的。当初选择干这一行，图的就是简简单单的"喜欢"和"合适"。一个"喜欢"抵得过千言万语，扛得了千难万险。"喜欢这些学生，热爱自己的事业"，这是周婧景工作道路上一切行动的缘由，也是她职场生活中一切幸运的归宿。

🌿 在大学期间印象最深刻的一件事

回忆起我在浙江大学的生活，给我留下深刻印象的是一些看似不经意的温暖小事。考试周时，整个寝室的同学一起在教学楼通宵复习，那是在奋战考试的日子里最温暖的陪伴；室友过生日时，邀请大家一起出去吃一顿热腾腾的砂锅，那是在生活条件一般的年代里最高级的享受。这些点点滴滴的温情瞬间，汇成了我对大学生活的所有美好回忆。

🌿 对学弟学妹的寄语

如今的我，想对学弟学妹们说，不被改变，就是对社会的最大改变。在大家进入社会之后就会发现，很多时候我们不得不违背自己的本心。看似最容易的"不被改变"，其实是最难坚持的。

采访记者："职业生涯人物访谈"记者团

郭昱涵

不为稻粱谋，只为养心智

姓名：范丁梁
专业：历史系历史学专业 2006 届
籍贯：浙江省慈溪市
去向：华东师范大学历史学系

范丁梁，浙江省慈溪市人。浙江大学人文学院历史系历史学专业 2006 届本科毕业，继续在本校攻读世界史专业硕士学位。随后，她公派留学，在德国特里尔大学获历史学博士学位。2012 年，她回到浙江大学做博士后，出站之后进入华东师范大学思勉人文高等研究院。2019 年，进入华东师范大学历史学系担任讲师。

心有所系，从懵懂到热爱

2015 年 8 月，范丁梁从浙江大学人文学院世界史所博士后出站；2019 年，她成为华东师范大学的讲师，从此她有了一个新身份——范老师。

综观其学习生涯，可谓与浙江大学渊源颇深，与历史学息息相通。从慈溪中学毕业后，范丁梁怀揣着对历史懵懂的喜爱填报了历史学专业。但在十几年前，人们对于人文科学的认知远没有达到今天的程度。当时浙大历史系的状态比较低迷，刚入大学，范丁梁便深有感受："从录取分数线就能看出来。历史学系有很多调剂过来的同学，他们对历史专业的认同感和今后从事历史相关工作的热情都十分淡薄。"2002 年 10 月新生入学后第一次选课，范丁梁和室友前往机房排队等候，在她前面的两位机械专业的男生随口询问她们的专业，在听到答案后非常惊讶："历史还有专业吗？浙大竟然还有历史系！"也许他们是玩笑之语，但这件事却深深地留在了范丁梁的记忆里。在她之后的学习和工作中，也一直在思考：学历史有什么用、历史学从业者要干什么……

不久之后，许多同学便萌发了转专业的念头，一个班三分之一的学生都选择离开。范丁梁眼见这一切的发生，心中却更坚定了自己要从事历史学研究的初心。

"我就是很想知道，如果历史学这个专业那么不重要，它为什么还要存在，人们究竟在研究什么，研究的东西又有什么价值？"范丁梁如今的研究方向是德国史，但她对德国史的选择并不是从一开始就确立的。按照学校排课的顺序，同学们先学古代史，再学近现代史，范丁梁对这些课程都有兴趣，但真正让她坚定选择的是大三时由吕一民老师教授的"外国史学史"："重要的不单单是历史学家写了什么，更是他怎样把这些内容写出来，以及其创作又是怎样影响人类社会的发展和历史知识的传播的。"范丁梁由此决定，要将外国史学史作为今后研究和工作的对象。德国是最早将史学职业化的国家，出于对德国史学建制和史学发展的好奇，她最终选择了德国史。

亦师亦友，从浙大到华师

从博士后出站到正式参加工作，范丁梁一路走得非常顺当。"挺顺利地通过了一些面试，最终来到了华师大。"范丁梁觉得，深厚的专业背景成了工作的敲门砖，也让她在参加工作之后鲜少遇到不如意。"因为这是我熟悉的领域，我从进入大学以来就一直接触它。虽说我的身份从学生变成了老师和研究者，但学科本身的特质以及方方面面的表现是不变的。"很幸运，她的工作现状与她此前对工作的期待基本没有差距。

回忆曾经在学校学习的众多课程，范丁梁表示，一门叫作"史学概论"的专业课对她的影响很大。"它涉及了很多对历史学这门学科的介绍，比如历史学有什么用，历史学到底研究什么，它的研究方法是什么？"除此以外，还有"物理与人类文明"和"社会学概论"等通识课，它们帮助范丁梁形成了跨专业的综合思维，对于推进此后工作的进展大有裨益。

范丁梁也坦言自己不是个特别外向和爱社交的人。结合自身的兴趣与性格特点，她最终选择进入高校做研究员。人文社科相关专业的博士毕业后对口工作的选择面比较小，基本上是高校、社科院、专业杂志和出版社等。"之所以选择高校，是因为我本人比较喜欢纯学术的研究工作；之所以没有选择社科院这样的科研机构，是因为我认为在高校里能有更多的和学生接触的机会。"

2012年1月，范丁梁从华东师范大学的纯科研岗转到了历史学系的教学科研岗。2019年，她进入华东师范大学历史学系**担任讲师**，这对她来说是一个工作上的挑战，但随之带来的满足感也是不可忽视的。"跟充满理想和求知欲的学生交流可以使我拥有更多的事业热情。尤其是在研究的倦怠期，或是没有灵感的时候，从学生那儿我能重拾冲劲。"

> 高校职称等级分为助理（初级）、讲师（中级）、副教授（副高）、教授（正高），承担科研任务也可以评定研究员系列职称，比如，实习研究生（初级）、助理研究员（中级）、副研究员（副高）、研究员（正高）。高校对于评定职称一般有一定要求，如任职年限、论文成果、教学成果等。范丁梁在华东师范大学历史学系所拥有的职称即为讲师。

坚持自我，从生疏到成熟

范丁梁参加工作已经将近十年了，多多少少也总结了一些经验。被问及作为一个教师最需要的是哪些品质或能力时，她着重提到以下两点。

一是要有独立的判断力，尤其在这样一个飞快变化、信息爆炸的时代。谈及如何培养独立的判断力，范丁梁认为首先是要阅读，各种各样的经典著作和各方观点都要学会吸收。此外还要会批判，"听到任何一种观点，你不能自然而然就接受，你要想它是谁说的、在什么情况下说的、为什么要这么说。我们在很多时候会形成刻板印象，比如认为媒体说的即是真的，或是从前看到的即是真的"，范丁梁认为，其实我们看待任何事情都可以打一个问号，都需要打一个问号。

另一点是要学会有原则地妥协。刚进入工作时大家普遍会设想得很美好，但到后面可能会受到各种各样因素的影响。她认为，在理想主义和现实主义之间，应该主动寻找可以调和的部分："在高校里晋升是有年限要求的，讲师的聘期只有6年，逾期就不再续约。晋升往往是以成果量为考量，但对人文社科来说，一个人可能只适合做一到两个比较深刻的成果，这时这两者间就会产生冲突。我们要找到一条妥协的道路。"

同时她也认为不同的职场需要不同的品质和能力，一个人处在同一职场的不同岗位也需要不同的品质和能力，比如执行能力、领导能力等，这些能力在一个人职业发展的某一时间段也可能起到重要作用。

为了减少职场中的迷茫和不确定，范丁梁希望同学们在大学里就能形成比较清晰的自我认知。职场中的试错成本是很高的，如果能在学生时代就知道自己适合哪种工作、各方面的能力强弱分布，那么就能有意识地完善自我，更好地发挥强项。

经历科研与职业的磨炼，范丁梁显然变得更加平和了。她坦言自己在刚入校或刚入职时，总会特别热烈地渴求别人的理解。工作了几年，她明白有些热情只属于自己，尊重别人的生活与价值观也非常重要。范丁梁笑道："用很文艺的话来说，就是觉得自己的内心变强大了，不再特别地渴望去表现自己，我有一套自己的评判标准，我只需要遵从内心即可。"

🌿 在大学期间印象最深刻的一件事

2002年10月新生入学后第一次选课，我和室友前往机房排队等候，排在前面的两位机械专业的男生随口询问我们的专业，在听到答案后非常惊讶："历史还有专业吗？浙大竟然还有历史系！"也许他们是玩笑之语，但这件事却深深地留在了我的记忆里。在之后的学习和工作中，我也一直在思考：学历史有什么用、历史学从业者要干什么……

🌿 对学弟学妹的寄语

追求真理，也接纳这个世界有不同的真理。实现自我，但不仅仅以自我的实现为中心。

采访记者："职业生涯人物访谈"记者团

张诗格、于嘉悦

上下求索，专学而精

姓名: 管世琳
专业: 历史系历史学专业 2010 届
籍贯: 浙江省淳安县
去向: 中国人民解放军军事科学院军队政治工作研究院

管世琳，浙江淳安人，中共党员。浙江大学人文学院历史系历史学专业2010届本科毕业生，在校期间曾担任浙江大学人文学院第十届学生委员会副主席，后于首都师范大学攻读硕士、博士，博士毕业后进入中国社会科学院欧洲研究所做博士后研究。博士后出站进入军事科学院军队政治工作研究院工作。

从本科到博士后，管世琳在专业领域一路深造，择业的选择范围虽然随着愈发专精的学术研究逐渐收缩，但就业目标也愈发清晰，个人理想和研究志趣推动着他一苇以航。

学以致用需磨砺

上下求索，专学而精，是管世琳求学路上的主旋律。在学术上取得成果的同时，他也感叹道：学习的层次越来越高，研究的领域就越来越聚焦，职业选择的范围反而越来越小。从他自己和身边同学的就业情况来看，博士毕业后一般从事高校教学、学术研究，或者与科研相关的编辑、出版工作，就业的路径与本科毕业找工作有所不同，即**"研究型"**与"应用型"之间的区别。他认为，"读博士，一般就意味着你对自己的未来职业有一个明确的规划，有一种较强的从事教学或研究的意愿，否则没有必要"。他坦言："其实不断往上读，出来之后的限制更大，选择的空间往往是有限的。就业去向要么就是高校，要么就是研究院、研究所，还有一些去报社、出版社之类的单位。"

"研究型"的说法借用自"研究型大学"的概念。我国研究型大学建设具有极大战略意义，即广为人知的"985""211"工程。国务院《统筹推进世界一流大学和一流学科建设总体方案》将建设一流师资队伍、增强人才的可持续发展能力、培养拔尖创新人才、提升科学研究水平作为建设任务的一部分。浙江大学是一所综合型、研究型、创新型大学。

在进入工作单位之后，管世琳也感到学与用之间还有很大的提升空间，专精的知识积累面对涉及面广泛的科研需求有些力不从心。硕士、博士虽然也有课程，但主要的还是要写论文，选一个题目然后看书、找资料、写作，一门心思扑在上面，越做越深入、越做越微观。但是工作之后，现实的科研任务需要不同学科、不同国家的知识，也需要一些对于历史脉络和发展趋势的宏观把握。"你围绕一个问题写了十几万字的博士论文，工作的科研可以围绕它进一步拓展，但这也只是短期的，更不是工作的全部，很多任务和你的研究方向是不对口的。"从自己掌控节奏的独舞中猝然抽离，刚进入工作状态的他有些许不适应。不过，由于做博士后时所在的中国社会科学院也是研究机构，管世琳表示，他的职业现状与原先的期待并没有太大落差。

谈及所学专业和工作的关系时，管世琳提到本科的通识教育使他受益良多。他认为，一方面本科更多的是打基础，古代史、近代史、世界史等通识课程就是要让大家对整个历史的趋势有所把握，即使具体知识随着时间推移逐渐淡忘了，但历史发展的大致脉络已经扎根在脑海里。历史逻辑的基本功对他目前所从事的工作很有帮助，宽厚的知识积累也有助于拓展工作领域和知识面。另一方面，本科所学的搜集辨析史料、分析历史事件和历史人物、论文写作等方法都是相通的，这些在撰写硕士、博士论文以及工作中的研究报告时都能运用到。

博雅的同时也要专精，在广泛涉猎知识的同时，也要根据学习目标聚焦某一方面做精深的研究。管世琳提到："在工作中接到的一些课题或者研究任务，会要求你各方面的知识都要懂一点，接到任务之后也要有能力深入进去。这就考验你的研究方法和水平了。"

学生工作获自信

管世琳坦言，自己在工作之后，社交能力得到了极大的锻炼。"我这个人其

159

实不是特别善于交往，尤其在口语表达方面。比如在大学时，每次需要上台发言，我就提前精心准备一个发言稿。拿着稿子的时候，你其实是不自信的。有一次现场要求不能对着稿子念，我就慌了。一面心思还在稿子上面，一面又想要脱稿，十分狼狈。"他感叹道，"这种情况下，需要的就是临场应变能力。"应变能力在工作中不可或缺，"在工作中，很多场合下你是不可能事先打草稿的。你要有概括、应变的能力，要能迅速捕捉到问题的核心点、找到对方的关切点，从而言简意赅有针对性地回答"。他特别感谢博士生导师对他的锻炼，老师以前经常让他用三句话表达对某个问题的看法。这种锻炼对求职大有裨益，"求职面试时，面试官也会用相似的方式提问，因为他们没有时间听你啰嗦半天。而且，老进不了正题、说不到点子上也是能力欠缺的一种表现"。

管世琳认为，大学的社团和学生会工作经历对于社交和组织能力是一种宝贵的锻炼。在人文学院学生会，他参与组织了很多学生活动。一方面社交、组织能力得到提高，另一方面这些经历也能引起面试官的兴趣。在学生会活动过程中撰写公文、策划案等，对职业生涯也是一种极好的准备。同时，在学生会工作环境中，随着交际圈扩大、经验积累，交流沟通的技能与自信心也会得到提高。

大学平台紧把握

对于自己能够到军队政治工作研究院工作，管世琳未曾料到。当时参加了多个单位的面试，其中研究院对自己的研究领域更感兴趣，加上自身对军人的仰慕，他便欣然选择了目前的工作。他表示，自己在职业选择时最看重两个方面，其一是专业特长，即工作能否发挥自己的专业本领、显示出自己的专业价值和对于国家社会的价值；其二是工作前景，即自己在工作中是否能看到明确的发展方向和上升路径。

对于目前部分城市学历"通货膨胀"的现象，他表示这合乎情理，也无可奈何。"比如说北京，本科生确实压力很大，很多人都想要个编制和户口，很多单位就业门槛最低都是博士。"对于用人单位来说，学历其实是一种比较便捷的筛选方式，因为其他能力需要长期的观察。而且，随着高等教育普及程度的提高，高学历求职者包括海归年年都在增加，但工作岗位数量尤其是编制的数量有限，就业门槛不得不提高。这种现象在北上广等大城市包括一些沿海发达地区比较突出。

由此，他建议学弟学妹们在大学期间抓住机会，珍惜学校资源。"我们浙大是一所很好的学校，有很广阔的平台、数不清的机会，我觉得大家还是要抓住这些机会。初进大学没有高考那种明显的目标和压力，容易放松，这种惰性需要克服。有些机会比如联合培养、短期的出国交流和社会实践等，一旦错过了以后回想起来可能会后悔。我当时念本科的时候这方面的意识不是很强烈，目标也不明确，没有抓住出国的机会，后来读博的时候才又有了机会，去了一趟英国，收获果然很大。"

未来的可能性无限，而在这无限的可能性中选择深造，可能是出于"皓首穷经"、上下求索的人生志向，也可能是出于高学历求职门槛现实逼迫的无奈。但是无论如何，能够抓住机会，走出舒适圈提升自己，并且最后反哺社会，就是值得敬佩的人。

🍃 在大学期间印象最深刻的一件事

很难说有哪一件最深刻，但是现在想起来印象比较深刻的都是一些集体活动。比如班级活动、社会实践，我们历史系经常组织考察活动；还有就是学生会的活动，虽然经常很紧张压力很大，但每完成一个活动，我们就会一起去吃个饭、喝点小酒，放松放松。这些都是高兴的事情，每次同学聚会都会聊起，自己一个人的事情慢慢地就淡忘了。

🍃 对学弟学妹的寄语

浙大机会众多，要把握好这些机会。

采访记者："职业生涯人物访谈"记者团

沈锴丽

左手把酒，右手品茗

姓名： 黄　骏
专业： 历史系历史学专业 2011 届
籍贯： 浙江省海盐县
去向： 浙江大学社会科学院

　　黄骏，浙江大学人文学院历史系历史学专业 2011 届本科生，本科毕业时考入中国人民大学攻读硕士学位，毕业后考入浙江大学，就职于社会科学研究院，从事科研管理工作。在校期间曾担任人文学院学生会办公室主任、学院团委助理等职务。

　　黄骏的朋友圈里有很多照片，落日、草原、雪山、墙上的闹钟、天花板上挂下来的灯、一桌收集的瓶盖、胖乎乎的牛角面包、烤箱里膨胀的开口酥、一碗经典日式豚骨拉面……历史系本硕毕业，入社科院从事行政工作五年，黄骏依旧保留着运动与阅读的习惯，从阅读中反省自己的日常生活。在他缓缓讲述现在与曾经的生活时，这些东西都好似他照片中秋天里的一壶酒，或是一盏茶，温馨而美好。

生活是茶，品味一点一滴

　　和许多毕业生一样，黄骏也经历过就业的迷茫时期。毕业在即，自己却没有明确的职业规划和目标，**投简历**、应聘、面试，碰上机会便试一试。但是，当得知自己参加浙江大学社会科学院的招聘考试并成功入选后，他毅然放弃了做《嘉兴日报》的记者和另一家企业的 offer，留在了这所已然度过六年时光的学校里。

　　简历是向用人单位介绍你、展示你的重要渠道。总体说来，简历撰写需要遵循真实性、相关性、简洁性三个基本原则，即所有内容必须真实可信，切勿夸大；所写内容需要与所投岗位需求相关，不相关的经历可以少写或者不写；言简意赅，每个字词都表达特定的含义，没有重复和无效的字词。此外还有注意用点句和关键行为词说话，体现你的能力要素，善用数字，量化地体现你的工作成效。在此基础上根据不同单位和岗位地能力要求不同，每次投简历时再调整出"因岗制宜"的不同版本简历。

　　"我喜欢留在学校，喜欢从事和文科学术、科研管理相关的工作，这让我觉得很快乐——何况，这是我的母校。"他说，学校里的人际关系更加纯粹，同事之间相处愉快、互帮互助，同校内其他部门、兄弟院校的社科院之间也有紧密的联系。虽然工资不高，但是配套福利如住房、保险等各式齐全；由于社科院为师生服务，假期也与师生们相对同步，时间较为充裕。平时，社科院会组织内部学习，跟进当下各学科研究领域的最新进展；学校里各式各样的讲座，也提供了很好的学习机会。

　　刚进社科院时，黄骏负责的是文科研究机构的管理，佛教资源研究中心等校内研究机构都由他经手成立。社科院需要审核老师的申请报告，组织专家评审是否确实有研究力量开展实质的工作。他现在从事的是科研项目的管理，包括老师课题的申请、经费资助、学术规划、文科规章制度等。

　　向老师反馈修改意见、协助完善申报书、提供评审服务等各类行政事务常常使人毫无头绪。而本科时期在人文学院学生会办公室的工作磨炼，使他在面对繁杂工作时更为耐心、细致，对公文写作与后勤等杂事与公文写作也有了一定的经验。

　　尽管历史学的专业知识与行政工作并不相关，但在六年的学习期间里，他不仅对文字更加熟悉，也形成了严谨的思维方式，看待问题也更加谨慎、全面、细致，不轻信盲从；同时多年积累的学术知识，让他与老师交流时更为轻松。

生活是酒，饱含酸甜苦辣

　　与当年的自己相比，黄骏说，自己变得更沉稳了，碰到苦难不再急躁，而是冷静下来寻找解决的办法。

　　在校庆期间，社科院邀请诺贝尔文学奖获得者莫言和勒克莱齐奥来校做东方论坛讲座，需要工作人员协调安保、场地、校外合作与赞助企业、现场直播等各个方面的工作。平时的论坛讲座通常只需提前一到两周即可准备完成，而那一次，两位诺贝尔奖大咖到来，又涉及领导出席，除去一般需要准备的场地、宣传，还需安排嘉宾在杭州的行程。工作人员必须协调各方，保证活动圆满成功。

最终，他们花费两三个月的时间才正式将此次东方论坛讲座准备完毕。而这只不过是社科院日常之外的插曲，他们还将遇到更多类似的工作，作为老师、嘉宾与学校之间的媒介，处理繁多琐碎的业务。平时，管理科研项目的他需要看大量的报告，尤其是在国家社科基金项目申报期间，来自全校十个文科专业的老师们递交的材料都需他们一份份审核，一一指出材料内容错误、排版格式问题，而后请校内外的专家考量老师的学术水平、项目设计的合理性，请专家提出改进意见。有一年寒假，他只给自己放了五天假。

黄骏始终认为遇到困难，只要认真、耐心面对，问题一定会解决。"陈寅恪先生说，自由之思想，独立之精神。"他说，我们需要静下心来，反思自己看待问题的方式，时刻保持冷静。同时，文科学生也应当时刻怀有一颗怀疑的心，创新思考的角度，寻找新的思路。

有酒有茶有故事

进入社科院工作五年多，黄骏也见证了浙江大学近几年的文科发展——学校对文科越发重视，文科改革的力度较以前来说更大，项目申报十分细致。同时设立一流骨干基础学科、高峰学科等，引进了诸如文科资深教授、文科领军人才、文科百人计划研究员等众多文科人才，充实研究队伍。日渐完善的学校科研配套设施，鼓励老师自由探索的宽松的研究环境和充足的经费，也助力着研究项目的设立和论文发表。近年来学校文科的项目，尤其是高层次的项目经费、论文数量等均在全国排名前列，研究经费数目也排名前三。

在平时和兄弟院校的社科院交流中，他深刻感受到浙大文科国内、国际地位的提高。浙大文科120多年来弦歌不绝、薪火传燃，历经同源并流，文脉从未中断，哲学社会科学始终与民族复兴同频共振，始终与理工农医齐头并进，书写了精彩篇章，是学校永不褪色的文化名片。他说，整体来说，学校文科领域在不断进步，浙大文科的前景十分光明。

未来的更多日子里，他还将继续见证着文科与文科学子的成长与进步。左手把酒，右手品茗，以优雅的姿态与人文的情怀，与学生们共同成长。

在大学期间印象最深刻的一件事

在选择专业时，历史系老师在专业推介会上介绍历史学，称其为"无用之用"，认为历史学专业看似没有很强的实用性，对于就业而言并不是特别好的选择，但历史学专业的学习有助于养成求真的精神、严谨的态度、批判的思维，培养搜集信息、解读信息、逻辑思维、语言表达等综合能力。历史学不仅是一门立身的学问，同样也可以作为谋生的技能，可谓"无用之用，方为大用"。

对学弟学妹的寄语

在这个略显浮躁时代，坚守内心的宁静与秩序，保持"独立之精神，自由之思想"，将国家民族的进步与个人价值的实现相统一。与学弟学妹共勉！

采访记者："职业生涯人物访谈"记者团

上官嘉琪、项涵祺

书山青年，勤学进阶

姓名: 徐伟信
专业: 历史系历史学专业 2013 届
籍贯: 浙江省永嘉县
去向: 日本笹川和平财团研究助理、
东京大学社会科学研究所教务助理

　　徐伟信，中共党员，浙江大学人文学院历史系历史学专业 2013 届本科生。本科毕业后，赴台湾大学历史学系和东京大学国际关系学专业攻读硕士学位，并获东京大学学术硕士学位。现任日本笹川和平财团研究助理、东京大学社会科学研究所教务助理，同时继续攻读东京大学国际关系专业博士学位。

　　"摇摆不定，渐走渐近，向着明天；演奏响彻，胸怀梦想，向着未来……"这段话翻译自日语歌《リフレクティア》。初次听到这首歌时，徐伟信还是一名日语零基础的大一学生，而如今他已在日本最高学术殿堂——东京大学近七年。从求是园到海外名校，徐伟信一直都是在书山中进阶的勤学青年，精湛语言、琢磨学术，伴随着歌曲轻快而坚定的旋律，他对求学路途上曾经历的迷惘与欣喜记忆犹新。

业精学优，扬史家之长

　　在本科期间，徐伟信是文体两不误的"别人家的孩子"，也是被同龄人视为"王者"的存在。他不仅担任过人文学院学生会副主席、专业班级班长等职务，在学生工作方面有出色表现，也在学术创新活动、文化体育比赛中有出彩发挥。在校期间，他曾主要负责、参与国家级大学生创新创业训练计划课题一项、浙江省大学生科技创新活动计划课题一项，还参加浙江大学第六届大学生中文演讲竞赛并获二等奖，参加浙江大学运动会并获 4×400 米项目第 7 名。另外，徐伟信屡次荣获浙江大学优秀共青团员、优秀学生等多项荣誉称号，以及有关学业、文体工作的各类奖学金。

初入大学的徐伟信博采众长，更看重自身的综合发展；而确定专业方向后的他则更专注于学识积淀以专精术业。本科阶段从紫金港校区搬到西溪校区之后，徐伟信便开始了常驻历史学系三楼资料室的封闭式生活，每天 8 点左右准时到资料室，有课时奔赴教室，没课时就蜗居在这间书屋。徐伟信说："当发现自己除了睡觉、洗漱之外就不再回寝室的时候，我才意识到自己已经深陷于各种书中无法自拔了。"读研期间，他曾与导师合著日本高校中国政治专业教科书，在国内外学术期刊上发表过多篇学术论文，在国内知名出版社翻译出版了多部学术著作，并曾受邀担任《环球时报》撰稿人，深度评论日本企业丑闻、老龄化时代的代际隔阂问题。现在回首，他依然不由感慨："学校给我们最好的礼物就是足够的发展空间，为此我很感激。"

徐伟信说："以铜为镜，可以正衣冠。以古为镜，可以知兴替。以人为镜，可以明得失。历史学知识包罗万象，从中我们可以了解历史发展的来龙去脉，理解人、社会、国家乃至世界的运行规律，进而包容、辩证地看待一切。"在历史学专业的培养下，他成为兼具历史视野与现实关怀的研究者，并顺利过渡到国际关系和综合文化的研究领域。历史学的影响也深刻烙印在徐伟信的世界观、人生观和价值观中，让他时刻保持睿智与理性，处变不惊，遇事不乱。

破釜沉舟，结"不解之缘"

业精学优的徐伟信，也曾在学习中遇到过迈不过去的坎。"在 80 岁回忆大学生活时，我可能会忘记掉历史系专业课的名字，但我坚信我唯独不会忘记这门课程的全称。"徐伟信说的这门课是"Java 程序设计基础与实验"，连续三个学期修课之后，他才如愿以偿地拿到了这门课的学分。可也正是因为挂过科，徐伟信与保研的机会失之交臂，但他也因此更明确了自己出国留学的决定。

人生道路的选择上，没有退路也可能造就别样的出路。然而徐伟信的留学出路又在哪里？这就不得不提到他与日语的不解之缘。大一时的一个寒冷冬日里，徐伟信在前往紫金港校区大食堂的途中，遇上了求是潮团队的宣传活动。此时，一首清亮的日语歌响彻整个文化广场，其旋律跨越了语言的界限，瞬间激起了徐伟信的情感共振。几经辗转，徐伟信终于在文化广场后台电脑的播放器列表中，翻找出这首歌曲的名字：リフレクティア。青春洋溢的曲调感染了他执着拼搏着的心，也点燃了他心中对日语的兴趣与热忱。

机缘巧合下，大一春夏学期的选课中，徐伟信下定决心要学的日语 1 "幸存"下来，并被安排在课表的夜间档。从此，他正式踏上了披星戴月学日语的征途。由于日语课堂上的学习时间有限，为达到精通的水平，他要付出更多自学的时间和精力。2011 年全年，徐伟信每天花在日语上的时间长达 4~6 小时，在当年 7 月通过了 N2 考试，12 月通过了 **N1 考试（日本语能力考试最高级别）**，语言大关的攻克直接助推了他申请留学的进程。而留日成功后，他仍在实践中勤学苦练，终于把日语中较难的敬语、谦逊语也运用得不失礼仪、恰如其分。

> 日本语能力测试（JLPT：The Japanese-Language Proficiency Test）是由日本国际交流基金会及日本国际教育支援协会于 1984 年建立的一套较为完整的考试评价体系。报名采用网上报名模式，各考点不受理报名事宜。测试结果分为 5 个级别（N1、N2、N3、N4、N5，N1 为最高级）。N1、N2 考试分 "语言知识（文字、词汇、语法）、阅读" 和 "听力" 2 个科目，N3、N4、N5 考试分 "语言知识（文字、词汇）"；"语言知识（语法）、阅读" 及 "听力" 3 个科目，满分均为 180 分。从 2009 年起日本语能力测试将每年举办两次，分别于 7 月和 12 月的第一个星期日实施。有意向参加日本语能力测试的同学可以提早留意。

干戈征战，铺留学之路

即使是现在，徐伟信依然能体会到当时申请国外高校研究生的孤独，所幸当时有导师陈群元为他的 "孤军奋战" 保驾护航。在申请留学的过程中，陈群元老师在百忙中为徐伟信亲笔撰写推荐信，并对他的日文邮件和稿件进行严格要求和仔细指正。学习工作之余，师生之间偶尔还一起谈论共同的二次元爱好，这缓解了徐伟信等待回信过程中的压力。

在了解和筛选学校、师资时，徐伟信基于自己的专业方向和经济情况进行了考量。在听取本科导师的建议、咨询熟悉日本学界的老师后，他排除了与专业和自身不匹配的学校以及研究生导师，以 "国立名校、私立早庆" 为基准，迅速明确了心仪的学校和研究方向。于是徐伟信便早早准备好了研究计划书和联系信，为 "出国留学申请战" 预留了黄金缓冲地带。在他看来，研究计划书类似于开题报告，其内容既要体现学生对学术现状的了解，又要体现学生的学术研究功底，因而是重中之重。他建议有意向出国留学的同学提早准备好研究计划书，留出时间多请教精通专业知识和外语的师友，并反复打磨修改研究计划书，在文法上，最好请有学术研究经验的国外当地人进行修正，联系信的文字表述需要格外注意谦语和敬语的用法。徐伟信就在联系邮件中附上了自己简历的 PSD、PDF 版本，并注明"如果可以的话，希望能够呈上研究计划书"，等到对方回信，就把事先准备好的研究计划书发送过去。徐伟信建议，可以提早写好联系信并多加修改，也可以请校内的老师向国外的老师提前介绍自己，从而缩短等待回信的漫长过程。

"细节决定成败，有些人不注意细节容易造成不必要的失分。"徐伟信说道，"比如东京大学的研究计划书需要手写，如果书写不美观，可以请字体比较好看的同学帮忙代笔。再比如早稻田大学的电子表格格式设置不正确，经常出现一整页空白格子，就需要自行调整保证美观。"

远在他乡，生活和工作上的挑战不胜枚举。徐伟信也时常面临着科研工作难以突破创新、睡眠不足又失眠困苦的巨大压力，他曾自嘲："不孝有三，文科、出国、读博，我全占了。"面对这些困难，他及时调整自己，做好相应的心理建设和能力提升，让自己在新环境中努力做到"语言流利、随机应变、处事不惊、包容大气、勤学苦练、把握机会、多多经历、学以致用"。正如十年前那首日语歌所唱的，"崭新的天空带我们去任何地方，将泪水的结束当作启程的信号"，职场的淬炼让他不再如初出校园那般浮躁、桀骜，而现在的徐伟信也将秉承着一如既往的执着和睿智，开启新的学术征程。

"读万卷书，行万里路。"徐伟信本人也是这句话的践行者，虽然因为疫情之故还留在国内，但几乎是不假思索地，他给出了这句话。阅读，是一场心灵的长途跋涉，而旅行，则是用脚步去翻阅远方，读的是风景，是他人，也是自己的内心，当你走的地方多了，你会发现很多事情并非当初所想的那般。读万卷书，行万里路，结四方友，赏大千世界，而这些，"纸上得来终觉浅"。

🍂 在大学期间印象最深刻的一件事

其实大学期间让我印象深刻的事情很多，但是对我来说最特别的还是那一次——在毕业前几天的一个活动上，室友上台唱歌，我给他打配合，虽然那一次我们唱得不怎么样，但是唱得很痛快，那次表演也以一种缺而无憾的姿态为我的大学生涯画上了一个句号。

🍂 对学弟学妹的寄语

"读万卷书，行万里路。"

阅读，是一场心灵的长途跋涉，而旅行，则是用脚步去翻阅远方，读的是风景，是他人，也是自己的内心，当你走的地方多了，你会发现很多事情并非当初所想的那般。读万卷书，行万里路，结四方友，赏大千世界，而这些，"纸上得来终觉浅"。

采访记者："职业生涯人物访谈"记者团

陈思囡、张舒蔚

爱从心灵深处流淌

姓名：胡科平
专业：哲学系哲学专业2003届
籍贯：浙江省宁波市
去向：东钱湖旅游学校，担任思政老师，中学高级教师

      胡科平，浙江大学人文学院哲学系哲学专业2003届本科毕业生。毕业后进入浙江省宁波市东钱湖旅游学校成为一名思政教师，目前主要担任学校思政教研组组长，同时担任学校新开的护理专业的负责人。曾获区优质课二等奖、区教坛新秀、区优秀班主任、区优秀教师、区骨干教师、旅游学校十佳教师、德育标兵、首届最美教师、国家心理咨询师、省中小学心理健康教育教师（B级）。

      胡科平的热情开朗和率真纯粹之中含着几年工作中沉淀出来的气度和姿态，不经意间打破了很多人对哲学系学生深沉形象的刻板认识。本科毕业后，胡科平选择成为一名人民教师，在一个稳定但不乏压力的岗位上发挥着光和热。用她的话来说，为人师表的日子，"爱从心灵深处流淌出来"，每一天都是修行。

哲学系里的人文生活

      回顾大学初体验，胡科平坦承，在真正进入哲学系学习之前，她和很多人一样，觉得哲学是空洞深奥又很枯燥的东西。而进入浙江大学哲学系学习后，她发现自己以前对哲学的认知是狭隘的。哲学系的课程丰富多样，比如东西方哲学、美学、伦理学、宗教学。除了典型的哲学理论之外，还有很多关于政治、经济和社会的理论，"如果要我说我学了什么，我真的说不上来，我只能说，四年的哲学专业学习生涯，培养了我的思维、逻辑，以及为人处世等多方面的知识，这是至今仍对我影响深刻的"。

在中学时代被反复强化训练的政治哲学课程，往往使人误以为大学哲学也以马列主义哲学为"单一"内容。胡科平强调，不应把哲学等同于马列主义哲学，更不要把哲学系的学习看作是对马列主义哲学的再学习。胡科平指出，马克思主义理论的范围相当广，因此学习马哲非常重要，需要明确的是，马哲的理论不仅与中国革命的相关理论息息相关，也跟康德、黑格尔等的哲学思想有着密切的联系——东西哲学正是在马克思主义哲学这里找到了一个独特的交汇点。她还说道："哲学由于其思辨的特征和严密的逻辑，可以使学生受益匪浅。哲学对个人在日后工作中的发展有很大的帮助，而哲学系里带有浓厚人文底蕴的学习并不如我们想象般乏味。"

走出大学校门这些年，胡科平感受颇多，"浙大毕业生"的身份一方面成为她的求职优势，一方面也是压力和动力，"毕业后前几年可以说是在依托浙大的名声"，"因为我是浙大毕业的，所以大家认为我很厉害的样子，同时给自己的压力也很大"。因此，她也认为在校期间更要多做准备，**"要认认真真地走好求学与就业的道路，把本职工作做好了，然后提前进行职业规划"**。

> 在采访中，胡科平反复强调了职业生涯规划对在校大学生的重要意义。关于职业生涯规划，人文学院于2018年10月创设了"我有嘉宾"生涯辅导沙龙活动。"我有嘉宾"取自曹操《短歌行》中的"我有嘉宾，鼓瑟吹笙"，既是对嘉宾开讲的欢迎与喜悦，也寄托了学院对广大人文学子成为贤才的殷切期待。"我有嘉宾"采用讲座、沙龙、培训等丰富的活动形式，为学生的生涯发展提供支持和服务，邀请对象也从一开始的杰出校友，拓展到大牛教授、优秀学长、企业HR等，希望帮助同学们深度了解专业行业，合理规划职业生涯，提升职业素养与技能。

奏响序章的实习经历

在校期间的社会实习可以帮助大学生认识自我、明确差距、弥补不足。然而提及实习，胡科平就连连叹息当时他们运气很不好，碰到了"非典"。他们2003届毕业生几乎没有去实习过，虽然大家的情况都一样，最终求职也并没有因此处于劣势，但她仍然感到遗憾，"实习对于毕业生来说是很重要的"。

刚工作的这几年，她做了班主任，送走了几批学生，对实习的体会尤为深刻。实习带给人的变化是多方面的，首先是业务上的，在读期间的实习与工作后的实习不太一样。"工作后你会有很大的压力，不像实习期，什么都不懂都没有关系，不懂的可以请教别人。"其次是为人处世上，实习期不仅可以使所学的知识化为实践，还可以学到诸多书本中无法学到的东西。"一个学生刚踏入社会，毕竟缺少社会经验。而经过实习，有工作经验意味着已经成为一个被承认和认可，同时也能够担负起更大责任的人。"她打趣道，"现在高一学生已经在学习职业生涯规划了，你们还不抓紧？"

她认为各个专业之间都有相关性，就业上是很灵活的，比如中文系毕业生可以去从事的职业，哲学系毕业的也可以尝试。不过落实到每个人的实际情况，多样本领就有备无患了。"比如你读中文专业但不喜欢写文字，可是外语很好，就可以去从事外贸等相关职业，那么早点考出相关证书对以后工作是一定有帮助的。"她掰着手指头数道，"当年班级里三十几个同学，大概有十个考研，有几个去考公务员了，三个当老师了，出国和做生意的也有。"

为人师表的职业生涯

在大多数人追求安逸的年代里，胡科平却选择做了一名教师，仿佛显得"吃力不讨好"。对此她解释道，自己从小的愿望就是当老师，为了减轻压力她选择了在职业高中任教；而且当老师是特有成就感的职业——"当把一届一届的学生送出去的时候，感觉这个社会都是自己创造的了"，她的言语之中充满自豪。

从哲学系学生到职业高中教师，她也付出了很多额外的时间和精力。"像我们非师范类毕业的，真的很麻烦。"胡科平说，非师范类毕业生担任教师工作，要通过教育局的考试，需要考教师资格证、普通话等级，体检、试讲……最后才拿到上岗证。然而，凭着对教师职业的热爱，她把这些难题一一攻克了。

当然，选择这份工作，胡科平也自有其优势，她热情且善于指导。作为一名教师，不仅仅要自己拥有相关方面扎实的知识基础，主要还在于能够传授。有责任心是首要的，还要合群、热情、积极向上。她表示，当老师跟其他职业不一样，这是一个良心职业，要特别有责任心和耐心。"我的一举一动可能会影响学生一辈子，所以对自己的要求也特别高。"此外，教师职业还经常要参加教育教学技巧比赛，"这些都既是困难，也是锻炼"。

她笑着说："当年我是以宁波市鄞州区第一名的成绩考取教师岗位，去教语文的。"而后，不仅限于老本行哲学，她还教过法律、职业道德、经济政治等诸多学科。教授如此多与她原先专业无关的课程，胡科平并不感到厌烦或困难："诚然现在很多职业对专业有高要求，但是更多时候，考虑的还是求职者的综合素质。举例来说，当教师所需要的教育背景，不是越高越好，研究生在做老师方面不一定就比本科生强。而且，很多职业的专业性要求并不高，我们大可以选择自己能胜任的多种职业。总之，要实践了才知道。"

当今，职业教育存在"三冷"，即社会冷、学生冷、家长冷；"三热"，即政府热、学校热、企业热；"三不足"，即投入不足、师资不足、就业不足。之所以存在"三冷"，是因为人们对职业教育还存在"偏见"，认为上了职业学校不是上"大学"。在普通高等院校实现了大面积扩招的情况下，这种心态就尤为明显。其实，职业教育与普通教育是两种不同的教育类型，具有同等重要的地位。职业教育、职业技能培训不单是缓解就业压力，也是创造教育机会上的公平。近年来，党和国家高度重视职业教育发展工作。胡科平正是将责任与爱灌注到了当前的职业中，尽心尽力为每一位同学创造美好的未来，为职业教育的发展献出自己的一份力。

在大学期间印象最深刻的一件事

1999 年 12 月 31 日，寝室同学熬了一宿跨年，第二天清晨参加迎春跑。

对学弟学妹的寄语

踏踏实实做事，诚诚恳恳做人。

采访记者："职业生涯人物访谈"记者团

王琳迪

协同创新，迎向时代

姓名: 俞石洪
专业: 哲学系哲学专业 2004 届
籍贯: 浙江省淳安县
去向: 华北电力大学某异地研究院

俞石洪，中共党员，浙江大学人文学院哲学系哲学专业 2004 届本科毕业生，在校期间曾担任哲学系团委副书记，人文学院学生会副主席，多次获得国家奖学金，2007 年获得北京大学科技哲学硕士学位。现在华北电力大学校外某异地研究院从事相关建设和运营工作。

从求是学院到燕园又到研究院，俞石洪一路走来，一路成长。如何在校园与职场中转换，他自有其一番独到看法。

校园生活：广泛学习与学生工作

往事历历在目，但若说具体是哪一门学科对他的职业选择有着特别深刻的影响，俞石洪还是觉得无法选出。人文学科的特殊性使得其本身并没有理论与实际运用之间明确的对应关系，而是讲究素养与思维方式的培养。"其实存在时代不同的原因，"俞石洪对于课程选择的问题切实地进行了解释，"我们那时候更多是兴趣导向而非职业导向。"在他看来，在很多时候人文专业的学习与职业规划可能并没有那么清晰与长远，但起码应该做到的还是广泛的学习。

而除去课程学习之外，俞石洪还特别强调了参加学生组织，参与相关社会工作的用处。在组织中工作为他带来的是工作场景的熟悉和团队分工配合的训练。在工作后，他也深切感受到了学生工作经历的明显帮助，"因为对工作场景有一

175

个整体认知，所以我们能够更快地进入职场角色，适应团队工作"。

广泛地学习和积极地参与学生工作，俞石洪认为这都是丰富大学四年生活的重要方式。在他看来，大学四年更多地扮演着一个地基的角色，这四年学习的知识和养成的思维与观点会对日后产生意想不到的影响。以他自己为例，本科四年的哲学学习带给他独立的、系统的思辨能力，使他能够对于问题事物进行本质的挖掘，并从独特的视角进行分析，这都是在工作中与众不同的优势。"避免人云亦云，保持独立思考，"俞石洪说，"这是哲学影响我最深的地方。"

职业探索：理想现实间找寻平衡

俞石洪目前在华北电力大学校外的一个异地研究院从事相关建设和运营工作，该异地研究院主要是与当地产业链相契合，为当地产业升级服务。该研究院作为**产学研一体化**的平台，承担着技术孵化、成果转化、政产学研用的相关工作。

> 产学研一体化，"产"指产业，"学"指学校，"研"指研究机构。它是科研、教育、生产不同社会分工在功能与资源优势上的协同与集成化，是技术创新上、中、下游的对接与耦合。随着技术发展和创新形态演变，政府在创新平台搭建中的作用，用户在创新进程中的特殊地位进一步凸显。在当今世界的经济成长中，科技立异日益主要，产学研合作是晋升自立立异能力，顺应科技经济一体化趋向的必然要求。知识社会环境下的创新2.0形态正推动科技创新从"产学研"向"政产学研用"，再向"政用产学研"协同发展的转变。

在此之前，俞石洪曾经在研究机构做过研究工作，也曾经到外企工作过一段时间，之所以从事这类科技产业化的工作也是出于一些机缘巧合。在他看来，职业的转变与一定时期的经历有关，理想的职业蓝图会受到现实经历的人和事的影响，在不同的节点呈现出不同的模样，顺应着不同的时代趋势。

在进行职业选择时应当注重哪些因素？俞石洪提出了自己的两点考量。一是注重事情本身的意义，看重一份工作能否带来足够的价值感；二是看重工作的内容是否与个人的兴趣点相吻合。"价值感与兴趣度，是影响你工作态度、工作效能等等的重要因素，"俞石洪这般强调，"同时，也是一定程度上你职业理想的现实实现。"

职业探索不是一蹴而就的，而是一个长期找寻理想与现实的平衡的过程。在职业选择的路上，俞石洪原先的职业期待也与目前从事的工作有一定不同。曾经的俞石洪更希望从事一份更偏向理论研究的工作，但现在从事的却是一份实践性更强的工作。他并不认为两者之间存在一定的差距或者落差，而是本身在职业选择的过程中，就面临很多的偶然性和可能性，这就需要选择者自己去调和理想蓝图与现实之间的平衡。

职场工作：细水长流中与人与己

当被问及心中认为在职场打拼最需要哪些品质或能力时，俞石洪认为不同的职业有着其不同的要求，但是也不乏一些共性的素养，比如专业素养、职业素养、人际关系的处理能力等，但他认为更重要的还是要重视大学四年的学习培养，这样也更有利于后续的职业培养。多年的职场工作让他意识到，要提高自己相应的能力和素养，应该多与优秀的人接触，多向优秀的人学习。"优秀的人的优秀习惯和积累的经验可以使我们扬长避短。"俞石洪说，"能使我们受益匪浅。"

职场工作并非总是顺心如意、一帆风顺的。俞石洪认为，在工作中时常遇见的挑战就是没能在团队中及时匹配到合适的队友。这时就需要自己长期以来的相关知识积淀与及时的补充，来解决一些紧急问题；并且在长期与人相处的过程中，就应当不断发现、匹配合适的队友。俞石洪认为自己就明显培养出了信息搜集、反馈、表达的能力和与人相处合作的能力，这都是因为工作需要而养成的。

在长期的职场工作中，俞石洪逐渐变得冷静与沉稳。他关注的范围不断收缩，逐渐聚焦于一个清晰的目标与关注的焦点。选择产学研相关工作，助力协同创新，他迎向时代之召唤，顺应时代之趋势，体现求是人的时代担当。

······ 在大学期间印象最深刻的一件事 ······

学生工作经历为我带来工作场景的熟悉和团队分工配合的训练，对工作有明显帮助。

🌂 对学弟学妹的寄语

关于学习，应当重视大学期间的每一门课程。大学期间的课程不应有重要与不重要之分，都很重要。在大学期间，我们能够按照自己的喜好和意愿去学习，应当珍惜这个时期，广泛阅读和广泛积累。

关于工作，作为浙大人文学院的学生在进行职业选择时，应当考虑更大的舞台和机会。

关于生活，应当广泛接触，发掘自己的兴趣爱好，建立调节机制。

采访记者："职业生涯人物访谈"记者团

张芷涵

穷其理，谋其道

姓名: 徐保军
专业: 哲学系哲学专业 2006 届
籍贯: 河南省许昌市
去向: 北京林业大学

徐保军，中共党员，2006 年毕业于浙江大学人文学院哲学系哲学专业。毕业后于北京大学哲学系攻读科学技术哲学专业博士学位，2012 年于北京林业大学人文社会科学学院任讲师，2016 年至今在北京林业大学马克思主义学院任副教授。

谈及自己为什么来到浙大哲学系时，徐保军回想起自己那一段意料之外的经历。作为一个曾拿到过理化生竞赛奖项的理科生，面对哲学专业，他最终还是服从了调剂。虽然起初很是困惑，但在接受这一现实之后，他决定让自己的故事有一个更好的结局。

摸索中锚定目标

这门学科对当时的他而言可谓完全陌生，其实任何专业对于没有入门的人而言都是枯燥的，哲学亦是如此。只有经历过最初的不熟悉，人们才能于逐步摸索中发现两者的心灵共通之处，因而获得更深刻且更接近于正确的认知。

作为大一的学生，除了少部分早已有了明确规划者之外，实际上大部分人需要在学科学习的过程中寻找自己想要得到的目标。并不是每个人都适合自己的专业，但是经过对转专业甚至退学的考虑之后，徐保军选择接受自己专业的现实。"这或许不尽理想，但总要面对，毕竟事情总不可能一帆风顺。况且真正能带来成就感的是即便痛苦过，可付出了努力，最终能够有所收获。"

而在渐渐地深入哲学学习的过程中，他也逐渐适应了这门学科，最初的不甘与郁闷逐渐消散，哲学学科中有趣且迷人的一面向他呈现。在大二的时候，留在高校当一名教师的理想渐渐萌生，而如果要留在高校，**保研**是一条可行而且优先级很高的道路。他的职业生涯规划也就是在这段时间逐渐成形。有了这样一个目标之后，他也就有了一份前行的动力。

> 保研（全称：推荐优秀应届本科毕业生免试攻读硕士学位研究生），指被保送者不经过笔试等初试程序，通过一定考评形式鉴定学生的学习成绩、综合素质等，在一个允许的范围内，直接由学校保送读研究生。保研的这部分本科生称为"推免生"，全称"推荐优秀应届本科毕业生免试攻读硕士学位研究生"。

"对我们现在所学的课程，只要努力到位，成绩都不会太差，虽然偶尔会超出预期。但很多时候只要能学到位，剩下的也就 OK 了。"徐保军在专业学习中一直秉承着这样一种乐观昂扬的态度。毕竟对于人文社科类专业毕业生，就业并没有确定的方向，因为它所教授的东西是偏整体性的，比如对文字的处理能力、对学术的标准与规范，而这些特点放在很多领域都是适用的。2011 年徐保军在人民日报社实习时，就因对文字内容的优秀处理能力而得到当时领导的赏识，并受到了毕业后留任的邀请。那时，他真正感受到了源于自己所学专业的成就感。

一如有人问季羡林"做学术还是写论文"的时候，季老回答说："喝水喝多了就有尿了。"那么当你因没有方向而迷茫时，你需要做什么呢？其实大可不必太焦虑，你起码还能把学校的任务做好，在这个过程中慢慢积累与摸索，其实正是在为以后所找到的目标做积淀。

前进中有所规划

"我们在谈及一份职业或是生活之时，必须要对它有一个整体的规划，你不能不高兴就破罐子破摔了。"徐保军如是说。

当职业选择已经有了大致方向之后，他便在学习的进程中开始对自己所向往之事有所规划。虽然考虑到外保风险比较大，但是想了想还是决定去北大，去看一看浙大外面的世界。

徐保军学长还积极鼓励在校的学生思考一个问题：当你想要就业的时候，那么你在递给比如腾讯这样的大公司的人事部的时候应该有一个什么样的简历，也就是说你应该有一个什么样的知识与经验储备。做学术需要有一定的专业知识与研究经历的储备，工作也应该有一定的工作经验与经历的储备。而这些最好都要提前有对应的想法与规划并且为之准备，他指出，如果到了大三可能稍微有些晚了，最好在大二的时候就有一定的想法。毕竟，"当你开始有意识规划自己的未来的时候，会变得越来越开心"。

但是还有一点很重要，就是虽然在校学生的定位会不明确，比如徐学长在读博时还对将来的工作没有十分详细的概念，但是他秉持着一点：人在做某件事情的时候，虽然可能在这个事情上不是领先的，但是也最好保持在一个较高的水平——即使没有意义也要有这样一个好的做事习惯，总有一天它会给你带来意料之外的好处。"一件事情如果你可以把它做到极致的话，实际上你的生计是不用太担心的，因而当你不知道要做什么的时候，就做好眼前的事情再说，等有了自己想做的事情再去规划它，也不失为一种缓兵之计。"

一如在学习相关领域有所积淀才能有以后的成果，文史哲这一块将来有很多可能，也需要现在更多的积累。到最后大家会发现，做事的套路与方法各有各的特点，而我们在大学学习的过程中需要做的，就是找到属于自己的那一套。只有这样，当你有了自己的规划之后，目标的实现就有更多的转圜余地。

交流中开阔眼界

当提及"浙大到底给了我们什么"这个问题的时候，徐保军依然会想起在自己在浙大遇见的那一批非常优秀而且有意思的同窗。大家在一起聊天的时候会感受到不同的世界、不同的做事方法，和他们待在一起你能学到很多东西。无论是如何去爱别人，如何去与人真诚地交流，还是见识一下一个人学术上能做到怎样的高度，工作能做到多么地完美……不同的人能展现不同的特质。"这其实是比较值得感恩的事情。"徐保军如是说，"至少在浙大，你的老师和同学的质量是有保证的，那么你的质量也是有保证的。"周围的同学所组成的这一批优秀的人群是非常重要的，这在无形之中创造了一个良好的自我提升氛围。

实际上，无论是在浙大、北大还是北林，身边学习和工作的伙伴都是很重要的。即使是现在，作为林大的副教授，徐保军也会不时地和他的研究生说"你们以后要读书不要在林大读，你要去见识见识更多大学的气象"。由此可见，接触新事物以增进交流机会是多么重要。

在浙大时，徐保军就参加过当时的创业协会。在纷繁复杂的社团工作事务中，他不仅获得了社交能力的提高，还获得了一些专业之外的发展机会。"这些我觉得还是有一定意义的，你只有在这些组织具体的活动实践中有所作为才能有所成长，真实情景之中的历练才能锤炼一个人的品性。"不过虽然这也是我们成长过程中重要的一环，但其实也都可以看作生活的小插曲。无论是学生组织工作还是社会工作，不要总拿它当作一个跳板，而是要长远地看待并端正自己的态度。

🌿 在大学期间印象最深刻的一件事

　　我依然会想起在自己在浙大遇见的那一批非常优秀而且有意思的同窗。大家在一起聊天的时候会感受到不同的世界、不同的做事方法，和他们待在一起能学到很多东西。无论是如何去爱别人，如何去与人真诚的交流，还是见识一下一个人学术上能做到怎样的高度，工作能做到多么地完美……

🌿 对学弟学妹的寄语

　　期待大家一是能够保持良好的做事习惯，当你不知道要做什么的时候，就把眼前的事情做到最好；二是尽可能对一件事提前有所规划并在这个过程中下工夫，在点滴积累中不断收获；三是尽可能和优秀的人接触，学习别人的优点，为自己创造一个良好氛围。在高校生活与学习的过程中，这些都是很重要的。

采访记者："职业生涯人物访谈"记者团

唐文轩

媒体行业

宣传思想工作要把握大势，做到因势而谋、应势而动、顺势而为。我们要加快推动媒体融合发展，使主流媒体具有强大传播力、引导力、影响力、公信力，形成网上网下同心圆，使全体人民在理想信念、价值理念、道德观念上紧紧团结在一起，让正能量更强劲、主旋律更高昂。

——2019 年 1 月 25 日，
习近平总书记在十九届中央政治局第十二次集体学习时的讲话

引　航　人　生

做人类文明阶梯的修缮者

姓名: 楼岚岚
专业: 中文系汉语言文学专业本科 2003 届
籍贯: 浙江省义乌市
去向: 学林出版社副社长

楼岚岚, 中共党员, 浙江大学人文学院中文系汉语言文学专业 2003 届本科毕业生, 保送至南京大学中文系, 于 2006 年获南京大学硕士学位。毕业时考取上海海关公务员, 后就职于上海人民出版社, 现于学林出版社任副社长。在校期间十分喜爱文学。

说起编辑, 你想到什么? 是电视剧《编辑部的故事》里葛优、吕丽萍的喜剧表演? 抑或五四时期那些博学又严谨, 用理性和激情推出了一部部煌煌巨著的大学者出版家? 高尔基说"书是人类进步的阶梯", 那么, 图书编辑则可称得上是阶梯的发现者、修缮者了。研究生毕业后, 楼岚岚先是放弃了公务员的工作, 而后在上海人民出版社从事图书编辑工作。对她来说, 这个选择正是始于向往、成于热爱。

一般而言, 图书编辑出版社负责各项目的具体实施, 包括图书的策划、选稿、组稿、校对, 这些工作听上去简单, 甚至容易令人产生"编辑就是复制粘贴、删删改改"的错觉。而楼岚岚的分享不仅破解了这个迷思, 也展现了编辑出版工作不为人知的魅力和价值。

出版社的门槛不低

出版社图书编辑的工作可谓楼岚岚的兴趣所在, 尤其是放弃了原先"安稳牢靠"的公务员工作转而投身出版行业，更可见她对编辑出版的由衷热爱。除此以外，这份工作所需要的专业能力和综合素质也无形中给了她积极挑战、提升自我的目标和动力。

"出版社的产品是图书，图书不同于一般的商品，它的使用价值在于为人们提供科学文化知识，满足精神需求。发掘更多的好书，形成质量高的图书，自然要求编辑具备较高的素质和能力。"楼岚岚一语道出编辑工作人员的素质要求。听起来，这与外行人眼中清闲无忧的工作性质和人人可以胜任的低门槛大相径庭。

楼岚岚读研时的专业是中国现当代文学，她认为除了综合素质外，自己的优势在于文字功底，"没有良好的写作能力，对方为什么要招你？"话虽直白，但无不渗透着她工作求职的体会和对自己的严格要求。"要有所特长，只要有所长，一定会让用人单位对你另眼相看，就想要你，而不是别人。"

"图书编辑一要文字功底好，有图书编辑组稿能力；二要有创意思维，接受事物快，诚实肯干；三要熟练掌握电脑和网络；四要至少对图书某个方面或某个学科(如管理、励志、文史)比较熟悉。"楼岚岚认为图书行业一方面是文化产业，另一方面也应该属于创意产业，能够将知识和信息成文成书的编者，一定是需要一定学识和水平的。而出版社工作者的学历分布进一步印证了这一事实：硕士博士比比皆是。出版社里的学历程度相对于社会上别的行业，甚至其他文化产业单位如报社、电视台，都要高很多。

大学的学习机会很宝贵

对于大学学习、实习以及工作几者关系的理解，楼岚岚的态度很明确：学生阶段，首先要尽到本分，学好功课；大学期间实习的工作经历对于日后的实战，实在是微不足道；真正工作的时候与实习的情况千差万别，只有真才实学才能使人立稳脚跟。

如今大学生实习风潮颇盛，对此，她有着发自内心的感慨："像在大学中那样系统的学习和强化训练，在你工作之后再也不会有了。常常有人问我，马上要找工作了，我是不是该赶紧去实习，让自己的简历更漂亮一些。我总是会说，如果你现在好好写论文，那么你永远都不会后悔。特别是中文、历史、哲学专业的学生，人文修养、文字功底，是我们的长处，这些都不是一蹴而就的，是需要日积月累的，所以真正拥有这些能力的中文系学生，是日后让他人羡慕却难以赶超的对象。"在她眼里，学业与实习并不是一道单项选择题，它们更像是地基和高楼的关系，前者的重要性无可比拟。

回顾学校的学习生活，她坦言："我最后悔没有将更多的时间花在学校的图书馆。当然最让我引以为傲的是，在导师的督促和指导下，我认认真真、较为踏实地做了两年的毕业论文。"她以自己的经历强调了做论文的重要性："论文，是研究成果的一个重要表现，但更重要的是，通过一篇篇论文，你学会了做研究，学会思考。这些就是很真实的素质和能力的提高。这个能力，只有通过论文训练来掌握。不过，现在很多人一入学，就在忧虑毕业后的工作，却不能静下来坐'冷板凳'，到头来竹篮打水一场空。"

楼岚岚以自己的经历举例，她先后在浙江日报、南京晨报、新华社江苏分社当过实习记者。实习的初衷乃是对于新闻传媒的兴趣，以及对"铁肩担道义，妙手著文章"的向往，然而却因时间的价值未得到充分发挥而未能坚持下去。从另一方面看，这些经历也使她在日后的行动中更注重"有的放矢"。

适合自己的才是最好的

对于许多人在实习和找工作上"求而不得"的担心，她的回答是乐观的："其实，工作不难找，中国社会人才饱和的说法是不对的。我看到的是，有太多的单位找不到他们想要的人。大学生很多，但是，单位能看上的太少。毕业生中，不少人一个 offer 都拿不到，但是很多个 offer 在一个人身上的情况也大量存在。"

楼岚岚十分热爱自己现在的职业。虽然需要面见作者沟通交流、经常出差奔忙，工作量大时也很辛苦，**但是，编辑工作是她在先后放弃了记者和公务员的情况下寻得的归宿，是在不断的自我发现中得到的自我肯定**。"等真要离开学校，可以实现当初的理想时，发现与'短平快'的记者相比，自己更愿意能够沉下来，选择做书。做更多的好书，做更多有意义的书，为文化传播尽自己的一份努力，这就是我从事这个职业的一点想法吧。"

> 不要过早地给自己下定义，人为地把某些职业排除在外。对于处于职业探索期的大学生和职业新人来说，既要认识到自己的主要特点和目前想从事的职业，做好准备；同时也不要画地为牢，要在多方面进一步发现自己，拓展自己。职业生涯规划是一个动态的不断完善的过程。

一定程度上，大学阶段的学术研究方向也为楼岚岚的职业选择提供了帮助。

她所撰写和发表的《期刊改版与九十年代以来的文学转型》等文章便是以期刊、出版的相关研究为出发点的。良好的学术知识储备、研究过程中催生的兴趣都为她的职业规划奠定了基础，也充分印证了"适合自己的才是最好的"，寻找一个"合适"的职业而不是一头扎进市场上"最热门"的行业，是对于自身发展的充分尊重和考量。事实上，多年来她一直踏踏实实地在出版编辑行业中站稳脚跟、奉献自我，也得益于编辑工作对于自身的"合适"。大道至简，"认认真真做书"便是这位"人类文明阶梯的修缮者"始终如一的信条。

在大学期间印象最深刻的一件事

我最后悔没有将更多的时间花在学校的图书馆。当然最让我引以为傲的是，在导师的督促和指导下，我认认真真、较为踏实地做了两年的毕业论文。

对学弟学妹的寄语

要放手去闯、去试，把原本"有意义"的工作变成"有意思"的工作，进而变成职业追求。

采访记者："职业生涯人物访谈"记者团

梅琰彬

得志而不傲，居于谷而不卑

姓名: 沈建国
专业: 中文系汉语言文学专业 2004 届
籍贯: 浙江省杭州市
去向: 浙江省印刷产品质量检验站站长、副编审

沈建国，浙江大学人文学院中文系汉语言文学专业 2004 届本科毕业生。目前为中央宣传部出版产品质量监督检测中心评审专家、全国印刷标准化技术委员会书刊印刷分技术委员会委员、全国新闻出版标准化技术委员会注册专家、国家职业技能竞赛裁判员、浙江省印刷协会常务副秘书长。

不卑不亢，不骄不躁，谦谦有礼，温润如玉，这是君子兰的花语，也是爱文史学科的沈建国的性情写照。他真诚地向记者讲述了自己在职场磨砺的点点滴滴，并毫无保留地传授了求职的经验与技巧，也将自己在工作中的感悟与心得娓娓道来。

知道如何去选择

大学带给我们的是多种选择和尝试。四年学习中，沈建国也一直彷徨在选择和尝试中。在中文系学习，辅修过第二学位电子商务，中途转到新成立的软件学院学习，而后回归中文系。沈建国说，在需要选择的年纪要敢于尝试。电子商务、软件工程转了一圈，更加笃定了自己对中文专业的热爱。无论是继续升学深造，还是走进社会、踏入职场，扎实地掌握好专业知识永远是不可忽视的环节。中文专业的扎实基本功，让他能在文稿草拟、报告撰写中用词精准、妥帖；从事编辑出版工作更是少不了文史知识。电子商务、软件工程的学习让他以后在单位门户网站的制作、浙江省印刷业管理系统的构架方面都有用武之地。

在选择和尝试中做一个兼具知识广度与深度的"T"型人才。以他所在的出版行业为例，出版社招聘时倾向于有一定专业学科背景、文字功底扎实又沉得下心的同学。出版单位有一定的专业分工，科学技术出版社、大学出版社出版理工农医类图书，编辑就需要一定的理工科学科背景，文艺出版社、古籍出版社出版文学、古籍整理类图书，就更青睐中文系的同学，版权贸易部门则不光要了解出版趋向，更要有一定的外语基础。因此，在学好本专业的同时，如果能够结合自己的职业生涯规划，多多了解、学习其他相关专业的知识，对于提升本科生的就业竞争力有很大帮助。

当前，许多用人单位在招聘时会相应地淡化专业要求，但在专业学习中积累的知识能帮助我们快速熟悉工作环境、了解工作要求，从而在竞争中占得先机。

沈建国认为，求职过程其实是个人综合实力的比拼。大学时的浅吟低诵、文笔锻炼，点点滴滴地积累了一个人的综合素质。"无论是面试还是工作中的竞争，求职者在大家面前展现的自己都是一个完整的人。在专业能力相近的情况下，素质全面的人往往更容易胜出。"

明白如何去坚持

2004年毕业至今，沈建国的身影一直活跃在浙江的出版界。毕业实习时，怀着"铁肩担道义，妙笔书春秋"的理想，沈建国跃跃欲试想去报社一展拳脚。却在阴差阳错下，被分配到浙江大学出版社实习，从此与图书出版结下了不解之缘。

回望这十五六年，从初出茅庐入职出版社，而后在省新闻出版局从事出版行政管理中磨砺成长，再到独当一面成为省级出版物和印刷品质量监督检测机构的负责人。沈建国说："回头看，一路走来看似'上错花轿嫁对郎'，实则是对认准的出版事业的坚持。"

在出版单位工作时了解了编辑出版流程，书稿编辑要求，亲身经历做图书编辑的不容易，让后来在省局从事出版行政管理时更接地气、更了解出版社的需求。看似常规的选题审批、书号申请、规划制定等出版行政管理工作，又为之后开展出版产品内容质量、编校质量、印制质量、环保质量全方位的质检工作打下了基础。

目前受高校扩招、社会转型等各方面因素的影响,从整体上来看,我国的劳动力市场供过于求的状况仍将继续,大学生就业面临严峻的挑战。追求好工作永远摆脱不了"僧多粥少"的困境,大学生如何应对,才能既发挥专业特长,又找到一份满意的工作呢?

根据实际状况,适时调整自己的目标

考上浙江大学很难,但踏入职场我们就进入了另外一个赛道,需要放下光鲜的学业成绩,重新开始。机缘巧合,沈建国工作后一个处室的三位同事正好是50后、60后、70后,而且都是自己的学长。最初进入单位的几年,是最让人成长的时期。进入工作单位后,沈建国从最底层做起,向同事虚心学习,学会了戒骄戒躁、脚踏实地。虽然参加工作的前几年工作内容和职位没有明显变化,但他认为,自己在工作过程中所得到的人生历练是在课本上无法学到的。"人生是一本大书,学习、工作都是读书的过程,我们在摸爬滚打的过程中不断成熟。"

学会如何去规划

"人在职场,首先要知彼知己,了解不同行业的特殊要求。"比如,出版行业对编辑人员有职业准入制度,编辑从业人员需要通过出版专业技术人员职业资格考试,只有取得了中级职称才能作为图书的责任编辑。因此,毕业后有志于进入某一行业的同学,最好能先了解一下这个行业的上升空间和发展要求,事先做好准备。

回望自己的择业经过,他觉得"蝴蝶效应"显现明显,任何一个当时看来随意的、微不足道的选择,对之后的职业走向都有可能产生转折性的作用。首次就业成功也是非常重要的,走好这关键的第一步,以开阔的眼界规划人生。第一次就要给自己找一份契合的、有发展空间的工作,不然会留下很大的遗憾。沈建国回想起当年的同窗,其中就有人在求职的第一步没有走好,以至于仍在迷茫自己要干什么工作。他提醒道,在大学阶段应该多听听身边大师前辈的成长成才故事,以他们为榜样;多听听优秀学长们的职业故事,多了解进入不同行业的学长们的发展方向。也为自己描摹一份职业生涯规划,问问自己将来毕业之后究竟希望做一个什么样的人。沈建国说:"只有把自己的目标了然于心,才能在职场中有的放矢,事半功倍。这也是一种对自己负责的表现。"

对沈建国而言，校园学习生活的结束并不意味着学习的终结，获得工作是人生的又一个新的起点和征程，也是又一段学习生活的开端。沈建国说，汉语言文学专业被称为"万金油专业"，他可以悄无声息地渗透到各行各业。我们现在承担着全省出版物内容质量、编校质量、出版规范质量、印装质量、环保质量的检测检查工作。中文系的学习，让他在内容质量、编校质量的检查上驾轻就熟；印装质量、环保质量涉及的理工科知识多，为了不外行领导内行只有硬着头皮学习。学进去后，还成为全国印刷标准化技术委员会书刊印刷分技术委员会委员，参与制定了《绿色印刷 产品合格判定准则 第1部分：阅读类印刷品》等多个行业标准的起草、参与了中宣部《长三角区域印刷业一体化发展升级指南》的起草制定，成为这一领域里面的专家。他在介绍中以出版行业为例，讲了大学后教育的迫切性和重要性：一般单位都会对新进人员提供培训，还会提供一些因为业务变化而组织的业务培训。这些培训对于加强自身业务能力，还是比较有用的。"即使是已经身在职场的人们，也应该抓住每一个给自己充电的机会，不断提高自己的业务水平。"

在大学期间印象最深刻的一件事

大学四年，印象最深的是中文系的开放和宽容。2003年在中文系汉语言文学基地班学习的我，看到软件学院在校内招生，与同学相邀转专业去了软件学院。当时的专业转进转出，还没有现在这么自由。学了半学期，由于文理水土不服，我又想转回中文系。我惴惴不安地拿着转系申请表到行政楼找人文学院领导签字。时任人文学院副院长黄华兴教授听完我讲述的情况后，欣然签字，"欢迎回中文系，好好学习！"暖心的话语、热情的鼓励让我感动至今。

对学弟学妹的寄语

在需要选择的年纪，请大胆尝试；用开阔的视野，规划人生。

采访记者："职业生涯人物访谈"记者团
李岚

功不唐捐学筑基，赤心热忱业有成

姓名: 王凌晶

专业: 中文系汉语言文学专业 2005 届

籍贯: 浙江省金华市

去向: 浙江出版联合集团，任机要秘书，兼任集团团委书记

王凌晶，中共党员，2001 年进入浙江大学中文系求学，2005 年保送至华东师范大学中国现当代文学专业就读硕士。在校期间曾担任人文学院学生会文娱部部长，曾获浙江大学优秀毕业生、优秀学生干部等荣誉称号，并连年获得奖学金。硕士研究生毕业后进入出版行业工作，先后在浙江摄影出版社、浙江出版联合集团就职。在出版社主要从事图书编辑、选题管理、图书评奖、质量检查等工作，在集团任机要秘书，兼任集团团委书记，主要从事行政管理工作。

王凌晶说："一本书就像一个孩子，你努力去完成（图书的编辑），也会有所期待，这很有意思。"对编辑出版工作的热爱，从毕业前的实习阶段开始便在她的心底生根发芽。而从事这份复杂但有趣的工作时，王凌晶不仅发挥了自身所掌握的专业知识的优势，汲取了在校期间社会实践、比赛等过程中累积的经验，也收获、总结、归纳了不少的行业准则与职业心得。

求学之旅: 初心伊始，玉汝于成

王凌晶 2001 年进入浙江大学中文系求学，2005 年毕业。回望这段岁月，她认为大学生涯是一生中最值得珍惜的美好时光。读万卷书、行万里路的充实生活，带给她的是宝贵的精神财富与能力锻炼。

首先，扎实的课程学习是她专业知识的主要来源。在校期间，王凌晶的身影时常出现在图书馆与自习室里。她勤勤恳恳地学习，通过扎实的课程学习与广泛的书籍阅读，不断提升自己的知识水平。这不仅使王凌晶的专业成绩排名较为靠前，而且为其今后的职场生涯奠定了深厚的基础。王凌晶说："我认为中文系阅读、写作、理论研究方面的锻炼，对我现在的工作很有帮助。"

其次，丰富的课余生活是她能力培养的不竭源泉。王凌晶在大一时便加入了中文系学生会宣传部，同时在学校求是潮任记者，参加话剧社团……后来又到人文学院学生会锻炼，也担任过学院辩论赛、歌唱比赛、文艺晚会的主持人，并多次在演讲比赛、社会实践等活动中获奖。她认为，"这些经历，都提升了我的活动组织能力、沟通协调能力，同时也帮助我交到了很多珍贵的朋友，拓宽了我的人脉"。

此外，留下的些许遗憾是她反省自我的宝贵经验。学生时代应该是记忆里最好、精力最旺盛的时候，在王凌晶看来，她最大的遗憾就是在学校时看书仍旧不够多、不够"杂"，知识储备量不够丰富。在编辑出版这个与文字打交道的行业里，更加需要大量知识储备的支撑，来帮助她完成工作的方方面面。因此，她也真心建议学弟学妹们"要多跑图书馆，多和图书交朋友"，毕竟大学生涯是充实自我的最好时机。另外，王凌晶特别提起了自己曾自学过日语、法语，但都半途而废，没有坚持到底。不仅是在图书编辑行业，多掌握一门外语便意味着翻译、审核等工作上的巨大优势，因此她建议学弟学妹们在能力允许的范围内，多掌握一门语言，或者尝试双学位。因为多一门技艺伴身，很大程度上意味着多了一个职业选择。

生涯规划：未雨绸缪，综合评判

王凌晶认为，求职过程中重要的是对各种职业提前进行多方位了解，找工作的时候才能有的放矢，同时做准备也可以更有针对性且更充分，并由此提高求职成功率。王凌晶在毕业之前，曾到电视台、政府机关（杭州市委宣传部）、出版社实习。在电视台实习的时候，她发现浙报和广电作为新闻单位时效性非常强，经常要熬夜，而出版集团的时间相对较好把控。此外，她也有同寝室的同学是到浙江日报实习的，经常与她分享实习经历与感受。根据这些经验，综合评判下来，她才觉得出版社的工作更适合自己。

而进行职业选择时，她最看重的是与自己的专业和兴趣是否契合。她说：

"人一生在单位的时间是很长的，所以在可以选择的范围内，尽量选自己擅长的、有兴趣的工作，最理想的情况当然是既能干得好，又能干得开心。"对她而言，"做图书编辑是比较有创造性和挑战性的工作，跟人、跟文字打交道也比较有意思。"编辑出版工作需要经历**选题策划**、作者组稿、编辑校对、印制出版、媒体宣传、书籍评奖等流程，是一串长长的工作链条。但在王凌晶看来，这就是一个又一个大大小小的挑战，充满趣味性与挑战性，在每项工作完成后，她的内心也会感到充实感与成就感。其次，职业选择时应尽量选择与个人性格特点比较匹配的工作单位，"比如有活力、有拼劲、比较崇尚自由的人可以去外企、私企；而比较沉稳、严谨的人可以考虑政府机关、国有企业、教育行业等"，当然这只是一个比方，对她而言，工作状态、工作氛围也很重要，值得考虑。最后，方可综合考虑薪资水平、工作强度等，尽量选择自己觉得合适的行业和单位。

> 选题策划是指编辑人员按照一定的方针和客观条件，开发出版资源，设计选题，落实选题出版及行销方案的创造性活动；或者说编辑人员根据编辑方针、市场需求和受众需要，分析工作目标和内容设计最佳工作方案的过程。

职场拼搏：聚沙成塔，吐故纳新

王凌晶认为，不管在哪个行业，"笔头"和"口头"都非常重要，会写、会说就是绝对的优势。在写的方面，写什么和如何写都很重要，既要有思路、有创意，也要掌握不同文种的套路和写法。所以她建议，大家可以用心留意各种文章，保持练笔，日积月累。久而久之，这些文章的格式与内容书写就能成为内生本领了。得益于中文系的学习，王凌晶觉得自身语感不错，文字敏感性也不弱，这对编辑工作大有助益，而类似的能力基础与功底，同样是依靠锲而不舍的学习得来的。就她的经验而言，编辑岗位也需要撰写书评、论文、评奖材料等，所以文字的锻炼一定不能放松。王凌晶任行政管理岗位以后，撰写策划书、方案、报告、总结、通知等较多，只要积累，掌握了固定的公文套路，总体上就能做到驾轻就熟。

提及职场里需要的能力，她说："从工作上来说，专业能力、沟通协调能力、团队协作能力比较重要，从个人来说，学习能力、工作态度、性格特点、精神面貌也比较重要。"专业能力是指要能胜任岗位。以编辑来说，文字功底要好，知识面要广，打交道能力要强等等，这些是编辑岗位要求的专业素质。而沟通协调能力和团队协作能力同样重要，进入职场之后，很多任务都不是单打独斗能完成的，上下游各单位，部门与同事之间，各方面都需要沟通协调，通力合作。从个人提升的角度来说，上进心、学习意识也很重要，敬业、认真、努力、充满正能量的人通常会得到更多肯定。

至于如何在就职后锻炼这些能力与品格，王凌晶不吝分享自己的经验，即所谓"实践出真知"，各种能力是要在实践中锻炼提高的。在完成一项任务之前，通过查阅资料、学习以往经验先有个大致了解，再根据实际加以创新改进提高，完成之后做好复盘归纳总结整理，在一项项活动中丰富和提升自己的能力。

就其个人经历而言，与大学时代相比，王凌晶的统筹协调能力、多线作战能力在实践中得到了比较大的提升。她最大的体悟便是在多项任务并行的时候，要分清主次，安排好时间进程。她曾经在一个星期办好四场活动，也曾经在3天的时间内办好大会套小会共6场大型评审会议。从材料准备、场地安排到专家联系、外地专家出行食宿安排等等，每个细节都不能出错。她说："我的经验是做好流程清单，按时间轴明确所有环节，落实各项分工的时间和责任人，活动开始之前模拟一遍，这样才能确保活动完整、不出纰漏。"

而对王凌晶而言，现在的职场生活仍存在新的挑战。她说："目前对我来说最大的挑战应该是在'写'的方面。"她作为行政管理人员，方案起草、调研报告、汇报总结是必不可少的，如何进行生成性学习，将习总书记的讲话精神，中央、省委的要求部署融会进集团工作，这些都需要思考和研究。但她仍然贯彻在实践中锻炼的方法，尽可能地多读原著、学原文、悟原理，先理解，再生发，争取能够融会贯通，创新提升。

🌿 在大学期间印象最深刻的一件事

> 我认为大学生涯是一生中最值得珍惜的美好时光。读万卷书、行万里路的充实生活，带给我的是宝贵的精神财富与能力锻炼。

🍂 **对学弟学妹的寄语**

　　"要多跑图书馆，多和图书交朋友"，毕竟大学生涯是充实自我的最好时机。我推荐学弟学妹们在能力许可的范围内，多掌握一门语言，或者尝试双学位。

采访记者："职业生涯人物访谈"记者团

木号晴

丹青色不渝

姓名： 艾丹青

专业： 中文系编辑出版学专业 2005 届

籍贯： 黑龙江省齐齐哈尔市

去向： 杭州日报社

    艾丹青，男，黑龙江省齐齐哈尔市泰来县人，中共党员。浙江大学人文学院中文系编辑出版学专业 2005 届本科毕业生，在校期间担任系学生会宣传部副部长，后兼任组织部和宣传部部长。曾为浙江广播电视集团记者，现为《杭州日报》城市新闻中心副主任，兼任浙江省青年书法家协会理事、杭州市家庭教育学会会员。

    爱在奔波中升华，爱在旅人的脚下走成爱人追赶的心路。

    想起你温柔的脸，我默默寻找自己的逃向。在一个太阳难以抵达的地方，有你的双眸，把我感动得脆弱，终于流下泪来。

    就像两朵致情意的花儿，我们随风曳动，让爱的因子芬芳了整个世界。在一层层共同筑就的窖里，再大的雾，再冷酷的霜雪也只会为我们的一段舞蹈留住音乐。

    这夜，我成为守候神矢的侍者。我用烈火的胸膛熔化了失落的流星。为归至的恋人，重新浇铸一枚永恒的戒指，戴在阳光的花环上，闪亮出一个真正属于我的结局。

——摘自艾丹青散文诗《爱的冥想》

    坐在杭州日报的会议室里，艾丹青用淡定从容的口吻讲述了他毕业之后的职场经历。人如其名，即使身处困境，艾丹青也依然昂扬志不改，丹青色不渝。

"我花了 18 年才能和你一起喝咖啡"

艾丹青出生在中国最北部的黑龙江，所在的县是一个以农业为主的国家级贫困县。父亲收入微薄，母亲身体不好，长期赋闲在家，后来因为所在单位不景气而下岗失业。这使得本来收入就少的家庭雪上加霜，生活更加艰难。"因为家境不好，除了家教，几乎所有学校**勤工助学**的活我都干过。"艾丹青理解父母生活的艰辛，从来不要求什么，相反，生活的坎坷困顿让他比同龄人更快成长。他积极参加社会活动和勤工俭学，几乎不放过任何一个机会——做文案设计、做营销等，这让他比同龄人更成熟。

> 浙江大学有非常完善的校内资助系统，以"让每个学生都能共享人生出彩机会"为目标。不仅有国家助学金、国家励志奖学金、国家助学贷款等国家层面的资助，而且还为资助对象设置了绿色通道、爱心基金、专项补助和临时困难补助。在学生学有余力的情况下，还鼓励学生利用课余时间参加本校组织的勤工助学的活动，通过劳动取得合法报酬，改善学习和生活条件。面向资助对象的教育实践项目、经济困难生境外研修计划、外设助学金等，让经济困难生免除后顾之忧。

艾丹青并不避讳说起这些经历，他认同人具有"先赋性"，人的出身无法改变，但后天的奋斗依然可以赋予每个人不同的色彩。"网上不是有篇文章么？'我花了 18 年才能和你一起喝咖啡。'"由于表现出色，进入浙大后艾丹青被选进系学生会任宣传部副部长，之后更是在系学生会身兼组织部和宣传部部长，并担任校学生文学联合会主席、丹青书画社社长等，在学校各种活动中挥洒他的才华。

大一时，搜狐网和南方周末等媒体联合举办了"推选求学楷模，树立学习榜样"公益活动，艾丹青作为浙江大学的代表被选为"求学楷模"。大二时，艾丹青和朋友一起为联通 CDMA 充话费送手机的项目做销售终端。他们一起在曙光路租了个办公室，招了 10 个员工，奋斗了两个月。朋友投资了六七千，艾丹青则将向女朋友借的两千都投了进去，成功掘到大学生涯的"第一桶金"。"交了第二年学费，买了笔记本电脑，还有剩余。"说起这段经历，艾丹青还很有成就感，"给我们打工的那几个员工也是跟我们同年级的，甚至有比我们还大的大学生。"勤奋、努力、敢拼、敢闯是生活磨砺带给艾丹青的标签。

"我们所能仰仗的唯有笔和嘴"

　　当被问及为什么选择记者这个职业时，艾丹青不假思索地回答"把写作从一种爱好变成一种职业，当然，收入也高"。但事实上，艾丹青与文字的缘分是自小结下的。小学时，艾丹青一篇写家乡的文章就获得了作文大赛省级一等奖、市级特等奖。在学校和地区的书画比赛中他也屡次获奖。中学阶段，艾丹青又在多家校园报刊上发表诗文，初三时获得了"新秀杯"征文大赛优秀奖。进入浙大后，艾丹青先后又有文章发表在校、院、系报以及校团委报。大一时获浙江大学"书缘"杯征文比赛一等奖，在第四届校园文学大奖赛中，他也得到了一个一等奖和一个三等奖。在校期间，艾丹青还担任着中文系报《博雅中文》的主编。

　　在院校各级刊物上发表编辑文章，为艾丹青将来从事新闻工作建立了基础。做系报编辑、承办校园文学大奖赛、请评委、拉赞助……这些丰富的实践经历都让艾丹青受益匪浅。如今的记者职业并不是只有单纯的采编工作，他们往往还兼顾着新闻、发行、活动策划组织、媒体融合等工作。艾丹青独特的经历帮助他在面对新的职业要求时游刃有余，但他谦虚地说："我们所能仰仗的唯有笔和嘴而已。"以笔为矛，以嘴为盾，便能书写世事变幻，这就是记者的职业信仰所在。

"才能并非天生的"

　　尽管经历比同龄人更为丰富，艾丹青却说求职并不容易。"到杭州日报报社工作也是一个曲折的过程，抓住了偶然的机遇。"刚刚毕业的艾丹青进入了浙江广电集团浙江电台当记者，虽然这份工作的待遇不是很理想，他却并没有怠慢。每天都是第一个到单位，帮助同事们处理报纸、信件等杂事，关注报纸上的每一处内容，不放过任何一个新闻点。也正是这样的坚持，让艾丹青看到了杭州日报报社的招聘启事，与《杭州日报》结下了不解的缘分。

　　"机会来了就要毫不犹豫地抓住。"这是艾丹青的处事原则，他立刻报了名，一路过关斩将进入了面试环节。杭州日报报社的入职考试不按常理出牌，不是常规的一对多或者小组面试，而是将100多个经过笔试筛选的候选者送到了杭州一家民营医院，要求大家随意寻找话题进行采访并写一篇报道。多年的新闻嗅觉和文字功底很快发挥了作用，艾丹青迅速而敏感地以"民营医院的公信力"为切入点，对民营医院的生存状况做了深入的报道，在激烈的竞争中脱颖而出。在艾丹青看来，这样的机会并不是凭空而降的，而是依靠多年积累获得的。"才能并非天生的"，多年专业知识和工作经验的积累才造就了如今的艾丹青。面对机会，只有有准备的人才能将其牢牢抓住。

扎实的专业知识、熟练的英语听说读写能力、一定的社会实践积累，这都是艾丹青在生活的磨砺中获得的。妙笔生花，以拼搏为笔，以汗水为墨，终于渲染了一幅以奋斗改变命运的笔墨丹青。

🍂 在大学期间印象最深刻的一件事

如果把在大学的四年、1460天分出段落的话，我宁愿每一段都是开始的模样。之所以这样说，是因为四年中留下了太多的遗憾。遗憾于尚未踏进学术的门槛半步，就与课堂匆匆作别；遗憾于面对讲台上的学者先生，没有只争分秒、亲近珍惜；遗憾于从大一到大四，拿到许多稿费，却从未"染指"过奖学金。

🍂 对学弟学妹的寄语

在浙大中文系诞生100周年时，老系主任吴秀明教授说了一句话：仰望星空，脚踏实地。

或许每个人都有仰望星空的冲动和勇气，但很多人输在了脚踏实地的久久为功上。绝不能让一分之差出现在人生的答卷中。

采访记者："职业生涯人物访谈"记者团

康钰钏

世事洞明皆学问，人情练达即文章

姓名： 莫红鹃
专业： 中文系中国现当代文学专业 2006 届
籍贯： 浙江省长兴县
去向： 浙江省广播电视集团

　　莫红鹃，中共党员，2004 年从浙江大学人文学院中文系汉语言文学基地班毕业后，保送至本校攻读硕士研究生，毕业后在浙江省广播电视集团办公室工作，现任集团研究室副主任。在校期间，曾担任中文系学生会主席、人文学院研究生会副主席等职务，多次获浙江大学优秀学生奖学金、三好学生、优秀学生干部等荣誉称号，并多次在浙江大学各项文学类比赛、演讲比赛中获奖。工作期间，获省直机关青年公文写作大赛第一名，全省机关党建理论研究成果一等奖，全省宣传信息工作先进个人，浙江广电集团十大杰出员工，赴美国、意大利等开展媒体融合培训及媒体合作研讨等活动，并发表媒体研究类文章。

　　如果用一种颜色来形容自己，莫红鹃会选择蓝色，因为蓝色静谧而深远，象征着大海一般的包容。在校园的日子里，她在文学研究中学有所成，在学生工作中练达能力；毕业后常年深耕文字工作并没有改变她原来的包容和耐心，反而更加深了她对世事的洞察，以及她对生活的体会。

掌握一项核心能力

　　在大学学习中，莫红鹃印象比较深刻的是许志强教授的外国文学课。那是一堂至今仍令她记忆犹新的写作课，教授让他们每个人在黑板上写下自己最喜欢的外国作家的姓名，由于刚从单调、压抑的高考生活中过渡到大学生活中，当时莫红鹃对其他同学在黑板上写下的作家姓名只是略有印象，她尤其对老师和同学们频频提到的村上春树感到陌生。从那时起，她意识到自己知识面的匮乏，便下了决心用好这四年，充实自己的文学底蕴，努力摆脱"小镇做题家"的束缚。每期都看的《小说月刊》便是她的最爱之一，苏童也是她比较青睐的作家之一。逐渐地，她开始考虑自己的研究方向，最终将研究生学习重点锁定在了现当代诗歌上面。

她分享说，大学生确实比高中生多了许多自由的时间，但是也特别容易迷失自我，利用自由而有限的时间去了解自己真正想要什么，并且选择适合自己的方向，这才是关键。"你或者渴望未来拥有镁光灯下的成就，或者向往一种安稳、踏实的生活，又或者希望在另一个国度展开自己新的抱负。为了实现心之所向，你必须尽快地给自己做一个具体而非空洞的规划，例如一个月看几本书，在大三之前考过托福、雅思等等。"总之，要掌握一项核心能力，成就独一无二的自己。

丰富自己的人生现场

外表内秀文静、性格低调内敛的莫红鹃，当年是浙江大学人文学院学生中的"风云人物"。本科期间担任中文系学生会主席，研究生时期担任人文学院研究生会副主席，多次在浙江大学的文学类比赛、演讲类比赛中获奖，她在大学期间不断训练自己独当一面的能力。学生时代丰富的社会工作经历和比赛经验，也为莫红鹃以后的职场生活增光添彩，她在"我为集团创新业"主题演讲比赛决赛中获得三等奖，参加集团"基层挂职锻炼青年代表报告会"和集团校招宣传片的录制，在集团内部多次开展大型公文培训授课。

莫红鹃鼓励同学们多去接触大学生活的方方面面，参加一些社团发掘自己的潜力和兴趣，最终哪怕发现不是适合自己的选择，至少可以在参与过程中结交到志同道合的朋友，校友情是一种可贵的情谊，也有益于搭建提供互学互鉴资源的平台。"相对于社会，学校是纯粹很多的地方，即使在有些方面对我们有所约束，比如在课堂上点名签到，直接将成绩与到课率挂钩，辅导员、班主任会定期来询问最近的状况……但这些无疑是出于对你的负责。而进了社会，基本上不会有人再像学校里那样去约束你，这也意味着你必须对自己的行为、命运负上全部责任。"莫红鹃说，职场人的工作表现也与学生的学业表现大不相同，付出与回报有时并不会等价。"大学的考试，付出一成努力，或许就能得到一成收获；但是在工作中，即使付出十成努力，最后的收获也有可能是零，甚至是负数。我们必须足够坚强地去接受这些现实。"

在被问及如何处理学习与学生工作之间的关系时，莫红鹃表示，提早成为火力全开的"多面手"，找到其中的平衡点，是应对职场工作需要培养的能力。

要有光，自己点

在谈及最初的工作选择时，莫红鹃坦言，做记者曾经是她的理想，因此她一开始应聘的是浙江广电集团的新闻采编岗位。但是现实总是和预期有出入，她最终被分配到了办公室从事文秘工作，主要负责公文处理、信息报送、文稿撰写等工作。

刚得到岗位安排通知时，她不免感到失落，看着与她同批受聘的同事陆续离开，她却选择坚持下来，勉励自己把工作作为一种自我表达，学会在岗位的方寸之间寻找成就感、体会幸福感，自成一个清新的小宇宙。"现在很多学校的大学或研究生毕业生，尤其是从一些名牌大学出来的学生，对于复印、打字之类的琐碎活不屑一顾，认为是屈了尊。我认为这样的想法并不是明智的，从另一面说这反映出他们心智的不成熟。从小事中培养本领、洞察人情世故，这是很重要的一个环节。"

现在的莫红鹃在文秘岗位已经深耕15年，工作的"难度系数""忙碌指数"不断刷新。在她看来，从事文字工作，没有日积月累的沉淀无法实现厚积薄发，没有千锤百炼的修改无法做到精益求精，没有敬业奉献的精神无法支撑繁重压力，"把一件事情做好"，这也是任何一个行业、任何一个岗位通往成功的唯一道路。

于莫红鹃而言，无论是大学期间的学习工作、校园生活，还是工作期间多次外出交流的经历，都在无形之中教会了她许多。在学习工作和校园生活中，她拓宽了待人接物的内心格局，找准了职业生涯的心之所向。在工作中，她不断认识到自信和坚持的巨大力量，摸索出了自己的成功之道，正如她所言，"做任何事都要相信自己能够成功，那些我们称之为'成功的人'，他们舞台下的艰辛与坚韧是我们看不到的，也是我们无法想象的"。在一路的学习和工作之中，莫红鹃积蓄着自己的生命能量，同时也观照着于己之外的大千世界。

🍂 在大学期间印象最深刻的一件事

我依稀记得当时西溪校区东一四楼中文系的阶梯教室里，位于左边墙壁上的中文系的系训——倚天翰墨，威震乾坤。

🍂 对学弟学妹的寄语

博观而约取，厚积而薄发。

采访记者："职业生涯人物访谈"记者团

金梦雪

铁肩担道义，妙手著文章

姓名： 魏董华
专业： 中文系古典文献学专业 2010 届
籍贯： 浙江省杭州市
去向： 新华社浙江分社

  魏董华，中共党员，2010 年本科毕业于浙江大学人文学院中国语言文学系古典文献学专业，后保送进入中国人民大学攻读汉语言文字学硕士研究生学位。在本科就读期间，曾任浙江大学人文学院团委学生会宣传部长、浙江大学学生文学联合会主席。现就职于新华社浙江分社，任对外采访部副主任。

  对于 2006 年的夏天，魏董华有两个最为深刻的记忆，一个是齐达内"惊世一顶"遗憾错失大力神杯，另一个便是收到浙江大学的录取通知书，进入浙江大学人文科学试验班学习，自此他的人生开启了新的旅程。如魏董华所言，"路子对了，比别人慢一点也无妨"，本科阶段，魏董华在人文科学试验班学习，随后选择攻读古典文献专业，浙大毕业后保送到中国人民大学中文系读硕士。2013 年从人大毕业后，考进了新华社浙江分社，如今已是一名优秀的新华社记者。从求是园到新华社，魏董华走出了一条自己的路，多年的学习和工作感悟也让他更加确定脚下的路。

记者的使命在于推动解决问题

  魏董华一直认为，他身上最深的烙印是在浙江大学打下的，即使是三年的"北漂"生活，也并没有"漂去"他身上的南方人气息。考进新华社浙江分社后，记者这份职业的使命在他脑海中慢慢清晰起来。

在新华社工作的七年里，魏董华一直奋战在新闻一线。七年，说长不长，说短也不短，在浙江这个经济大省，他走遍了 11 个地市，80% 以上的县区，采访过宗庆后、李书福这些浙商大佬，也采访过一些叫不上名来的中小企业家。当年和他一起入社的几个"初生牛犊"似的小年轻们，志同道合，意气风发，满脑子都是"书生报国"和"新闻理想"，想要用满腔热血来抵抗"黑暗"。他们就像是罗斯福总统口中的"扒粪者"一样，有志于揭露社会丑闻、坚守社会正义。虽然年轻，但有锐气，凭借着一股冲劲，他们改变了一些事情：收了 20 多年的手机国内"漫游费"如今彻底退出历史舞台；一度野蛮生长的互联网彩票至今还在关停；暗访揭露汽车尾气检测造假、倒卖环保标志事件之后，国家出台机动车尾气排放检测管理新规；起底宁波涨停板敢死队；起底私募大佬徐翔等等。

初出校园时的简单、幼稚，在"行万里路"的过程中逐渐变得更加理性、更加富有建设性。2020 年，魏董华进行了关于古建筑倒卖的灰色产业链的调查，发现了许多根源性的问题，不仅限于批判，而是从立法、唤醒古建筑保护意识等多个角度思考，报道发出后引起了较大的反响。魏董华说："舆论监督不是为了挑动社会公众的情绪，而是为了推动问题的解决。"这正是记者的立场所在，也是"一介书生的报国心"的最好体现。

最重要的在于学会认识自己

谈到专业背景和职业关系时，魏董华笑言："其实没什么优势，做记者和专业的关系不是非常大。"他提到，经过多年的专业训练，自己有较强的文字驾驭和把控能力，但记者这个职业还看重调查研究、社交沟通、团队协作等素养，而这都不能仅仅通过埋首书册得到，还需要主动锻炼。例如，在校期间可以适当参加电视台、广播站等需要出镜的组织或社团的活动来培养出镜的"感觉"。他建议大学期间培养调查研究能力、总结归纳能力，要有问题导向；在保证专业课学习的前提下，多参加社团活动、与人交流，参加创新创业类的团队项目，尝试发展各方面的兴趣爱好。事务性工作的处理、团队项目的协作经历会对职场有所帮助，兴趣爱好则能为发现希望从事的职业打开一扇窗户。

有些人在进入工作后因种种原因选择离职，去寻找更适合自己的方向；而有些人能在大学里或者更年轻的时候就坚定自己的职业理想，起步更早，积累更深，成功的可能性更大。魏董华认为："最重要的还是要先认识自己。"他建议同学们认识自己擅长什么、喜欢什么，对什么感兴趣，做什么事情的时候可以很专注，不断发现自我，从而走上适合自己的职业道路。

不变的初心在于实其事求其是

作为一名国家媒体的记者，面对当下纷繁复杂的社会，如何选取和表达新闻？这是魏董华一直在思考的问题。他始终认为，主流媒体要告诉公众的真相，不仅是不虚构、不杜撰的底线真实，更要从宏观上真实把握和反映事物的全貌，绝不能一叶障目。**坚持新闻真实，就是要杜绝哗众取宠，力戒似是而非，通过"实其事"努力做到"求其是"。**

《新媒体环境下中国调查记者行业生态变化报告》显示，2017年全国在册新闻调查记者仅有175人，而在六年前，这个数字还是509。调查记者数量的锐减，并不是因为人们对真相的淡漠，而是对现实的妥协。移动互联网时代与娱乐时代的叠加，让共鸣淹没了获知，让情绪淹没了思考，让猎奇淹没了执着。而学长仍然在坚守着，坚守实现社会正义的迫切感，坚守揭开社会浮华背后真相的锐气。正如学长所说，要通过"实其事"努力"求其是"，日夜辛劳的洞察不一定就是事实的全部，只有不断地挖掘与深入，才能逐步地接近还原真相；在这个过程中，要保持客观冷静的立场，拒绝任何个人色彩的加入，只有对真相的全面，才是对公众的负责。

求是，也正是浙江大学深层次的精神基因，是深深植入他骨髓的烙印。

一个大的时代都是由一个个微小的个体所组成，由这些个体所创造的。一个国家离不开基层的官员、企业家、老百姓，也同样离不开一个冷静而感性的倾听者、一个能够独立思考的记录者、一个追寻真相的观察者。个体在时代变化面前或许无能为力，但真相永远是公众需要的，所以不管怎样，一个以监督权力、追寻真相为职责的行业都不应该消失，每个在其中的个体都不应该忘记自己的使命与担当。魏董华相信，只要那些为了真相，为了理想，为了保护被侮辱、被损害的人的合法利益而执着奋斗的记者还在时代的洪流里挣扎着、呐喊着、留守着，那么，明天就能再多一份美好的希望！

🍂 在大学期间印象最深刻的一件事

我的大学过得很简单，上课、踢球、看看书，没有印象非常深刻的事。由今而言，比较遗憾的是当时做社会实践太少，不愿意出去实习，其实在大学实习，提早接触、真正了解这个行业到底是干什么的，对职业生涯规划是很有好处的。

对学弟学妹的寄语

对于刚刚走出大学时的学生来说，我认为需要一个比较大的平台，可以让你去接触更广阔的社会，不会把自己框死在一个细分行业里。第一份职业的平台大一点，你可以接触到更多的人，积累更多的社会资源。

当然，每个人有自己的选择，有些人可能喜欢安稳，有些人希望开发更多的可能性，这都是遵从自己内心的选择。发现自我是一个很重要的过程，要提前认识自我，你自己是一个什么样的人。

采访记者："职业生涯人物访谈"记者团

陈怡雯、梅琰彬

慧眼观文化，妙笔著文章

姓名: 尤 帆
专业: 中文系汉语言文学专业 2012 届
籍贯: 浙江省台州市
去向: 三联生活周刊

尤帆，中共党员，浙江大学人文学院中文系汉语言文学专业 2012 届本科毕业生。目前就职于三联生活周刊，初任三联生活周刊记者，现因三联大力推行新媒体项目，近期调岗至三联生活周刊新媒体担任内容编辑。大学就读期间担任团支书学生骨干，在浙江日报、三联生活周刊等媒体实习。

尤帆，人如其名，犹如帆船一般徜徉在北京这座文化艺术之都，以文字为载舟之水，以思想为掌舟之舵，她在三联生活周刊（以下简称为"三联"）观察并书写着文化的深度与广度。

"工作对我来说并不只是谋生的工具，它还是我学习的方式。"这是尤帆对工作的定义。"工作没有好与坏之分，但相对于机械性、程式化和重复性的工作，需要创意的工作对我来说更有吸引力。"尤帆选择这份需要创意的工作并不是偶然的，大学期间她就在课堂和实习中锻炼思维、升级技能，用学识和经验铸造了进入职场的"冲锋铠甲"。

文学锤炼，用讨论课培养创新思维

尤帆和传媒行业的缘分始于大二下半学期确认专业之前，虽然那时的她通过在新媒体行业的实习，已经对传媒行业产生了浓厚的兴趣，不过最终她在中文系和新闻系之间选择了前者。

尤帆认为，新闻系教授的更多是技巧，采取实践教学的方式。当时在一些新媒体实习经历中，她已经掌握了一些专业的采写技能，考虑到自己更需要其他学科来扩充知识面，尤帆选择了中文系。"选择文学专业，一方面是因为我有阅读经典文本的爱好，另一方面是因为我在大学愿意花更多的时间求知和研究文本。"尤帆对传媒的兴趣并不是盲目的和表面的，她明白，要想和人物站在同一高度进行对话，并形成自己的理解进行编码、传播，这需要的不单是采写技巧抑或传播学理论。锤炼自己的思维方式、提升自己的精神高度、开拓自己的认知视野同样很重要。

文学素养的积累则主要依靠专业课堂来完成，尤帆在大学期间最喜欢上的就是讨论课。区别于传统的教师单向输出、学生被动接受的教学模式，讨论课提供了让师生双向对话的机会。"其实大学里的大多数课，上课传授的知识是可以课后看讲义自己温故的。但是讨论课不是这样，看完书之后还要在课堂上进行展示和分享，进行创新思维的训练。"尤帆认为，大学文理科教学很大的不同就在于两者的反馈机制。理科生通过做题、实验等方式对自己的掌握程度进行验证，而文科学习却没有客观的、可以量化的反馈机制，讨论课高效的交流和辩论为文科学习提供了有效的反馈机制。

在进入三联之后，讨论更是成了尤帆工作的常态。"三联每周都会开一次选题会，你需要告诉别人为什么要写这个话题，以及这个话题为什么成立，这需要进行多方面的论证。"由于从大学讨论课起就接受并享受思维训练，尤帆很好地适应了工作中的选题讨论强度。

现场实操，真刀真枪练就采写技巧

大三期间，尤帆报名浙大传媒特稿中心，经过选拔，顺利成为第三期学员。在特稿中心的那段时光里，**前往北川实地调研的经历令她记忆犹新**。这是她在大学时期印象最深的一件事。那是在汶川地震发生的两年后，一群学生在老师的带领下前往北川进行为期一周的实地调研，调研聚焦当地中学灾后重建和教育恢复，需要学生对地震幸存者进行采访以获得第一手资料。这是尤帆第一次到新闻事件发生的一线做社会类的深度调研，在和当地学校师生沟通交流中，她发现了很多采写实践的问题。比如，如何把握采访的尺度，既要探知到当年灾害的实情，又尽可能地避免引起被访者的二次心理创伤；如何联系采访对象，让被访者积极配合自己，理解自己的意图。这一次"真刀真枪"的调研让尤帆受益匪浅，她的团队合作能力、独立采访能力都得到了提升。这也是她第一次从学校的环境里走出来，正式去接触这个社会的环境。她觉得了解和记录这样一个经历了重大灾难的地区的人们的生活状态，还是蛮有意义的一件事。

> 在描述实习经历或者学生活动时，我们可以使用 PAR 法则来分三句撰写：第一句体现 Problem(P)，即问题、背景，可以概括一下你的工作职责和主要内容；第二句体现 Action（A），即行动，你为履行的工作职责所做的工作；第三句 Result（R），即结果，最终你取得的成就。运用 PAR 法则可以让每一项实践经历更加条理化、清晰化地展示出来。

　　为了精湛采写技能，尤帆在大四的寒假萌生了实习的念头。她抱着试一试的心态给浙江大学传媒与国际文化学院的邵志择老师发了一封求助的邮件，却没想到竟然幸运地遇上了伯乐，不久之后便收到了回复，并获得了被推荐进入浙江日报文化部实习的机会。尤帆抓住机遇，顺利通过了报社的面试，开始了在传媒行业崭新的实践经历。借着实习的机会，尤帆接触到很多中外的文艺名人，其中有执导奥运倒计时"大脚印"烟花表演的蔡国强、台湾主持人蔡康永、知名画家评论家陈丹青等。在与名人大家畅谈的过程中，尤帆进一步提升了新闻采写水平，也增强了自身的综合能力。

　　尤帆分享实习经历时说道，人文学子的竞争力主要体现在综合能力和创新创意两方面。她认为用工单位初步评判求职者综合能力的标准之一，就是对方的学历和毕业背景，在这一点上，浙江大学的学生在浙江范围内的就业竞争力是很足的。但同时她也指出，现在名校毕业生很多，而且每个地域承认的院校也有差别，所以参加三联类媒体单位招聘时，需要做好充足的准备来面对毕业于北大、清华甚至是国外名校的同龄人的竞争。

职场练兵，在北漂中精心琢磨本领

　　尤帆坦言，自己刚毕业找工作时从没有考虑过生活成本和定居的问题，当时就是抱着试错、求知的心态到北京来"打工"的。"大学期间一定要尝试找到自己的兴趣点，如果尝试后还不太清楚自己的兴趣点，那么大学毕业之后再多加尝试。"她建议不急着求安稳、不满足于按部就班的学弟学妹们趁着自己刚毕业、工作还不稳定时多试错，因为随着毕业时间的增长，跳槽需要考虑的因素会越来越多，试错的成本也会相应地变高。

初入三联的时候，尤帆的工作压力很大。作为一份周刊，三联和讲求时效、内容精悍的晚报、日报有很大的不同，三联的文章都是深度报道，字数最少也是 3000 字，每一篇都凝结了作者团队一两个月的精力。这对于刚毕业的尤帆来说挑战的确不小，尤其还要跟着三联的一位资深主笔实习，压力倍增。但是尤帆又很清楚，每一篇报道从选题、打磨、成型、执行到付梓的过程，既是对文章的切磋，更是对自己的锻炼。"这段过程会逼着你快速进入一个领域。遇到问题时，我可以直接和副主编还有带自己的'老人'讨论，他们会提供他们的看法、意见。慢慢的，我发现自己的世界观拓宽了，对文化现象的灵敏度也更高。"

三联是一份享誉国内的期刊杂志，每年吸引大量的人才入职。对尤帆来说：在三联工作更像是大学的延续，满足了她对于艺术和人物的好奇心，这种小我的、精神上的满足可以让她不顾一切地选择北京作为自己的定居城市。所以尤帆觉得，能够来到北京闯荡并在三联工作是非常幸运的机会。尤帆说："我做的是文化类的报道，北京是文化艺术之都，文化氛围是十分浓厚的，文化资源的广度和深度都是杭州在内的其他城市所不能比拟的。所以尽管北京生活成本高，我还是选择做了一个'北漂'。"但她也提醒道："其实定居城市的选择要依据工种而定，比如从事金融行业的人就会选择上海、香港。"

梦想本不会发光，发光的是追逐梦想的人。2012 年从浙江大学中文系毕业后，尤帆就来到了三联，从编辑部的实习生干起，到如今成为三联生活周刊新媒体的内容编辑，她在三联一待就是 9 年。尤帆相信，她会把著文章的笔握得更紧，把追梦的脚步走得更坚定。

在大学期间印象最深刻的一件事

在汶川地震发生的两年后，我们一群学生在老师的带领下前往北川进行为期一周的实地调研，调研聚焦当地中学灾后重建和教育恢复，需要我们采访地震幸存者以获得第一手资料。这是我第一次到新闻事件发生的一线做社会类的深度调研，发现了很多采写实践沟通技巧上的问题；同时，也是我第一次从学校的环境里走出来，正式去接触这个社会的环境。

对学弟学妹的寄语

我觉得在大学里其实还是要做更多的探索，发现自己真正感兴趣的东西。人生是一个不断试错的过程，要勇于尝试，才能够发现什么是适合你的，什么是不适合你的，尤其是在大学阶段。其实人的各种兴趣和能力都是在被发掘和被发现的过程之中，一定要多尝试，多探索自己。

采访记者："职业生涯人物访谈"记者团

吴媚、李岚

非不能也，是不为也

姓名: 陈伟斌
专业: 中文系汉语言文学专业 2015 届
籍贯: 福建省莆田市
去向: 任职于浙江电视台，负责记者、编导工作，
目前担任《浙江名医馆》编导

　　陈伟斌，在校期间曾担任浙江大学人文学院中文系本科汉语言文学 1102 班班长、人文学院团委学生会宣传部部长，获浙江大学优秀学生干部、浙江大学优秀团员等荣誉称号。2015 年毕业于中文系汉语言文学专业，同年成功考取公务员，在福建省福州市海关任职。2016 年 4 月回到杭州，于浙江电视台从事电视记者、编导工作。

　　2015 年的冬天并不好过。深冬的海风裹挟着海浪的咸腥和船舶的燃油味，冰凉凉地拍在货箱堆积的港口上。陈伟斌正例行公事，将目光仔细扫过一排排甲板上堆放的货物，记录信息。核验完毕这些进出口的货物后，他还要去对出入境的船舶进行征税。在小小的边境港口，这样日复一日的机械性工作，已经持续了半年多。他叹了口气，眉头紧锁。这样的生活，好像和他想象的不太一样。

职业初选: 安逸的日子让人"闲得忧心"

　　让我们把时间的指针拨转到六个月前。

　　2015 年夏天，陈伟斌从浙江大学中文系毕业，正式步入了人生的新阶段。这个在校期间热爱运动却又有些"佛系"的大男孩，是个素来喜欢悠闲散漫生活步调的人。在杭州独自生活的巨大压力，和父母渴盼离他近些的心愿，促使陈伟

斌决定回老家福建工作。

面对银行职员和公务员两条路，陈伟斌最终选择了后者。他说，自己求职最为看中的，就是"对社会有益"的工作。他为公务员肩上的社会责任感到自豪，在不断的努力下，他通过了竞争激烈的国考，在福州海关任职，承担起进出口货物查验和船舶征税的工作。

日子倏地过去了半年，陈伟斌尽职尽责，用极大的耐心对待着日复一日、枯燥无味的工作内容。但他的心却越来越沉，越来越迷茫。虽然公务员的工作非常看重个人的耐心和责任感，他做得也足够尽心尽力，但他却觉得这不是真正适合自己的工作。重复程度极高的常规程序中，他觉得自己只是个循规蹈矩的执行者，学不到新的技能，得不到能力的提升，也看不到自我发展的长远方向。稳定但相对较低的收入水平，也无法长期支撑他追求理想的自由生活。他渐渐开始看清楚藏在自己追求安逸生活的外表之下，那颗孜孜不倦渴求挑战的心。他评价自己的公务员生活："闲得忧心！"

原来，真正长期从事所谓安逸的闲职，反而会唤起难以名状的焦虑。去学习，去成长，去提升自我——这股念头，曾经一度被衣襟上国徽带来的荣誉感、被来自家庭的亲人们依赖的目光所掩盖，停驻在小小的边境港口，却始终想要冲破海浪云层飞上天去。

转职思考：找准兴趣与能力的平衡点

2016 年 4 月，在经历了一番挣扎、纠结和思考后，陈伟斌最终做出了抉择——回到杭州，去电视台工作。 他喜欢杭州，希望能实现经济独立，通过自己的能力在这里定居下来。

> 生涯平衡单，或决策平衡单，可以帮助决策者梳理考虑因素复杂的问题。通过对物质和精神方面的得失考虑，通过对本人和重要他人的利害分析，能更好地把决策者面临选择的利弊较全面地摆在纸面上。人的思维和想法是流动的，容易发生变化，用笔将想法记录下来，然后用相对统一的标准量化打分，会让想法更加明晰。

谈起为什么选择转职成为电视台的节目编导，陈伟斌提到，当年在中文系学习的影视相关课程，培养了他最初对电视行业的兴趣和素养。"大三选修了和电影相关的课程，这些课程通过分析经典电影的镜头语言和叙事结构，让我初步理解了影视的语言艺术和表达形式，为现在所从事的电视行业也打下了一点基础。"专业背景也为他的求职带来了一点优势，"中文系学生被认为文字功底出色，所以在新闻编辑、评论撰写、专题片制作上可以有所发挥"。当然，由于这些理论仅仅局限于书面，所以只能作为潜移默化审美素养的积淀，更多的实践技能还要靠在业内的不断学习才能获得。

刚刚转职的日子坎坷又辛苦。陈伟斌从调试摄像机的曝光参数、构图和运镜方面开始实践学习，在烈日下扛着三脚架和稳定器四处奔波，学会用话筒采录音频并后期处理，学会运用多线程剪辑和专业化的媒体工作流……大量鲜活饱满的知识涌入了他的世界，填补了那些学校里理论知识搭建出的粗浅雏形，让他切身感受到了源源不断创造的动力。

职业终定：是高强度的挑战，也是前所未有的充实

传媒行业的工作强度极大，比起曾经的工作来说，简直是两个极端。一个闲得心慌，另一个忙得神龙见首不见尾——每周六天班，一边加紧学习采访、拍摄和剪辑等专业实践技能，一边面临着来自家里反对的声音，时常"肝"节目做项目加班到昏天黑地，个人时间被压缩得所剩无几。

入职半年，陈伟斌的近视度数飞涨50度，身体和心理都承受了高强度的挑战。但就是在这段时间里，他感到前所未有的充实，掌握的许多新技能就是他得到最好的回报。电视编导的工作使他的自信心得到大幅的提升，并且确信了——自己更加适合这样充满挑战的生活节奏。

陈伟斌在钱江台担任过近2年的脱口秀栏目主编，目前的岗位是电视记者、编导。从2018年8月到2019年6月，他担任杭州亚组委宣传项目"期待2022杭州亚运的100个理由"44期系列节目的负责人编导。2020年他开始担任《浙江名医馆》的编导工作，参与了推动《浙江名医馆》栏目向融媒体领域进军的过程，其中"浙江名医馆"抖音公众号粉丝数即将突破100万，点赞数、粉丝数等主要指标都在省内同类电视栏目之首。由他负责的"给心脏换扇门"节目又获得了2020年集团二季度社教专题一等奖。

陈伟斌庆幸他当初迈出了尝试转变的一步，并且干得还蛮不错。如今，他也是一位颇有经验的媒体人了，他半开玩笑似的说，现在唯一与自己当初期望有点差距的，可能就是给工作投入的时间太多了，个人自由时间太少了。

虽然绕了一圈弯路，陈伟斌最终找到了合适自己的职业，而之前的种种经历，也成为宝贵的人生经验，成为他认清前路的动力。从公务员跨行传媒编导，看似相隔天壤，但非不能也。只要秉承着对目标职业的热情，不断沉静下来，学习看似复杂的知识，也总有得心应手的那一天。

谈起大学期间什么给他留下了最深刻的印象，陈伟斌说："就学业而言，我认为在大学期间自己找到了更多的兴趣方向，比如影视分析。"从大三开始，他选修了不少电影鉴赏与分析课程，课堂上老师所讲授的镜头语言的魅力、电影艺术的发展历史以及不同的艺术流派分野等等，令当时的陈伟斌非常着迷，也使他对文学的影视化表达有了更深刻的理解。可以说，在大学课堂里面，这些学习兴趣的开拓，也为他后来选择电视工作，隐约当中注入了某种启示。

最后，对于学弟学妹，陈伟斌给出了中肯的建议："第一，早点认清自己的方向，虽然并不容易；第二，提升你的学历，这会让你看见不一样的风景；第三，安静地去学习，找到自己想要的生活。虽然选择常常会大于努力，但是唯有努力去奋斗，才会有好结果。祝愿各位亲爱的学弟学妹，学习进步，一切顺利！"

在大学期间印象最深刻的一件事

"就学业而言，我认为在大学期间自己找到了更多的兴趣方向，比如影视分析。"从大三开始，陈伟斌选修了不少电影鉴赏与分析课程，课堂上老师所讲授的镜头语言的魅力、电影艺术的发展历史以及不同的艺术流派分野等等，令他非常着迷，也使他对文学的影视化表达有了更深刻的理解。可以说，在大学课堂里面，这些学习兴趣的开拓，也为他后来选择电视工作，隐约当中注入了某种启示。

对学弟学妹的寄语

第一，早点认清自己的方向，虽然并不容易；第二，提升你的学历，这会让你看见不一样的风景；第三，安静地去学习，找到自己想要的生活。虽然选择常常会大于努力，但是唯有努力去奋斗，才会有好结果。祝愿各位亲爱的学弟学妹，学习进步，一切顺利！

采访记者："职业生涯人物访谈"记者团

王美懿、郭昱涵

理想与现实的巧妙平衡

姓名: 沈依梦
专业: 中文系编辑出版学专业 2015 届
籍贯: 浙江省杭州市
去向: 在上海从事传媒行业媒介代理工作

沈依梦，曾任浙江大学学生社团指导中心干事、人文学院学生会干事，获浙江大学 2013—2014 学年人文学院学业三等奖学金、优秀学生三等奖学金，获浙江大学 2013—2014 学年优秀学生荣誉。2015 年毕业于中文系编辑出版学专业，于同年申请至英国华威大学攻读创意与新企业方向硕士，2016 年毕业后回国到上海发展，主要从事传媒行业媒介代理方面的工作。

从人文学院编辑出版学专业本科毕业之后，沈依梦只身踏上了赴英国的求学之路，在华威大学攻读创意与新企业方向硕士学位。2016 年毕业后选择回国到上海发展，主要从事传媒行业媒介代理方面的工作。

职业规划"接地气"

人文学子往往会带着一丝理想主义的情怀，可以抬头仰望天上的"月亮"，但同时也要能俯身拾起地下的"六便士"。在职业规划与选择上，沈依梦持着这样的观点。她并不反对"做梦"，也并不排斥理想，只不过要应对现实社会的挑战，光有理想和梦想是不够的，因此她鼓励同学们在校期间要多"接地气"地考虑问题。

"我当时的想法非常天真，我就告诉自己考一个公务员就好了，非常佛系。"**受家人影响，沈依梦一度将公务员作为自己的职业目标，临近大四才因为对电影**

制片产生了浓厚的兴趣，萌生了从事相关行业的想法。因此，本科毕业后她便申请去了英国华威大学，攻读创意与新企业方向的硕士学位。由于求学期间很少考虑就业问题，刚毕业回国沈依梦就碰了壁。

> 在职业生涯规划中要注意目标制定的 SMART 原则，即目标的设立要具体、明确；可量化的；可以达到但有挑战性；有奖罚机制的；有时间限制的，这样实施起来才有效率。当然，职业规划不是绝对的，要根据社会环境的发展变化以及对自我职业了解程度的变化而调整和发展。

2016 年 12 月，沈依梦获得了研究生的毕业证书结束留学生活，回国之后却发现自己已经"巧妙地避开了"秋招。当时她只好摸着石头过河，一方面参考同学的发展方向并讨教经验，另一方面根据工作的描述和自己感兴趣的方向投递简历。由于错过了秋招，沈依梦只能通过实习转正的方式入职。入职之后她才了解到春季校招的管培生与实习转正之间的待遇是存在差距的，实习转正的待遇会比校招的管培生要低。待遇的差距让她的心理一度不平衡，她坦言，不同的入职方式所带来的待遇差距是行业中存在的正常现象，暂时没有更好的解决办法，应聘者唯一能做的就是提前准备，比如在进行职业规划时就要根据自己感兴趣的行业留意适合自己的就业入职渠道。

除了兴趣，职业选择还应考虑就业城市的特色、自身的工作负荷能力以及收入水平。沈依梦毕业后来到了上海发展，"一方面是对它的印象比较好，高考的时候就想过考一个上海的大学；另一方面是很多研究生同学都到上海发展了，所以也想去看一看"。当然，这一决定的背后也不全是主观考虑，上海就业机会更多且开设有更多的广告企业总部等客观因素也都在一定程度上影响了沈依梦的决定。

在自身的工作负荷能力方面，"有些人的能量是比较多的，比较外向、亢奋或者自我恢复的能力很强，那么从事强度比较大的工作是可以的。但是有的人比如我，觉睡不够就没有精神，导致适应不了长时间的高强度工作，如果希望在工作和生活之间有个平衡，或许公务员是个不错的选择"。在目睹了身边同学近几年明显的衰老、体验了目前所在行业的工作强度之后，沈依梦如是说。其实在沈依梦看来，尽管近几年社会不乏对公务员的负面评价，但这一职业总体来说是很有吸引力的，"比如我所了解到的，杭州公务员收入还不错，而且工作也会相对来说比较稳定"。她认为，在大学的时候，就可以开始思考自己是个怎么样的人、性格怎样，能够为目标付出多少努力。有了这些考量，在面对"乱花渐欲迷人眼"

的诸多职业时，也能够作出相对适合自己的抉择。

沈依梦对工作收入的看法也十分"接地气"。"毕业生尤其是家庭条件一般的毕业生，应该先解决养活自己的问题，收入不仅是衡量能力的维度，更是维持生计所必须考虑的因素。"

工作经验早积累

"你在选择职业的同时，它也在选择你。"沈依梦认为确定职业目标是双向选择的过程，了解行业的用人需求才可以精准发力。在她看来，不论结果如何，实习经历都是必要的。因为实习本身是一个试错的过程，如果对未来的发展方向模棱两可，通过实习一方面可以帮助自己排除不合适的选项，另一方面也能积累相关行业的实践经验。

至于实习的时间，沈依梦认为如果课业压力不大，那么越早越好。一方面，尽早去实习可以为同学们匀出更多的"试错"机会。实际上，很多公司招实习生只是为了处理一些杂务，通过实习很难系统地学到知识与技能，她认为，很多时候实习就是去观察这个岗位的状态、判断自己能否接受这种工作状态，有足够多的时间使用"排除法"或者与某种职业"一见钟情"。另一方面，尽早实习可以避免与毕业论文"撞车"，从而避免陷入"鱼与熊掌不可兼得"的尴尬局面。不过尽早进行实习，应当是在不影响学业成绩的前提下。因为职业目标不明确的人大多通过按部就班的方式（如校招）入职，对于这部分人来说成绩是进入 HR 法眼的门槛。沈依梦坦言，"虽然招人的单位也知道成绩高几分不能说明太多问题，但他们还是会用成绩单去衡量你，因为他们接触的人太多，没有办法很细地去衡量你的能力，只能先凭借成绩单进行筛选"。

实习之外，沈依梦建议同学们充分利用学校资源，如社团活动、志愿服务等来丰富自己的简历，但是她也提到"大多数学校社团的经历在求职的时候其实未必管用"，而造成这一现象的原因是"很多人参加社团都是以玩为主"。她认为"玩出名堂"才是以就业为导向的大学生在社团活动中应该采取的态度，而"玩出名堂"意味着要把兴趣、爱好向纵深发展，能够输出实际的工作成果，比如把对动漫的兴趣输出为经过 B 站等平台检验过的视频成品，或者在失败的尝试中总结出实用的经验。

传媒行业有技巧

"我们这个行业可以分成甲方和乙方，乙方又可以分成供应商和媒体，agency 做的是媒介，处于中间的位置。"据沈依梦自己描述，她从事 agency 方面的工作，本质上是"苦力乙方"。

"agency 没有什么硬性的要求，什么样的人都有可能成为你的同事。性格方面的话，'会来事'也就是 social，这样的人会更吃香。虽然'会来事'会给大家一种油腻的感觉，但是这其实是工作中非常重要的一项技能。学历在面试的时候会有一定的加分，但还是要看老板的偏好。有些老板是喜欢学历高的，但是有的老板就是喜欢工作经验丰富的。"由此可见，行业会从社交、性格、学历以及工作经验等方面对应聘者的综合素质进行考察。同时，没有必要将自己未来的发展限制在自己的专业范围内。

在所需的具体能力上，agency 是一个需要从业者将数理逻辑和创意构思相结合的行业，任何在外行看来灵光乍现的活动策划都是基于大量的数据分析，是逻辑推理的成果。创意构思也不是空中楼阁，如果不是脑洞特别大的天赋型选手，个体还是需要脚踏实地地充分利用业余时间，通过关注营销网站、积累业界案例或者报名网络课程、考取相关证件等方式为自己增值，为今后的发展积累资本。而且对就业者执行能力的要求并不会因为职位的升高而降低，这意味着管理层的日常工作不只是发号施令这么简单，他们还需要做好"披甲上阵"的准备。此外，由于企业之间具体的运作方式迥异，加之传媒行业的流动性较强，因而也需要从业者能够从以往的从业经历中提炼出一般的工作范式，具备较强的适应和学习能力。

"职业规划时请认真评估自己的状态和对未来生活的期许，想象一下自己想要的未来生活。"对于学弟学妹，沈依梦在寄语中表达了美好的期望，希望自己"接地气"的经验可以给大家更普遍意义上的参考价值，找到理想与现实的巧妙平衡。

🌳 **对学弟学妹的寄语**

希望大家在大学四年找到自己喜欢做的事、想明白自己是怎样的人，为自己的未来早做打算，找到自己理想与现实的平衡点。

采访记者："职业生涯人物访谈"记者团

吴媚、沈锴丽

创业企业

改革开放以来，一大批有胆识、勇创新的企业家茁壮成长，形成了具有鲜明时代特征、民族特色、世界水准的中国企业家队伍。企业家要带领企业战胜当前的困难，走向更辉煌的未来，就要在爱国、创新、诚信、社会责任和国际视野等方面不断提升自己，努力成为新时代构建新发展格局、建设现代化经济体系、推动高质量发展的生力军。

——2020 年 7 月 21 日，
习近平总书记在企业家座谈会上的讲话

引 新 人 生

君子务本，本立而道生

姓名: 张道生
专业: 中文系古典文献学专业 2005 届
籍贯: 浙江省淳安县
去向: 蚂蚁集团公关总监

张道生，浙江大学人文学院中文系古典文献学专业 2005 届毕业生，中共党员，曾任 2001 级中文系 2 班班长，曾多次获浙江大学文学大奖赛一等奖。原新华社记者，现蚂蚁集团公关总监。

"君子务本，本立而道生，家人给我取名叫道生。"

张道生在自我介绍时说，他的名字来源于《论语》，朴实无华又古香古色的名字，赋予了他平易温和的性格，也正契合了他选择的专业——古典文献学专业。张道生的"务本""务"在阅读与写作这一本行上。他在毕业后进入新华社从事记者工作，扎实的"务本"也为他开阔了思维眼界、培养了速学能力，从而顺利适应工作环境，对他之后在蚂蚁集团的工作也帮助极大。同时，他的"务本"更是"务"在修德，在于建立好的思维模式。

览群书，重思悟

对张道生而言，选择古典文献学专业更多是出于对文字的兴趣。谈起大学，令他收获最多的是平日接触的博览群书、志同道合的师友。他和这些师友们一样，对感兴趣的书籍爱不释手。

大一、大二时，张道生阅读的书种类繁多，对于不同领域的各类知识他都愿意去尝试，当时便养成了买书的习惯；大三、大四时，张道生主要读社科类图书、诗歌，他当时特别喜欢赵振江翻译的《洛尔卡诗选》。张道生特别强调，读书要讲究效率和方法，漫无目的地浏览固然能增加知识面，但效率不高。他自己通常会按照兴趣确定一个话题，比如说某一段时间对某个学者感兴趣，就会找来他的相关著作以及别人的研究文章，在一段时间内集中阅读，从而能够形成较为全面深刻的理解。再比如，对某个话题感兴趣，就按照这个话题去找相关文献，边读边做笔记，最后写下心得，形成自己的见解。张道生说："用'专题'的方式来读书，就会形成清晰的学习思路。希望学弟学妹们好好珍惜大学时光，广学习、勤读书、多思考。"

阅读与思考也提升了张道生的文字写作能力，他在当年浙江大学校园文学大奖赛中屡屡斩获奖项，用亲身经历演绎了从博学多识到妙笔生花的过程。

抓机遇，迎挑战

张道生坦言，自己在大学里并没有过多地设想未来的职业生涯，也没有想到自己会成为一名记者，在他看来，很多事情是水到渠成的，平时做好扎实的积累，终究会有所收获。

谈到求职，张道生觉得自己是一个很幸运的人，在投简历后，他比较中意的两个工作岗位都向他发出了入职邀请函，最终他选择了新华社。张道生也耐心详细地向笔者介绍了应聘新华社记者的过程。应聘流程基本分为四步：第一步，通过统一考试进行差额淘汰，笔试主要考知识面和写作能力；第二步，笔试通过后，就能获得面试的机会；第三步，通过面试后，进入实习阶段；第四步，实习结束再参加一次考试，主要测试英文写作能力。张道生精心准备、过关斩将，终于正式成为新华社的记者。

张道生提到，从事记者这一职业的确是不少中文系学生毕业后的理想，然而在对工作真正上手后，他发现记者这一行绝非如学生时代畅想般轻松，体力和脑力对这项工作来说都很重要。"作为记者，手脚要勤快，脑子要灵活，沟通、表达能力要好。建议将来想要从事新闻行业的学弟学妹，不妨提前了解一下不同新闻单位的定位与风格，多关注一下不同的新闻媒体，从而在求职取向上做些准备。"记者要求的素质、行业相关信息都需要在日常生活中体会、积累，而不能一蹴而就。他认为，"冰冻三尺，非一日之寒"，不能死盯着大目标，一直沉浸在目标无法达成的焦虑中，而是应该合理分解大目标，落实到生活小事中执行。

敢跨界，加速学

在张道生的记者生涯中，有过不少关于金融等领域的报道。他作为非经济专业的记者，是怎样写好这些报道的呢？张道生解释说，自己在大学时从未接触过金融知识，后来由于工作安排才进入这一领域，边工作边学习。因此他认为，在工作中具备快速学习的能力非常重要。

张道生还提到，现在新闻单位在招聘时更青睐具备金融、法律等专业知识的人员。这类人员可以在培训中较快掌握很多应用性的新闻知识，而专业知识的积淀在短期内不容易提升，他们在知识上已具有的深度在求职中是一种优势。因此，**张道生建议学弟学妹们在本专业学有余力时，也可以尝试跨界学习**，因为比起偏应用实操型的专业，人文专业的学生为了快速进入新闻单位工作的状态，可能需要付出更多努力。

> 古典文献学专业学习赋予了张道生在知识学习上的深度与广度，也为他的记者工作奠定了基础。"务本"加"跨界"，是张道生职业生涯的秘籍。在大学生活中，我们就可以借助各种平台获取跨界知识，开阔眼界，从而定位职业选择。在课内，我们可以去其他专业"蹭课"、跨专业选择选修课、修习双学位等进行系统训练；在课外，我们可以借助线上课程资源，例如"中国大学MOOC""智慧树网"以及各种听书软件、阅读软件来获取知识。

对于大家在未来职业上的选择，张道生觉得适合自己的工作才是最好的。"不要太在意别人的评价。每个人的定位和追求不一样，有的喜欢大城市的开阔与繁华，有的喜欢小县城的宁静与舒适，有的喜欢快节奏的工作，有的喜欢舒缓的思考。确定好自己的舞台，寻找一个适合自己发挥的空间，用心经营生活，就会收获幸福和快乐。"

重思维，计长远

张道生谈及大学对于未来的准备时，认为大学有一件事很重要，就是建立一种好的思维模式。思维模式涉及对世界、对他人的看法。也许是受互联网相关工作的影响，他将思维模式比作操作系统，人们对外界的响应即建立在底层操作系统上，具体的技能相当于操作系统上安装的App。大学的历练使人学会怎么独立解决问题，技能就能够很快上手。

他认为，操作系统如何，影响人看待、处理事务的方式，也一定程度上决定了相同条件下的幸福程度。"正确地看待事情，正确地看待人，还有能够独当一面的责任感。""乐观！"他又补充道，"这些词语说起来非常虚，每个人从小就被念叨，但并不是所有人都具备的。好多人实际上并没有按这些标准去锻炼自己，也就没有将这些植入自己的操作系统中去。"不只是这些语词，"我们人文社科的很多命题，在人类早期就都已经提出来了，现在还在探索。"

思维模式往往见诸细节。对思维模式这一大宗大本嗤之以鼻、惰于思考，一味琢磨具体的技能的人，在别人看来不过是"一叶障目"、自欺欺人，你的行为往往不经意之间就透露了自己。"当你去评价有些人的时候，你会使用'没有担当'一类的话语，但是事实上，你是通过一些小事来判断的。"

他还提到长期策划和执行的重要性，强调找到正向反馈的闭环。"'**长期主义**'这个词语现在经常被滥用，真正能做到的人不多。给自己布置任务时急功近利、'夸下海口'是人之常情，而可贵的是将高远的目标分解成合理的小任务，并且在接下来的日子里有效完成。这就需要我们给自己一个奖励机制，使我们有足够的动力去完成小任务。"不仅是个人计划，领导一个团队也是同样的道理。"首先，要找到志同道合的人。"张道生回忆起他当时组建专业班级的经历："我们那一届本来是没有古典文献这个班的，因为分专业时报名的人太少，开不了班。我们四个人觉得这是个好专业，只不过当时大家都不太了解，我们正好都有这个兴趣，于是就去找老师。老师说，只要你们能找到十个人就把这个专业开出来。我们四个人就一个寝室、一个寝室地去跟人聊，最后我们聊出了十三个人。"找到意气相投的人之后，就要在过程中合理设定目标，让大家找到正向激励。具体怎么计划、怎么调节，都是大学中可以去尝试的，对未来的职场生涯是极好的热身。

> 长期主义者是基于长期的目标或结果而行动或制定决策的人、采用长期观点的人。从计划决策的角度来说，即能够把握事物长期发展的趋势，将长期的目标分解成多个可实现的部分来实现，不因为局部不利而放弃。"长期主义"和"坚持"有所区别，并不是日复一日地重复某一件事。

把握当下读书求知，抓住机遇备战求职，敢于跨界加速求进，本立而道生，张道生的职业道路生动形象地诠释了他名字的含义。

在大学期间印象最深刻的一件事

"刚入学时背着包，一路问一路骑找西溪校区所在，最后沿着保俶北路远远看到了浙大西溪校区专家楼。骑着车——骑着车——进了校园，突然有一个女生上前问小卖部在哪，我说：'对不起，我也是新来的。'……一转眼就毕业了。"

对学弟学妹的寄语

希望大家能够向社会最有生命力的领域靠近，或者换一种方式，能有把冷板凳坐穿的勇气。

采访记者："职业生涯人物访谈"记者团

沈锴丽

能写善说敢打拼，顺时应代勇创新

姓名: 武敦煌
专业: 中文系古典文献学专业 2009 届
籍贯: 陕西省榆林市
去向: 创业中

　　武敦煌，陕西省榆林市，浙江大学人文学院中文系古典文献学专业 2009 届毕业生。在校期间学习成绩优异，积极参加校内组织举办的活动，曾担任人文学院学生会部长，获得校级演讲比赛一等奖。毕业后曾入职于杭氧集团、华商报和恺英网络等，分别担任过总助、记者等职务，现正在创业中。

　　在学习上，他注重锻炼写作和语言表达能力的提升；在职场上，他善于抓住时代潮流，勇于拼搏与创新。中文系古典文献学专业 2009 届毕业生武敦煌，在入职于杭氧集团、华商报和恺英网络等后，最终还是回到了自己的初心——创业梦上，于陕西西安的土地，不断创下属于自己的辉煌。

学习篇: 能写会说是基本，创业创新是方向

　　在学习上，武敦煌强调"能写会说"四字，这也是他认为人文学子的专业背景可以带来的职场上的优势。他说，他一直以来都比较喜欢表达，注重表达能力的提升，曾多次参加学校、学院、社团等举办的演讲或是辩论相关的比赛。回忆起刚入大学的时光，在第一次参加某校级赛事时，他做了充分的准备，可最终只抱得优秀奖而归，心里难免有些许落差。但是随着自身能力的提升、评委的赏识以及其他主客观的因素，在大四的时候，皇天不负苦心人，他终于夺得了某校级演讲比赛的一等奖。他大致记得那篇演讲稿的主题: 真实地接受自己，接受真实

的自己。他说，他现在想把这句话送给学弟学妹们，希望大家多多打磨，少粉饰，显本色。"毕竟这个时代滤镜厚重，但竞争越激烈，越要看你的真本事。能写会说，应该是人文学子的基本操作。何况在此信息爆炸的年代，哪怕将来做自媒体，能写会说，也至少能帮你省下两个职位的工资。如果人在体制内或者大厂，能写会说就更加重要。在这里我可以代体制内学长学姐告诉你们一个秘密：如果不能写，也不会说，很多成绩就无从表达，困难就无法显现，你的工作能力也无从肯定。"

至于创业创新，从正面讲，这是他从小就抱有的理想；而从反面讲，他自我调侃道："可能是我自己的自律性较差，不太能适应职场的环境。"

求职篇：做好预习防落差，结合时代创需求

大学期间一门管理类选修课的老师的经历对武敦煌的职业选择有所触动。他说，当时那位老师很有意思：从化学分析员做起，通过自学考试考取本科学位，又通过司法考试，考取研究生学位等，最后成为浙江知名律师、大学教授，同时参股多家企业。他很佩服那位老师。只要肯下功夫，不论学何专业，都能达到很多不可思议的成功。他说，浙大是国内顶级高校，各种课程、平台的含金量，远超一些兄弟院校，只要学弟学妹们认真发掘，一定可以挖到金子。毕业后准备从事哪方面的工作，学弟学妹们在学校里就要多关注这个方面，做好预习功课，这样才不至于在毕业时不知所措。他认为，将来要求职的学弟学妹，可以考虑选择发展前景更好、提升锻炼自我的机会更多的岗位。

为结合时代潮流与自身的需求，武敦煌两次选择跳槽。他说，关于跳槽，一千个人有一千个理由。每一家他待过的单位，无论薪资待遇，还是劳动保障，或者同事关系，他个人认为都算良好，离职完全是个人的选择。"举一个例子来说：我离开华商报的原因之一，是看到了纸媒整体的衰落。华商报，在当年的都市报界，毫无疑问居于优秀梯队，监督类稿件曾振聋发聩，商业经营曾日入千万，但纸媒的趋势大家也都看到了，所以就离开了。当然，我不能站在现在的角度，说当年某个举动是对还是错——人生很精彩，也很曲折，对错也没有那么分明。总之，入职也好，离职也罢，上班也好，创业也罢，都要审慎而行。"

武敦煌说，他之前的职场工作，都基本符合期待。只要预习到位，就不会对岗位抱有过高期望，也就不会太失望。至于职场打拼需要的品质和能力，一言以

蔽之：职场的能力，于职场中获得。而职场中最大的挑战，则是需要不断学习，不断提升，找到单位利益与自身利益最大的契合点，这是互利的需求。另外，他认为，在绝大部分单位里人际关系的处理很重要。

创业篇：接触社会悉市场，勇于实践体风险

谈及创业，他建议在校大学生要多接触社会，哪怕是一些有争议的行业，也可以尝试着了解。"想走在时代前头，多受几个白眼很正常。"他还说，如果不是商业世家，建议不要有任何先入为主的观念，比如创业主题和定位——因为这些都是市场告诉你的，不是你自己凭空想出来的。

武敦煌认为财商教育对大学生来说必不可少。很多人，特别是刚从学校里出来的时候，总是对社会的面貌抱着不切实际的幻想，但是现实可能会给出你一个截然相反的答案。遇到这种颠覆了认知的遭遇，发现了现实与想象的巨大落差，一定要有一个心理准备。但是同时也一定要学会从失败中吸取教训，不要白白失败。"人生一定会遇到挫折，把挫折和失败克服了，就比以前强大了。"

> 作为与智商、情商并列的现代社会三大不可或缺的素质，财商是一个人认识金钱和驾驭金钱的能力，是理财的智慧。它不仅是正确认识金钱及金钱规律的能力，还是正确使用金钱及金钱规律的能力。

"完成先于完美，先干起来，干了再说，干了才能试错，错了才能对。"他建议有创业梦的大学生，不妨先找找身边能赚5%净利的小生意，把钱拿到手里，体会一下这过程中的艰辛和风险，再静下心来想想到底是否坚持创业。

他希望有创业梦的学弟学妹们，能够在创业前多接触社会，先进入职场打拼打拼，看看自己的需求和市场对自己的需求有哪些契合之处，再做进一步的打算；必须勇于实践，敢担风险，敢于承认错误和失败。

在武敦煌的眼里，如今投身创业、追求更美好的人生完全是水到渠成的一件事。这不仅受益于他对理想的热血坚持、对时代的透彻理解以及对社会的深刻认知，更受益于他的专业给他带来的十足成长。他始终认为，能写会说的人文底子和敢于打拼、勇于创新的品格是他职业人生走向成功的奠基石。

🍂 在大学期间印象最深刻的一件事

真的很多事情，没有哪一件的印象"最"深。不过可以说一件趣事：当年大一，我参加某个校选课，老师当堂发问，大家七嘴八舌，无人答对。老师有点生气，说谁能把这三个问题都答对，期末我免试给他90分。我一听，兴许我有把握，试着答了一下，还真答对了。当时教室里掌声雷动，我感到很光荣，但心里更记挂着老师的承诺。但到期末，他显然是把这件事忘了，最后我只得了76分。

🍂 对学弟学妹的寄语

其实寄语这种话，说多了油腻，说少了高冷。我愿意借用曾国藩的六个字：结硬寨，打呆仗。

采访记者："职业生涯人物访谈"记者团

赖奕贝、沈宽

博雅专精志，诗酒趁年华

姓名: 马　靖
专业: 中文系汉语言文学专业本科 2011 届，
中国现当代文学专业硕士 2015 届
籍贯: 新疆维吾尔自治区
去向: 担任中海集团新疆部项目销售总监

　　马靖，中共党员，浙江大学中文系汉语言文学专业本科 2011 届，中国现当代文学专业硕士 2015 届毕业生。目前就职于中海地产。在校期间曾担任人文学院团委副书记（挂职）、人文学院团委学生会副主席等职务，曾获国家奖学金、省级优秀毕业生、校一等奖学金等荣誉。

　　浙江大学人文学院院训"博雅专精、明体达用"八个字，是学生时代烙在马靖心中的精神印记。他认为，"博雅专精"应该是每一个人文学子努力的方向。"博雅"是指多立足于学习的广度，要求我们广泛涉猎，博览群书；而"专精"则是指在专业知识方面应勇于探索、勇于挖掘，是对于学习的深度、专业性方面的要求。马靖在学习和工作中始终践行着这八个字，在最美好的青春时光一路收获成长。

校园生活：不负时光，诗酒趁年华

　　谈到自己的大学生活，马靖认为总体上是很充实、快乐的。面对平日的学业，他会充分利用上课时间进行学习，多听多问多看多学，尽快吸收课程知识。课余时间，他积极参与各类活动如社会实践、文体竞赛等，多方面培养自己的兴趣爱好。

　　在马靖看来，大学是一生中最为难得的一段时光，是在多年之后最想用时光机回去的一段时光。所有人都意气风发，身上似乎有着一股永远也用不完的劲。大好的青春年华，不应该将它用在玩手机、睡觉上。总是窝在寝室，或是待在自己的舒适区，必定是辜负了这年岁。多走多看，这个世界这么大，处处皆可入画，处处皆是风景，看人看山看水，让这些所见、所感、所听变为记忆中一粒粒珍珠，待到午夜梦回，忆起也能平添一份甜蜜与欣喜。好好去爱，好好去玩，好好去看。诗酒趁年华，不负这年少轻狂。

直到现在，大学生涯留给马靖的财富依然闪耀。学生时代良好学习方法的培养让马靖受益匪浅，学生阶段学到的知识固然重要，但是更重要的是学习方法。马靖以难题为例打了个比方，如果遇到一个难题，需要查文献、看书、独立思考，最后通过询问老师来得出结论，这个独立解决问题的过程是极为宝贵的。再者，丰富的学习经验让马靖学会将书面上的理论知识运用到实践之中。目前，他是中海地产的一名项目销售总监，他熟练地将一些符号学上的知识应用于房产的营销过程之中，这对于价值点的挖掘、包装、推广和实现从"所指"到"能指"的转化过程都有重要意义。最后，大学时做良好时间规划的习惯也被他带到了工作中，高效地规划时间、做好计划安排。凡事预则立，当试着将能想到的事情和情况罗列出来的时候，其实问题已经解决一半了。计划在刚开始并非臻于完美，必定需要后续不断的自我评估与修正。

如何培养这些品质？马靖认为努力培养高效的执行力是非常重要的。很多人很容易在理论上想得太多，却在执行的过程中较为拖沓。有了高效的执行力才能充分利用时间，避免空想与空谈。主动的学习意识同样会令人受益匪浅，他人的催促与主动完成全然是两码事，取得的成果也会截然不同。

生涯规划：博观约取，只要肯登攀

即使目标明确，马靖也有迷茫的时候，他坦言："学生时代对自己的未来感到迷茫，这是肯定的。当一件事没有发生的时候，我们永远也不会知道结果是什么，就像薛定谔的猫。大学时候的我也一样，面临着太多的选择，困惑与迷茫再正常不过了。"在马靖看来，生活就是无数条道路摆在面前，是必须去做的决定。虽然可以参考别人的经历，但更为重要的是去试一试，体验自己将来所选择的道路。尝试是未来规划道路上的关键一步，如果想进行学术研究，就可以试着去写写论文，看看能否耐得住寂寞。在设想道路时，每一选项仿佛都有着无限的可能性，但在体验之后，就能够排除一个个不合适的选项，找到适合自己的。值得注意的是，在体验与尝试的同时，仍需谨记学业的至关重要性，谨记学生的本分，专业知识才是个人在今后生活中吃饭的本钱。学生在学好专业知识的基础之上，学有余力，再根据兴趣点参加一些实习工作，才是恰当且有益的。

对于中文系学子"万金油"的苦恼，马靖也有独到的看法："虽然中文系的专业针对性不是很强，不像计算机等理科专业，但我们还是有很多职业可以选择，不要自己把自己框在一个狭小的专业领域之中，要努力去了解、去突破，走出自己熟悉的圈子。"中文专业才是真正开拓视野的综合性学科，所学的专业知识与能力，对于未来的职业发展，大有裨益。有的同学认为中文系的专业知识对于以后的就业生活没有直接的作用，这种想法还是过于浅薄了。中文专业需要广泛涉猎各类书，书不仅传递解决某一专业问题的知识，更是能帮助人们学会如何看待生活、看待世界、看待人生，提供看待问题的多样角度和观念。有时，同学们觉得自己似乎生活在一个象牙塔内，远离了世事纷争。其实不然，平日阅读的内容实则也是来源于生活的。它们来源于生活，同时也能高于生活。当我们步入社会后，再回头看，会发现从前拼命想要远离、打破的"象牙塔"竟是如此美丽、纯洁，学生时代才是人生最为欢乐与单纯的一段时光。

职场锤炼：理实并进，此事要躬行

作为一名项目销售总监，马靖的工作简单来说可以分为三大部分，即销售流程管理、部门协调和团队管理。一是对于房地产营销全流程的管理，业务人员参与将一块土地变成一套房产的整个流程，其间包括将一块土地准确定位，完成客户储备以及项目管理，对于土地房产的价值进行全方位挖掘等环节；二是进行部门间的协调，兼顾各方的利益；三是对团队进行管理，建立一个高效运转的策划与销售团队。马靖进一步总结说："这是一个包含了从人到事到产品的工作，考察一个人的综合素质，比较注重经验与统筹规划能力。"

为何会选择成为一名项目销售总监？虽然当时自己可选择的发展道路很多，譬如继续做辅导员、考公务员、去银行工作等等，但马靖最终选择了应聘入职中海地产，这多是出于自身性格与发展前景的考虑。马靖的性格比较外向，喜欢与人打交道，所以认为一些"坐办公室"的文书工作可能不大适合他。同时，中海地产集团的人力政策可以为未来发展提供一个很好的平台，专业知识亦能够应用于房产策划之中，使所学的理论知识转化为实践。

步入职场已有数年，问及难忘的职场经历，马靖回忆道，最艰难的时期大概是在自己初入职场之时。身为集团的一名策划，当时的他却选择在销售一线带领团队，负责了两年的销售工作。作为基础的前端环节，销售在整个房产行业中难免层次较低。但马靖十分感谢初入职场时的磨炼与挑战，**"还记得当时总有人说，一个浙大研究生毕业的，来干这个，未免有些大材小用。但后来回忆起来，正是这两年的工作积累，才为以后的工作打下了坚实的基础。**只有在销售一线待过，才能更直接、更加深入地了解市场走向、了解客户、了解土地，也才能避免纸上谈兵，陷入理想化的圈套。所谓'让听得见炮火的人去做决策'大概就是说这个吧。"

> 学历是一个简单的划分标准，但这个标准不能代表一切。最靠得住的是自身具有的实实在在的、别人无法替代的能力。至于销售岗位，一般来说，首先需要应聘者具有一定的沟通能力和学习能力，还要具备比较强的服务意识和成功愿望。

不论是校园生活还是职场生涯，眼光看在远处、脚步落在实处是马靖的处事准则，敢于积极尝试、不断突破自我始终是马靖的人生主题。不论是在求学的今天，还是在求职的未来，海纳百川，脚踏实地，厚积薄发，永远都是青春篇章中最永恒的话题。

在大学期间印象最深刻的一件事

我印象最深刻的还是担任辅导员的两年时光。这两年中，我陪伴数不清的学弟学妹完成了从高中生到大学生的身份转变，和他们一起成长；同时，也在这样的过程中结识了许多优秀的朋友，与他们互相熟悉，一同进步。

对学弟学妹的寄语

希望同学们能够把握住当下的时光，享受大学生活；同时，在大学里应该"博观约取，厚积薄发"，不断丰富自身学识，增进能力，为将来的职业选择打好基础，找到真正适合自己的方向。

采访记者："职业生涯人物访谈"记者团

徐琳煊、李艺

星辰大海，负梦远行

姓名: 刘婧雅
专业: 中文系汉语言文学（影视）专业 2011 届
籍贯: 黑龙江省大庆市
去向: 北京华录百纳影视股份有限公司

刘婧雅，浙江大学人文学院中文系汉语言文学（影视）专业 2011 届本科毕业生。在校期间曾任浙江大学人文学院学生会副主席，校学生会、启真人才学院学生骨干。本科毕业保送至中国人民大学，就读电影学专业硕士。现任华录百纳品牌市场部副总监。

在阳光灿烂的午后，刘婧雅把思绪拉回自己的大学时光。她说，或许我们大多数人走向社会，都会变成最平凡的那个人。但要知道，能发挥出一个平凡人最大的能量，就已经是非常了不起的事情了。入职影视行业四年，她始终牢记这一宗旨，用努力和汗水一点一滴实践着自己的梦想，让生活变得丰富多彩。

求学: 因为热爱

当刘婧雅悠悠谈及自己的专业时，依然是温情脉脉。她说，自己自小热爱绘画，但并未走艺考之路。高二时得知浙江大学的汉语言文学动漫与影视编导专业，便觉得影视艺术与自己的爱好是那么契合，于是确定了未来的求学方向。

她回忆说，对于本科学习的很多课程，如"电影语言分析""电影史"，自己满怀兴趣和热忱；对电影世界的艺术鉴赏，对欧亚电影的比较分析等等，都潜移默化地塑造着自己的审美和格局。这些都是推动自己毅然选择进入电影产业的重要因素。谈及其中印象最深刻的，她回忆起了自己的一门影视专业课，这门课的要求是分小组拍摄作品。当时也是出于对专业的喜爱,她全身心地投入短片的创作中,担纲编剧、选角、导演、拍摄、剪辑、后期等全流程,经常熬到半夜三四点钟,但是丝毫也不觉得辛苦,因为心里是有冲劲的。当时这个作品也取得了比较理想的成果,获得了省级二等奖。在做这个作品的过程中所涉猎的全流程,其实也是影视行业的一个产业链条的缩影,对她研究生阶段的电影产业研究,以及入职以后的本职工作和跨部门沟通,都有非常大的帮助。每每回想当时创作的心情,也会让她时刻谨记要不忘初心。

同样是兴趣驱动,她选择了**辅修竺可桢学院公共管理强化班**。在这个拓宽视野的班级里,任务往往是繁重的,但是她依然甘之如饴,获得了更广阔的宏观视野。

为适应经济社会发展对公共管理人才的需要,竺可桢学院公共管理强化班(UPA)借助浙江大学MPA教育良好的教学资源,以培养既有现代公共管理理论和公共政策分析能力,又有专门领域的专业知识和专业技能的复合型公共管理人才为目标,以"兼容并包、和而不同"为培养理念,每年从全校二年级非管理类专业学生中严格遴选60名左右优秀本科生单独编班,突破传统的教学方法,采用案例教学、实地调研、互动讨论等教学方法,共享MPA论坛,聘请高水平专家学者开设公共管理专题讲座,在学生完成主修专业同时,强化公共管理高级教育。

刘婧雅说,大学期间是她人生最丰富多彩的高光时刻,每一个记忆都历久弥新。大一时便加入了人文学院学生会任主席助理,之后又担任副主席;除此以外,她还积极加入了浙江大学学生会、启真人才学院。她说,这些学生工作经历培养了她的领导能力和综合素质,以及统筹全局、协调各方的工作艺术,点点滴滴,都在无意识中为自己后来的职业之路埋下伏笔。所以,她笑着说:"对待学生工作,应该单纯一些,不要抱太多功利之心,也许这些活动给你带来的直接收益,就是几个心有灵犀的挚友,也是难能可贵。即使毕业了各奔前程,在一个城市打拼的大家还会相聚言欢,这样的体验是温暖而珍贵的。"

回顾她的学生生涯,她含着笑意,她是满意的,因为心中早早有梦,因为一直在为喜欢的事情努力着,所以充实,所以幸福。

求职:怀揣梦想

四年优秀的成绩为她赢得了保研中国人民大学的资格,经过笔试、面试重重筛选,刘婧雅被顺利录取就读电影学专业。硕士学习的三年时间里,她已经做出了职业尝试：她曾在优酷从事原创出品频道的运营维护，工作内容包括观看个人用户制作的大量视频，挑选优质产品推送到首页等；她也曾在乐视影业做电影推广，为电影撰写各种宣传语，在微博发布，吸引流量。丰富的实习经历使得她在研究生二年级时就已经明确自己未来的职业方向——影视宣传。

虽然觉得影视宣传这份工作与自己的兴趣最为匹配，可是真正毕业面临选择时，她仍然感到很迷茫。人大学生多从政，或是进入提供北京户口的大公司，而很多影视公司却不提供她想要的户口。同学们也多离开，有的选择当老师、记者，有的进入国企负责行政，有的供职于银行，觉得不喜欢转而赴香港读博专注学术……如何抉择，如何在众多选择中做出最优解，平衡梦想与生活之间的关系，刘婧雅也曾纠结与失落。好在老天不负有心人，偶然的一次机会，华录百纳向她伸出橄榄枝——电视剧宣传岗位，提供户口。这份工作从各方面而言都最接近自己的第一理想。她勇敢地抓住了机遇，在这家公司供职至今已近七年。

工作：心怀灯塔

职场中的同事有影视专业背景的只占一半：行业门槛低，有些工科生因为兴趣也选择进入——这时综合素质为她带来的优势就比较明显了。同一个项目不同的人去做，都可以完成，但总是有不尽如人意之处，这反映的是思维的不完备性和处理内容时素质的欠缺。七年工作，取得了相当优秀的成果，公司领导也对她赞赏颇多，有时还会调侃：你的问题在于书读得有点多，你要再"痞"点儿！

影视宣传这份工作的日常是繁杂的：在电视剧拍摄前期，寻找素材、录制视频、联系明星拍摄海报；后期制作推广方案，还要与执行公司联系，要求对方撰稿、运营维护新媒体。工作的最大挑战在于它的周期性忙碌。项目期，为了按时完工，每晚可能需要加班至 12 点，第二天一早 9 点又要回到办公室，开始新一天的工作：白天一直与各方沟通宣传细节，直到下午 6 点以后安静下来开始专心撰写策划，直到夜深人静。

职场摸爬滚打，成就了一位思维敏捷的魄力女性。刘婧雅说，这七年，个人业务能力如撰稿、PS 设计等等得到了显著提升，而自己对于这个行业的理解也在不断深化。在这样的文化创意产业，最可贵的品质就是包容：每个人都偏爱自己的观念，但是更需要对他人意见的尊重和对精华的接纳；领导的思维和出发点与下属是有别的，因此需要包容差异，彼此磨合，彼此习惯。如今的她，除了对行业的热爱，还有自己的终极理想——成为宣传总监。

也许，不断向上，已经成为她深入肌骨的习惯。倏忽已入而立之年，她从曾经风风火火、充满拼劲的女孩，蜕变为一位事业有成、家庭美满的新女性。如今的她，更加关注工作、生活和自我内心的平衡。

在大学期间印象最深刻的一件事

自己修读了一门影视专业课，这门课的要求是分小组拍摄作品。当时也是出于对专业的喜爱，她全身心地投入短片的创作中，担纲编剧、选角、导演、拍摄、剪辑、后期等全流程，经常熬到半夜三四点钟，但是丝毫也不觉得辛苦，因为心里是有冲劲的。当时这个作品也取得了比较理想的成果，获得了省级二等奖。在做这个作品的过程中所涉猎的全流程，其实也是影视行业的一个产业链条的缩影，对她研究生阶段的电影产业研究，以及入职以后的本职工作和跨部门沟通，都有非常大的帮助。每每回想当时创作的心情，也会让她时刻谨记要不忘初心。

对学弟学妹的寄语

或许我们大多数人走向社会，都会变成最平凡的那个人，

但要知道，能发挥出一个平凡人最大的能量，就已经是非常非常了不起的事了呢。

采访记者："职业生涯人物访谈"记者团

徐颖、李岚

蓄能人文里，升格人力处

姓名：刘　正

专业：中文系汉语言文学专业 2015 届

籍贯：河北省廊坊市

去向：中化集团中国外贸信托人力资源部

　　刘正，河北省廊坊市人，预备党员。浙江大学人文学院汉语言文学 2015 届本科毕业生。在校期间担任人文学院学生会主席，荣获浙江大学优秀团员、优秀团干部。毕业后，攻读公共管理硕士，之后进入中化集团中国外贸信托人力资源部工作。

　　作为必然性与偶然性碰撞出的火花，他的职业选择，既立足于对自我追求、兴趣、能力的清晰认知，又关涉到对城市、行业、岗位的综合考量。从人文学子到人力资源从业者，步入职场的刘正，依托较强的沟通表达能力与组织协调能力，以更自觉的个人心态与更清晰的自我认知，主动适应着社会角色的调整与转变。

蓄能：沟通表达，组织协调

　　回忆起职业选择，刘正思路清晰，娓娓道来：自己并不适合纯粹的**"案头工作"**，而是对管理类工作更有兴趣，学生会工作经历锻炼的沟通表达、组织协调能力为此助力。每种职业都有其发展空间，但是不同职业的发展速度有快有慢，历时有长有短。在考察职业压力、工作节奏、人员素质等行业外部因素的同时，他也反思职业期待、个人优势等个人内在因素，从而做出了投身金融行业的选择。

语境内的"案头工作"指常年伏案从事的语言文字相关工作，与编辑出版、文学研究等方向相关度较高。

这一选择是想要做什么、能够做什么以及适合做什么的有机统一，刘正也由此建议学弟、学妹大一、大二多去尝试，发掘兴趣，大三、大四通过实习、参加就业辅导与讲座，明确自己想要去做什么，然后有的放矢地补足短板，锻炼能力。

职业选择固然个性化，但能力培养有其广泛性。刘正认为，在纯文科工作中中文系的学生有优势，因为中文系教育对阅读积累、文学书写、文学评价等基础能力的培养是比较扎实的；而在更广阔的职业范围内，作为核心的沟通表达能力与组织协调能力尚需有意识地加以锻炼与培养。

培养沟通表达能力与组织协调能力，不是简简单单地按照指引执行，而是需要有意识地多花一些时间去考虑、去反思，真正满足对方的需求，从而使得有限的资源得到最优分配，面临的问题得到最优解决。学校活动、学生工作、实习实践是在校学生锻炼此类能力的好机会，但只是按照学长、学姐的吩咐去做并且顺利完成所有任务是不够的，需要充分发挥自身能动性，充分汇总内外部需求、资源、信息，提出更优的解决方案，甚至做出突破格局的决策建议。

养心：兴趣导向，深度投入

在校时间与精力有限的情况下，如何平衡学业与学生工作是许多学生面临的问题。对此，刘正再次谈到应该明确自己想要做什么，强调其重要性的同时也指出其困难性，并笑着提及一种心理学现象：当我们不知道想要什么的时候，我们就全都想要。但是，现实情况下，做到每件事情样样优秀，达到学业与学生工作的完美平衡，是非常困难的。

解决这一问题，首先需要正确认知学业与实习实践的价值。小学、初中、高中乃至大学的学业，不只是为了学习某种知识，更在于养成快速学习与深入学习的习惯，锻炼理解反思与提问交流的能力。时间与精力允许的情况下，参与学生工作或校外实习实践是必要的。相较于同一专业学生思维模式的趋同，学生工作和实习工作能够为不同性格人群的交流与协作提供平台，也是模拟社会生活的绝佳环境，为大家从校园到职场的过渡奠定基础。

在此基础上，我们还需摆正心态。如果难以做到"样样精通"，难以达到学业与工作的完美平衡，那么至少在做任何一件事情的当下，要尽到对这件事情的责任。进而，以兴趣为导向与指引，在感兴趣的事情上，不要轻易放弃，不要随便退缩，而应该付出额外的努力，做到深度的投入。

结合自身经历，刘正建议，大一、大二的学生应该在学业上多付出一些努力，更广泛地涉猎，更深入地学习；大三之后，则应该更有意识地提升自己实际工作、融入社会的能力。

升格：自发向上，自驱致远

"一份工作如果每天需要面临新的挑战，可以认为是非常好的工作。"刘正对职业挑战抱有积极的心态。他坦言，进入职场四年，职业现状与职业期待之间，差距是谈不上的，而差异确实存在着，挑战确实存在着。

一方面，虽然中文系教育注重综合素质的培养，人力资源工作也具有较强的综合性，但是，对于非人力资源管理专业出身的刘正而言，从事人力资源工作，仍然需要在自主学习、工作实践、同事交流的过程中积累经验、锻炼能力。

另一方面，无论在校期间参加多少实习实践或就业辅导，接触到的大多是工作中积极的一面；而进入职场后，则会接触到更为复杂的人际关系、更为密切的社群联系、更为模糊的工作期待等。目前能做到的事情、目前已经意识到的但是还做不到的、目前还没意识到但是应该去做到的，这三者的内涵和外延都在不断扩张。

对此，刘正转变思维方式，调整行为习惯，通过自主思考、请教前辈等方式，明确工作任务的大致预期；同时，他自发向上，自驱致远，进行职业规划，把握工作机会，主动适应着社会角色的调整与转变。

> **🍃 在大学期间印象最深刻的一件事** ······························
>
> 学习方面，印象最深刻的是，为准备出国，大三的暑假基本上都在准备 GRE 和托福考试，每天要背单词、做习题。
>
> 工作方面，我几乎四年时间都参与人文学院学生会工作，筹办大型活动如演讲比赛、毕业晚会的过程中，留下了难忘的回忆。

🍂 对学弟学妹的寄语

中文系学生们就业有一定的困难，主要存在于跨行业就业的情况下，原因包括除语言文字相关能力外没有一项可以傍身的专业技能，以及不善于表达、展示自己。因此，学弟、学妹可以做自己坚持的事情，但是不要隔断自己与外界交流的通道，错过与他人交流、竞争的机会，而应该多锻炼自己表达交流的能力与胆量，踊跃表达自己、展示自己，甚至推销自己。另外，在多尝试的基础上，通过实习、交流等途径，明确自己想做什么、能够做什么、适合做什么。

采访记者："职业生涯人物访谈"记者团

沈骞

"以终为始"，从世界 500 强走向更强

姓名: 龚通波

专业: 历史系历史学专业 2003 届

籍贯: 浙江省台州市

去向: 麦肯（中国）食品有限公司

龚通波，浙江大学人文学院历史系历史学专业 2003 届本科毕业生，辅修电子商务。在校期间创办校文化服务中心，带领团队组织图书文化节；担任校信息服务中心负责人，为人才输出提供了良好平台。毕业后进入广州宝洁公司市场部工作，任销售经理。现就职于麦肯（中国）食品有限公司，任中国区零售业务负责人。

"好男儿志在四方！" 2003 年本科毕业后，踌躇满志的龚通波只身前往广州，在世界 500 强企业宝洁公司市场部谋得了自己的第一份工作。劳伦斯曾说："美满的人生在于使理想与现实二者切实地吻合。"做市场销售的他，拥有很强的逻辑思维和语言表达能力，言谈中透出自信与幽默，正与销售行业人才的形象相合，却很难令人联想到他曾就读于历史学这样的"纯文科"专业。作为一名有着人文学科知识背景的销售业工作人员，一位充实而忙碌的、积极面对新身份的"跨界人士"，龚通波的经历使人相信，"海阔凭鱼跃，天高任鸟飞"，只要敢想敢做、准备充分，跨专业并不是早晚问题；只要**以终为始**、投身实践，就能活出令自己满意的精彩人生。

独具风格，立长志行稳致远

对于考入浙大为什么选了历史学专业这个问题，龚通波坦然地表示，那时候也是出于对现实分数考虑的一种"无奈"之举，他的兴趣并不在历史学科。"我当初选择了历史系，后来自己也去上了很多经济管理的课程，因为除了本专业的知识外，更想要在横向上扩展。我们那一届选择历史学专业的有40位同学，也算比较多了，当时的就业情况都还挺好的。就业的时候一些外企更多看中的是你的能力，而不是专业，所以人文学子还是有属于自己的优势。"

可能有点"身在曹营心在汉"的味道，虽然选择了历史学专业，龚通波清楚自己真正喜欢的是经济管理这个方向。在明晰了自己的未来方向后，他选择不走既定的道路，而是听从内心的兴趣所在，并且为了梦想的实现提前规划努力路径，大学四年除了学好本专业的课程外，他还选修了第二专业，辅修、旁听了很多经济管理类的课程。除此以外，他几乎每个寒假、暑假都在实习，自己创办校文化服务中心并担任负责人，还参加了一些社团活动，锻炼了自己的沟通能力、领导能力和表达能力，力图为未来的职业发展做足准备。

"你想尝试的，在大学四年里都可以去尝试。一旦决心开始，就一定要做得畅快淋漓。"龚通波笃信以终为始，迈开第一步的人是勇者，而能一直朝目标走下去的是成功者。他这样总结自己的心路历程："一旦定下一个目标，中途虽然会有小的调整，但自己为实现目标而努力的心是一直不变的。"

毕业时，他们这届历史学专业的40位学生，有的从事历史学相关的研究，有的到学校当了历史老师，有的做了公务员，有的是像龚通波这样进入企业从事销售、管理等工作。他表示，虽然现在的工作跟自己原本的专业并不对口，其中也有些目标上的调整，但还是选择了一份自己比较喜欢的职业，进入了世界500强的跨国公司，也是比较称心的。

遵从内心，以兴趣把握航向

到了大三下半个学期，龚通波准备去国外读研究生，所以去考了 TOEFL 和 GRE。他说当时自己很想去美国，"那时候选择出国的学生并不是太多，而对于纯文科学生而言，出国想要挑一个好的大学难度不小，比如美国的一些大学都比较中意理工科的学生"。面对这样的压力，经过一段时间的考量，他决意放弃出国，转而走上了求职的道路。

虽然目标已然改变，但他稳扎稳打，在投递简历时并没有胡乱选择，而是结合自身兴趣和辅修经历，更多地倾向于自己比较喜欢的市场管理类职位。后来龚通波收到了 6 个 offer，有两家民营企业、三家外企和一家银行，其中就包括他后来工作的广州宝洁。临到毕业时，他充分考虑了工作的地域、发展前景等现实问题，慎重地确定下这"初出茅庐"的第一份工作。虽然没有出国，但是学生时代对英语水平的提高也为他在外企的工作打下了很好的基础；学习 TOEFL 时所认识的很多有能力的朋友，也令他受益匪浅。

龚通波表示，要得到一些东西，必然也会失去一些东西。在外企工作虽然更辛苦一些，但是机会也多。生活虽然忙碌，但他过得很充实，也觉得很值得。入职最初 5 年的工作经历，给了他很多历练，能力上也有了很大提高。"像宝洁这样的大公司有很完善的管理系统，提供了很多培训机会给我们，员工也需要承担相应的职责。知人善任的管理，使每个个体都能在其中发挥很大的作用，这给了我很多学习和发展的机会。"

韬光养晦，实践中积累经验

大学时代对所有人而言都如同象牙塔，龚通波强调这段时光不可虚度，要韬光养晦、珍惜当下，更要立志笃行、规划未来。他首先分享了自己在学习上的心得。第一，学习成绩优异是第一前提。学习的目标并不是单纯为了获得一个奖学金，学习本身就是一件乐事，同学们要努力增加自己的底蕴，多看书，让自己成为一个文化人。"有文化的人和没有文化的人的气质是不一样的"，他发出如此感叹。第二，技能很重要，尤其是要把英语学好。他以亲身经历告诉我们学习好英语的重要性："不能忽略英语的学习，也不能只满足于过英语六级，在未来的就业竞争中，英语水平高的人会有更大的优势。"第三，学习和能力并不完全相关，要平衡学业与社会实践，全方位多维度地发展自己。"大一、大二的寒暑假我都找公司去实习或者从事一些社团的工作。这样，毕业时你的简历上至少有内容可写，同时也使自己的领导、组织和沟通能力得到锻炼和提高。"

对于社会实践，龚通波尤其提到要在大学把握各种机会，多多参与到自己感兴趣的活动中去，不放过任何一个能展现自我的机会。"在大学学习与社会生活中，第一重要的就是要培养领导力"，他在访谈中反复强调这一点。在他看来，领导力主要分为两大方面，培养方式也不尽相同。

首先是领导团队的能力。作为校文化服务中心的创办者与负责人，他在大学期间领导团队致力于为同学提供就业信息服务，并组织了跨校区图书文化节等等较大规模的学生活动，也在担任领导者角色的过程中收获了许多经验，譬如如何做好筹办活动的后勤工作、如何协调成员利益诉求、如何与主办方沟通等必备社交技能，也在无形之中锻炼了企业十分看重的大局观与沟通力，受益颇多而印象深刻。

再一个是对自身的领导力。并不是要在大学期间抵制所有的"不良爱好"，但是心中必须时刻把握这一个"度"，不仅要不逾矩，也要有自控力，有蓬勃向上的朝气、一直走下去的硬气。"对自己的领导力是很重要的，你需要做自己的主人，自己把握人生的方向，并朝着这个方向不断地去努力。"龚通波认为，在花心思认真考虑并明确人生努力目标之后，更要与外力诱惑划清界限，投入努力和精力去"实施"它，才会有梦想变现的可能。

龚通波对大学的很多恩师印象深刻，例如人文学院原党委书记、院长黄华新老师。黄老师在他创办图书文化节时帮助良多，这份知遇之情，龚通波一直铭记在心。"他跟寻常只搞学术的老师不一样，会推荐大家去参加一些社会实践的项目，把学生引入各种各样的交流圈子。所以，如果你想做学术，学术性强的老师会给你很大帮助，如果你想做其他方面，那么与社会打交道多的老师或许能给我们更多的机会和资源。"不打无准备之仗、从多方获取有效信息，或许便是他总能以稳健步伐迈进的原因。

最后，龚通波推荐了两本对自己影响颇深的书：一本是《高效人士的七个习惯》，它在美国公务员和白领中很受欢迎，另一本是《影响力》。他的阅读多针对与自己工作相关的书，其他如人物传记也时常涉猎。另外，他认为历史和哲学方面的书，对于培养自己的思维能力、逻辑表达能力都很有帮助："书读百遍，其义自见。"

厚积薄发，从优秀迈向卓越

大学时打下的知识基础与企业中积累的实践经验，使得龚通波的才华在岗位上渐渐显露出来，成为宝洁公司的销售经理。可是，他的职业生涯不止步于此。通过个人的不断努力与对机遇的敏锐把握，龚通波现就职于麦肯（中国）食品有限公司，并担任中国区零售业务负责人。

能取得这样一番成就，除了对人生目标的坚定、对领导能力的培养、对实践经验的总结，龚通波认为其中还有一个极其重要的因素，那就是他永远保持着"热泪盈眶"的本质，有着那份激情，那颗好奇心。"你要葆有好奇心，这是认知层面的；你要常怀激情，这是你人生内在的冲力；你要一直有那种'热泪盈眶'的感觉，那是你对待生活的态度。"正如他所言，好奇与激情会激发你探求未知世界的热望，会促使你燃起昂扬向上的热望，这也是赢得人生长跑的重要法宝。

🍃 在大学期间印象最深刻的一件事

我对大学的很多恩师印象深刻，例如人文学院原党委书记、院长黄华新老师。黄老师在我创办图书文化节时帮助良多，这份知遇之情，一直铭记在心。

🍃 对学弟学妹的寄语

希望学弟学妹们能永远保持一颗好奇心，生活中的每一天都要充满激情，要常怀"热泪盈眶"的那一种冲动，不负心中热爱与向往。需确立长远志向，"以终为始"。你要首先花心思去思考什么是你真正想要的，并且朝着这个方向不断去努力，不能只停留于空想而是要去实施。在执行中最重要的是有意识地培养和锻炼自己的"领导力"，这种领导力除了统领一群志同道合的小伙伴，还包括领导自己，领导自己去坚持，去努力实现自己的目标。

采访记者："职业生涯人物访谈"记者团

钱欢晶

漂洋过海，且行且歌

姓名：李　阳
专业：历史系历史学专业 2010 届
籍贯：山东省
去向：创办留学教育公司，从事新加坡留学工作

　　李阳，在校期间曾担任人文学院学生会副主席兼新闻与网络中心主任等职务，获评浙江大学"优秀学生干部"称号，并获浙江大学历史学国家基础科学人才培养基地班二等奖学金。2010 年毕业于浙江大学人文学院历史系历史学专业，后赴新加坡国立大学深造。2019 年 10 月创立新加坡留学教育品牌"一新教育"，从事留学相关工作。

　　十年前走出浙大校园时，李阳从没有想过会走上如今的道路。这十年间，她漂洋过海，白手起家，在大洋彼岸的新加坡扎下了"据点"，在留学教育行业树起了自己的品牌。一路走来，每一个经意或不经意的转折，似乎冥冥之中都为她如今的生活注入了某种启示。

择业：直面坎坷，且行且思索

　　当被问及自己本科阶段对职业的规划时，李阳说："其实我在读本科的时候，想做跟媒体有关的职业。"她回忆起自己本科阶段的学生工作与实习经历，无论是在"求是潮"学生工作团队担任记者团团长、在人文学院学生会担任新闻与网络中心主任，还是在浙江日报集团当一名实习记者，都不难看出她当时职业规划是在媒体行业。

　　转折发生在 2011 年冬天。由于大三曾赴香港浸会大学交流学习，李阳渴望接触更加多元的文化，因此在本科毕业后选择了出国留学。2011年12月，李阳获得了新加坡国立大学的文学硕士学位。学业的结束自然意味着职业生涯的开始。然而，对于一个留学生而言，想要在异国他乡找到一份合适的工作，显得格外困难重重——**工作准证**的申请、语言文化的差异、回国与不回国的内心较量……

> 在新加坡，工作准证又称为"就业准证"（EMPLOYMENT PASS），简单称为EP。它是新加坡政府为了吸引外国的专业技术人才来新加坡就业而发出的一种工作签证。申请人可申请到1年的就业准证，在居留期间无限次出入境。

受一位国大老师的影响，加上青年人渴望闯荡的愿望，李阳决定留在新加坡，"扎一个窝"。"我当时还是怀揣着梦想的，想要进入媒体行业。所以我就向新加坡的媒体投了简历。"可惜的是，李阳当时的梦想没能实现。在这个陆地面积不过728.3平方千米的国家，当地只有一家电视媒体和一家纸质媒体。即使李阳排除万难进入了第二轮面试，结果仍然是被拒绝。后来，她通过多方打听才了解到，由于这两家媒体在当地的特殊地位，一位初出茅庐的外籍员工是几乎不可能被准许进入的。当时，媒体行业似乎向她关上了大门，她不得不另辟蹊径。

身在异国他乡的李阳发现，留给文科生的就业机遇并不多。为了尽快解决就业与工作准证的难题，李阳在2012年1月进入了新加坡迪斯特尼集团，成为一名业务发展副经理，接触到了留学教育领域的一些事务。这家规模不大的公司，正是李阳走入留学教育行业的起点。她坦言："走上留学这一行，其实不是我主动选择、主动规划的，而是当年一个被动的机缘。"

创业：寻找天地，且行且创造

随着李阳在留学教育行业中工作的时间越来越长，她越发感觉到自己身上沉甸甸的使命与责任。留学规划将直接影响到留学生们在海外的学习与成长，甚至影响到他们以后的人生轨迹。与此同时，李阳还发现许多国内教育机构存在的问题：国内的教育机构只负责协助学生拿到国外大学的offer，却无法为他们后续的留学生活提供更多帮助。她自己身在新加坡，对这里的环境相对熟悉，能够较为便利地为留学生提供学习与生活上的帮助。因此，她在留学教育这条道路上坚定地走了下去。

在迪斯特尼集团工作的七年间，李阳统管了公司内部包括人力资源、业务发展、财务和公共关系等大部分的管理事务。正是这样的经历，为她以后的自主创业积累了资本与底气。渐渐地，随着自己迈过了 30 岁这个重要的门槛，她渴望拥有更多属于自己的时间，无论是用于自我的提升，还是给予身边的家人。对时间价值的重新定义，在她心中埋下了创业的最初根芽。恰好此时，她收到了来自新加坡国立大学 EMBA 项目的 offer。于是，她毅然辞去了在迪斯特尼集团的职位，一边进入国大继续深造，一边着手创立自己的公司。

> EMBA(Executive Master of Business Administration) 是"高层管理人员工商管理硕士"的英文缩写。EMBA 研究生教育旨在培养具有高度政治素养、责任心和职业道德的高层管理者，使他们通过系统学习，全面掌握现代企业管理理论和决策方法，深入了解国内外企业的商业模式。

"不过那个时候并没有觉得自己是要出来自主创业。我其实没有'创业'的概念，后来才发现是这么回事儿。"李阳觉得，创业并没有大家所想象的那么艰难，"简单来讲的话，无非就是把之前做的事情再做起来。"在创立了"一新教育"留学品牌后，李阳感觉到自己能够施展发挥的空间更为开阔了。她大胆地改变了传统的管理方式，树立了全新的企业理念。许多以往在迪斯特尼公司不便推行的想法，在自己的公司里都得到了很好的实现。

成长：熔炼自我，且行且收获

回望离开母校的这十年，李阳说，她学习的劲头与当年相比丝毫没有改变。在新加坡这样一个崇尚"终身学习"的国家，李阳也从未停止过学习的脚步。

本科阶段，李阳学习的专业是历史学。尽管历史学并不能在具体工作上给予她指导，却赋予了她一种广阔的视野，一种把握时代洪流的能力。而在校期间所有与传媒相关的工作经历，则锤炼了她的文字功力，使她在文字的雕琢上格外敏感。正是凭借着广博的视野、优异的口才与突出的写作能力，她在国外激烈的就业竞争中脱颖而出，成为一名留学顾问。

进入迪斯特尼集团四年后，李阳遇到了新的挑战。她从一个只需要负责自己销售业绩的留学顾问转变为整个团队的领头羊。工作角色的转变使李阳面临了许多从未遇到过的问题，人事方面、行政方面、财务方面……这些新鲜的事务促使她不断地思考与学习。尽管此时大多数的学习并不系统，但是她仍然从中掌握了许多的专业技能，也在不断摸索中领悟了统筹管理与分配时间的方法。

在所有的职业能力中，李阳认为最重要的能力还是与人沟通。无论是在与客户的交流中，还是在公司内部、在团队内部，有效的沟通能够避免大多数的误解与矛盾，节省宝贵的工作时间，还能展露出人与人之间的坦诚。她回想起曾经为公司处理过的一次危机，起因仅仅是员工不紧不慢的态度激怒了焦灼的客户，却因为始终沟通不当而终至法庭相见的地步。后来，她上门诚恳地致歉沟通，事情很快就得以解决了。"真诚的沟通真的很重要，能够将大事化小、小事化无。"

谈及这一路的学习和成长，李阳说："之前的有些学习是为了平衡自己，'逃避'工作。但是我还是非常提倡'终身学习'的。现在世界变化太快了，一定要保持一个终身学习的态度，去汲取外界的各种信息。"

李阳印象最深刻的大学片段是大三那年在香港浸会大学交换学习的经历。正是在香港学习的那段时间中，她阅读到许多不同的书，也遇到了许多来自世界各地的人，这一切都使她的眼界更加开阔，从而萌生了出国深造的想法。如果说这为期四个月的交换学习是一个起点，那么，正是它通向了李阳最终驻足的那个国家。

即使身处遥远的大洋彼岸，也踏上了一条看似与本科时所设想的完全不同的道路，李阳始终惦记着自己的母校，也始终为自己是"浙大人"而骄傲。"不管走到世界的哪一个角落，你身上都有'浙大人'这样一个标签。"她说，如果遇到了校友，不管隔了多少届、不管是什么专业，当知道彼此都是浙大人时，就会倍感亲切。

🌿 在大学期间印象最深刻的一件事

印象最深刻的大学片段是大三那年在香港浸会大学交换学习的经历。正是在香港学习的那段时间中，我阅读到许多不同的书籍，也遇到了许多来自世界各地的人，这一切都使我的眼界更加开阔，从而萌生了出国深造的想法。

🌿 对学弟学妹的寄语

在离开校园、走向社会时，要谨记"求是创新"的校训。既要仰望星空，又要脚踏实地。此外还要记住自己是一名浙大人，既要有浙大人的那份自豪，又要有最基本的谦虚。

采访记者："职业生涯人物访谈"记者团

郭昱涵

商海浮沉，来去如风

姓名: 詹佳珍
专业: 哲学系哲学专业 2003 届
籍贯: 浙江省衢州市
去向: 杭州王道控股有限公司创始人

詹佳珍，民建会员，浙江大学人文学院哲学系哲学专业 2003 届本科毕业生，2013 年获浙江大学科学技术史硕士学位。在校曾任班级团支部书记，浙江省团委人才学院学员，获国家二等奖学金、三等奖学金、松下奖学金。杭州王道控股有限公司联合创始人，王道孵化器负责人，浙江大学求是电商会主席，正和岛电商俱乐部秘书长，民建浙江省互联网专委会秘书长。运营产业园超过 20 万方，服务超过五百家企业。

哲学专业出身的詹佳珍，在毕业后走上了与"哲学"不甚相关的道路。工作、跳槽、创业，酸甜苦辣都是试炼，她一一品尝，不在话下。如同金庸笔下闯荡天涯的侠女，即便没有武功秘籍在手，也练得一身真功夫。就像一阵呼啸而来的风，她的职场生涯风风火火，工作风格清爽果断，如今也可以说早已跻身成功人士行列。然而谈起过往和当下，她脸上泛起微笑："这么多年，一直在路上，不曾停下。"

侠客生涯：打击和成长并存

往事纷至沓来。詹佳珍从小没有父亲，家里条件贫苦，从县城中学考上浙江大学，毕业后尝试过很多工作，总的来说发展不错。世俗一点讲，她有车有房，已经算是生活滋润了。一个来自小县城的普通姑娘能有今天的成就，背后的付出不是常人可以想象的。这一方面得益于她从小养成的坚毅品质和独立性格；另一方面，则来自在职场打拼多年的她对磨砺与成长切身的体会。

2003年从浙江大学毕业后，詹佳珍经历过投资失败、工作不顺，于多个职业之间反复横跳，一路走来，勇闯打拼。问及当年班里同学的去向，据詹佳珍回忆，班里共30多个人，半数以上读研深造，很多选择成为公务员和老师。而也有少数同学在大四毕业季时仍未做出合适的未来规划，做出的职业选择也较为匆忙。但詹佳珍对自己未来的发展方向十分明晰，直接投奔职场，并没有太多的徘徊和纠结。步入职场之后，很多事情就显得水到渠成，频繁的跳槽和投身于不同行业，在她看来是稀松平常的事情，并非什么巨大转折。多年来，身边也都是一群工作灵活的同事，几乎没有朝九晚五的上班族，詹佳珍坦言，这般来来往往、萍水相逢的交际和相处，像极了古时候闯荡江湖的那种侠客人生。"自己毕业这么多年了，但是好像并没有真正体验过所谓集体的工作生活。"没有较多集体的约束限制、经常扮演领导者角色的詹佳珍认为，自己很难再去做循规蹈矩的上班族，比起常规的、有计划的任务，现在的她喜欢不断地探索、尝试，喜欢当前社会普遍强调的创新创业的氛围。"在这样的环境里生存，很多看待问题的想法也在自然地改变。现在回头看看当初投资失败实在是太正常的事情，即使在初次创业时是一个不小的打击。"

职业规划：创造与把握机会

谈到工作，一个绕不开的话题便是对于职业生涯的规划。对此，詹佳珍认为，不该以偏概全地下定论，"所有人的职业生涯都可以或者需要规划"。无可否认的是，若在大企业里谋生存，比如说基层做三年、中管做五年、高管做五年，这是需要也是可以规划的。"他们要转型或者说从头开始的成本和风险也要高很多，达到的高度越高，选择的余地越小。而且职场也需要积累，任何人在一个行业待上10年20年也自会很熟悉这个领域，并且可以成为其中的领导者。"这也是詹佳珍在总结自己的求职就业之后得出的结论，当年她毕业择业时，并没有很好地进行规划，抱着"有哪家公司要我，我就去哪家公司上班"的心态，现在想来还是太缺乏目标性。

如果一直在初次就业的房地产公司待下去，现在的詹佳珍或许只是一个普通的员工；如果当时经营游船没有亏本，她也不会再转行去做广告……然而生活没有那么多"如果"，用詹佳珍自己的话说便是："从来都不是你来选择生活，而是生活选择了你。你永远不知道下一天下一年会发生什么，这也是生活的乐趣所在。我们要做的就是创造和把握机会。"

当前，创新创业已然是年轻人职业规划中绕不开的一个话题。企业创始人的经历，赋予了詹佳珍强大的领导能力与异于一般人的敏锐洞察力。谈及创新能力和创业理念的培养，詹佳珍不由得回忆起求是园中内容优质、类型多样的创新创业平台。各项活动、赛事的积极参与，无疑为詹佳珍未来的职业发展奠定了一定的实践基础。基于学生时代的经验教训，步入职场的詹佳珍对创新创业的思考更成熟一些。以"互联网+"时代所做的跨境电商孵化平台为例，**她不断思考创业者成功的基本要素**："创业者需要最好的空气，最好的水，还需要植物。我们都是从创业者的角度考虑他真正需要什么……哪怕是孵化器这样一个产品，我们也是站在客户的角度，把这个产品做到极致。"在她眼里，一个企业的成败，往往就在于这些细节。

当前，创新创业已然是年轻人职业规划中绕不开的一个话题，也成为国家发展战略中的重要驱动力。在大众创业、万众创新的时代，对于浙大学子而言，优秀的创新能力和创业理念无疑是职业发展中强大的竞争力所在。学校也为此提供了内容优质、类型丰富的各类平台，例如"互联网+"大学生创新创业大赛、"创青春"浙大双创杯全国大学生创新创业大赛、大学生体育产业创新创业大赛等活动的承办，也在全国高校率先创建了"创新与创业管理强化班"，构建了面向本科优秀学生的"未来企业家培育工程"。同学可以参加学校的各类创新创业大赛、创业培训课程，到创业公司和大型公司实习实训，提升自己对组织运营的认识和了解。

纵横职场：真诚与共享并行

与其他成功的企业家一样，詹佳珍同样认为社会是现实的，不像校园这个"象牙塔"，走上社会之后，每个人都需要与形形色色的人相处，需要揣摩不同人的性情、脾气，需要判断一件事情的利害得失。

不过，詹佳珍并不认为闯荡职场便意味着变得圆滑。她感言，在社会上生存，良好的人际关系非常重要。与其功利地想着为了有所回报才去付出，"不如首先想着真诚地付出，再谈回报。只有让合作者看到你的真诚，合作才有后续的可能"。多年的阅历和经验告诉她，在商业交际场上的付出与随之而来的回报相比较，是微不足道的。不计利害、未有预设的待人处事，往往会意外地收获很多优质人脉与资源，这些因素甚至能在后续的创业中发挥重要的作用，是创业的秘密法宝。谈及职场上所谓的"勾心斗角"，詹佳珍严肃地指出，职场、商场上最忌讳的就是耍小聪明，对待上司、对待同事、对待客户，最关键的就是以诚相待，"你对一个人的态度往往从细节中就能看出。若耍小聪明，明眼人大都心知肚明，是在犯大傻"。

走出校园，迈入商海，在快节奏、高强度的职场中，詹佳珍仍保持着创业之初的热情与冲劲。"虽然打拼了这么多年，但一遇到新的项目与机会，就觉得生活才刚刚开始。"已经拥有丰富创业经验的詹佳珍，并不认为自己就可以停下来，坐享创业成果。她坚信，要生活，要生存，就得在坚守真诚与初心的同时，不断地学习与改变，才会有"机会"亲自找上门。商海浮沉、颇有一番"侠气"的詹佳珍，将继续怀揣创业初心，在未来的磨炼与打拼中述说属于求是人的精彩。

在大学期间印象最深刻的一件事

入学之初，班主任李磊老师的一席讲话给予了我们很大的启发，让我获得了一个新的视角。

对学弟学妹的寄语

希望学弟学妹们好好享受大学生活。

采访记者："职业生涯人物访谈"记者团

张芷涵

以文养气，以严律己

姓名： 胡　奋

专业： 哲学系哲学专业 2009 届

籍贯： 浙江省东阳市

去向： 华策集团总裁办主任兼人力资源总监、总裁助理

胡奋，浙江省东阳市人，中共党员。浙江大学人文学院哲学系哲学专业 2009 届本科毕业生。在校担任人文学院学生会副主席，曾多次获得奖学金，毕业后进入浙江华策影视股份有限公司，先后在总裁办、人力资源部任职，目前任华策集团总裁办主任兼人力资源总监、总裁助理。

影视文化，是她上大学以来心仪的工作行业；文科思维，是她大学生涯熏陶出的优秀习惯；自我要求，是她在成长过程中磨砺出的迷人魅力。2009 年从浙江大学哲学系毕业的胡奋，入职浙江华策影视股份有限公司，她在理想的行业坚持着热爱的工作。入职影视行业的这几年，她始终牢记"努力、借力和整体管理"的自我要求，向着自己的目标一点一点前进，让工作和生活变得更加美好。

处浙大校园里：读好书，办好事

回忆大学生涯时，胡奋感到最为满足的事就是在浙大她没有虚度光阴，选择了严格要求自己，潜心学习。而她也不负众望，品学兼优，多次荣获奖学金。

文科的教育往往培养的不是某一个专业的知识，而是一个思维体系。胡奋认为，对于她个人来说，大学期间并没有哪一门具体的课程跟后来的职业选择和专业要求有直接的关联，而是整体的文科课程学习所形成的学习和思考习惯、能力优势乃至世界观，影响了职业的选择方向。她认为自己受到熏陶最深的还是中国

文学、中国哲学等课程，这些课程很好地培养了她的思辨思维，对她的工作和生活都有较大的帮助。

胡奋不仅在学业上取得了巨大成就，在校园工作上也努力积极，曾担任人文学院研究生会主席，还积极加入了浙江大学启真人才学院。她说，学生工作提供了锻炼管理能力和组织能力的机会，而**浙江大学启真人才学院**提供了一个开拓视野的平台，尤其是与不同学院、不同专业的优秀同学们在一起，能够对未来职业和事业有更深更远的思考。但是同时她又提醒说，做学生工作应该要学有余力时做，如果影响学习则适得其反；同样的，考虑问题不能太功利，付出总会有回报，坚持总会有结果。

> 浙江大学启真人才学院创办于 2004 年 11 月，是由党委学工部和团委联合组织成立的优秀学生骨干培养基地，旨在提高学员的党政管理素质和领导能力，培养"知识、能力、素质、人格"并重，具有坚定政治信念、深刻思想内涵、宽广国际视野、高度团队精神和卓越领导能力的高素质创新人才和领导者。
>
> 学院汇集了学校各专业品学兼优的学生干部以及在学术科技、文化体育等方面成绩突出的全日制在校本科生，以 30 人左右的规模进行个性化培养；通过为每位学员配备党政机关校外辅导员，引导同学们广泛开展基层调研、挂职锻炼等活动，在深入基层中了解国情民情，强化初心使命，坚定理想信念。
>
> 多年来，学院先后涌现出校优秀共产党员、浙江省优秀共青团员、全国优秀共青团员等榜样典型，多名学员毕业后在中央和国家机关、全国各地党政机关部门工作，成为学校重要的学生后备干部培养平台，在学生群体中产生了良好的示范效应。

回想大学时光，从业多年的胡奋仍然认为浙江大学为她提供了丰富的资源和实践平台，她通过整体的文科课程和哲学专业学习，形成了严谨的辩证思维，这为她在以后的职场中带来了许多优势。

在华策工作时：踏实求职，突破自我

整体的文科课程学习所形成的学习和思考习惯、能力优势乃至世界观，以及自己的职业兴趣都影响了胡奋的职业选择——对人们文化生活有较大影响力的影视文化行业。

胡奋有着非常强烈的目标感和坚定的意志，一毕业就进入了浙江华策影视股份有限公司，一直工作至今。跟很多文科生一样，胡奋一开始从事的是秘书类的工作。在工作过程中，她凭借着脚踏实地的精神，逐渐培养自己整合资源的能

力，懂得借力，并养成了复盘的好习惯。她针对自己的岗位和能力特点，列出想要重点加强的能力，在每次复盘时有针对性地总结和思考，这对于每个人的能力提升至关重要，只有能力和工作相匹配，才可以走得更远。另外，胡奋认为初入职场时如能有一名好的导师或是在职场上能够给予自己建议的前辈，是非常幸运的事，要把握住机会。

胡奋坚持不懈地向自己的目标一步一个脚印地迈进，从员工到管理者，从自己干到带领团队干，每一个转变都不容易。胡奋经历了方法论和行为习惯的改变，慢慢地有意识地将精力分配到目标管理、激励他人、团队建设等方面，在校通过整体的文科课程和哲学专业学习培养的哲学辩证思维和担任学生干部的工作经验也助她一臂之力，使她能够有效转变，并通过一次次实战提升了自身领导力。各方面的帮助和锻炼，使胡奋在这个工作岗位上越来越出色。

谈到自己现在和初出校园时相比的变化，她坦然一笑，并说道，感觉自己比以前更懂得换位思考，还逐渐学会面对不同沟通风格的人采取不同的沟通方式的技能本领。

最后，问及她对自己目前的状态的评价时，她说，我现在感觉自己充满了安全感。确实，像胡奋这样的经历传达出的就是：安全感来源于自身，并非他人给予。读过的书，走过的路，拥有的东西，学习过的知识，生活中赚到的经历，工作的能力以及健康的身体才是安全感。当你真正强大时，你就是你自己的安全感。

每一次身份的转变都带来无数的机遇与挑战，胡奋抓住每一次机遇，直面每一次挑战，不断提高自己的能力，成为工作家庭两美满的事业女性。"天行健，君子以自强不息；地势坤，君子以厚德载物。"珍藏着丰富的人生阅历和宝贵的精神财富，胡奋攻坚克难，不断进取、满怀感恩地继续走在人生充满无数未知的旅途上。

在大学期间印象最深刻的一件事

参与启真学院组织的四川广元贫困县调查活动，印象深刻的原因：一是被当地的贫困状况和留守儿童等社会现象所触动，二是第一次以项目制的方式开展并完成一项任务。

对学弟学妹的寄语

希望学弟学妹们在学习理论知识的同时，能创造更多机会去接触社会、了解职场、思考未来，祝你们拥有自己所向往的精彩事业和人生！

采访记者："职业生涯人物访谈"记者团

周颖

后　　记：从学生中来，到学生中去

职业生涯人物访谈这项工作，开始于 2008 年。随着我国高等教育步入大众化阶段，高校毕业生人数逐年增加，社会竞争也日益加剧，大学生就业问题不仅成为全社会关注的热点，也成为在校学生自进校起就开始关心的话题。自 2003 年开始承担人文学院毕业生就业指导工作以来，我们发现学生们普遍关心的问题都是：人文学科的毕业生究竟去了哪里？他们求职就业中遇到过哪些困难？在校生从现在开始要做哪些准备？面对未来，学生们有太多的期待和迷惘，他们渴望前途有导航，渴望明天的路有更加清晰的方向。

基于这样一个现实，从 2008 年开始，我们组织学生骨干们开展了职业生涯人物访谈活动，力求在优秀校友和在校学生之间搭建起一座桥梁，引导在校学生了解社会需求、职业需求、就业环境等，从而更好地挖掘自己的优势，尽早规划人生。访谈校友的选定全部源自学生们的调查反馈，从他们最希望了解的职业入手，锁定这些职业领域近几年毕业的校友名单。之所以选择年轻校友们，主要考虑他们和在校学生年龄相仿、生活环境和背景相似，会有更多朋辈间的话语，更易让学生了解真实的就业状况。

当真正开始这项工作之后，我们逐渐形成了一个更有价值的想法：动态地追踪一批校友，编写一本文集，从而让更多在校学生了解本学科本专业的就业趋向。基于这种思考，这项工作断断续续持续了近 10 年，在最近三年多的酝酿和准备中，我们向 80 多位毕业于或曾就读于浙江大学人文学院的校友发出了访谈邀请，他们中有的从事选调生工作，有的是公共事业从业者、教育系统工作者、媒体工作者、创业企业家，其中包括追踪访谈了 2003 届至 2008 届的 22 位校友。最终收入本书的是 60 位来自各行各业的优秀校友的职场经历，从更为广泛的意义上来讲，这些"看似平凡"的宝贵经验，也是文科毕业生职业成长的总结，是他们对自身职业生涯的梳理。他们在职场中的成败得失、经验教训，构成了 60 堂就业择业指导课，真心希望这些实践智慧能够为在校学子们提供有益的参考和借鉴。在此，衷心地感谢校友们的积极支持和反馈。

这项工作的开展得到了在校学生们的积极支持和参与，学生们自愿报名组成的"职业生涯人物访谈"记者团，利用寒暑假时间完成了一次次访谈任务。感谢你们耐心细致地交流、精益求精地修改，相信你们也在与学长学姐的交流中受益良多。"那一句句亲切的寄语，深深打动我们，激励着我们奋勇前行。"如此，便是最好的鼓励。

有意义的工作需要坚持做下去，希望这项工作可以持续推进，遵循"从学生中来，到学生中去"的工作思路，引导学生们走进社会、走近职场，汲取一股力量，寻找到一直追寻的问题的答案。

感谢本书责任编辑胡畔严谨、高效的工作，使本书得以顺利出版。由于时间跨度长，采访团队水平有限，书中难免有疏漏之处，望校友们海涵，敬请读者批评指正。

图书在版编目（CIP）数据

引航人生：职业生涯人物访谈 / 楼艳等编著. —
杭州 ： 浙江大学出版社，2021.9（2021.12重印）
ISBN 978-7-308-21721-7

Ⅰ．①引… Ⅱ．①楼… Ⅲ．①浙江大学—毕业生
—就业—访问记 Ⅳ．①K828.4

中国版本图书馆CIP数据核字（2021）第181299号

引航人生：职业生涯人物访谈

楼　艳　等编著

责任编辑	胡　畔
责任校对	蔡　帆
封面设计	杭州浙信文化传播有限公司
出版发行	浙江大学出版社
	（杭州市天目山路148号　　邮政编码　310007）
	（网址：http：//www.zjupress.com）
排　　版	杭州林智广告有限公司
印　　刷	广东虎彩云印刷有限公司绍兴分公司
开　　本	710mm×1000mm　1/16
印　　张	17
字　　数	350千
版 印 次	2021年9月第1版　2021年12月第2次印刷
书　　号	ISBN 978-7-308-21721-7
定　　价	58.00元